话说中国

文采与悲怆的交响（上）

960年至1279年的中国故事

程郁 张和声 著

上海故事会文化传媒有限公司
上海锦绣文章出版社

总顾问：李学勤
总策划：何承伟

本卷顾问：朱瑞熙

主　编：　刘修明
副主编：陈祖怀

正文作者（按卷次先后排列）

《创世在东方》　　　杨善群　郑嘉融
《诗经里的世界》　　杨善群　郑嘉融
《春秋巨人》　　　　陈祖怀
《列国争雄》　　　　陈祖怀
《大风一曲振河山》　程念祺
《漫漫中兴路》　　　江建忠
《群英荟萃》　　　　顾承甫　刘精诚
《空前的融合》　　　刘精诚
《大唐气象》　　　　刘善龄　郭　建
　　　　　　　　　　郝陵生
《变幻中的乾坤》　　金尔文　郭　建
《文采与悲怆的交响》程　郁　张和声
《金戈铁马》　　　　程　郁　张和声
《集权与裂变》　　　胡　敏　马学强
《落日余晖》　　　　孟彭兴
《枪炮轰鸣下的尊严》汤仁泽

辅文作者（按姓氏笔画排列）

马学强　王保平　田　凯　田松青　仲　伟
江建忠　刘善龄　刘精诚　汤仁泽　杨善群
李　欣　李国城　张　凡　张和声　张振华
陈先行　陈祖怀　苗　田　金尔文　郑嘉融
宗亦耘　孟彭兴　赵冬梅　秦　静　顾承甫
徐立明　殷　伟　郭立暄　崔海莉　程　郁
程念祺

图片提供

文物出版社、河南博物院、巩义博物馆、
徐州博物馆、徐州汉兵马俑博物馆等单位
及（按姓氏笔画排列）王保平　王景荃
田　凯　田松青　仲　伟　孙继林　李国城
何继英　陈先行　欧阳爱国　殷　伟　徐吉军
郭立暄　郭灿江　崔　陟　阎俊杰　翟　阳
薄松年等
本页长城照片由郑伯庆拍摄

梦想与追求

何承伟

为最广大读者编一部具有现代意识的历史百科全书

> 中国是一个拥有五千年灿烂文明史、又充满着生机与活力的泱泱大国。中华民族早就屹立于世界的东方,前赴后继,绵延百代。

> 作为中国人,最为祖国灿烂的过去与崛起的今天感到骄傲。

> 作为中国的出版人,应义不容辞地以宏大的气魄为广大热爱中国历史的读者,承担起传播这一先进文化的责任;努力使中国历史文化出版物,与中国这样一个拥有五千年文明史的过去相适应,与当代中国日新月异的发展现实相适应,与世界渴望了解中国的需求相适应。

> 人民创造了历史,历史又将通过我们的出版物回赠给人民,使中华民族数千年积累起来的灿烂文化成为当今中国人取之不尽的思想宝库,让更多的读者感悟我巍巍中华五千年光辉历史进程和整个中华民族灿烂的文明成果。

> 为此,我们作了大胆的探索:以出版形态的创新为抓手,大力提高这套中国历史读物的现代意识的含量,使图书能够真正地"传真"历史;以读者需求为本位,关注现代人求知方式与阅读趣味的变化,把高品位的编辑方针和大众传播的形式有机结合起来,独辟蹊径,创造一种以介于高端读物与普及读物的独特的图书形态,努力使先进的文化为最广大的读者所接受。

> 经过多年的努力,这套融故事体的文本阅读、精彩细腻的图片鉴赏、便捷实用的检索功能于一体的中国历史百科全书——《话说中国》终于陆续与读者见面。这套书计15卷,卷名分别为:《创世在东方》、《诗经里的世界》、《春秋巨人》、《列国争雄》、《大风一曲振河山》、《漫漫中兴路》、《群英荟萃》、《空前的融合》、《大唐气象》、《变幻中的乾坤》、《文采与悲怆的交响》、《金戈铁马》、《集权与裂变》、《落日余晖》和《枪炮轰鸣下的尊严》。

> 在《话说中国》这部书里,你将看到以故事体文本为主体的感性与理性的统一。

> 现代人对历史的感悟,最能产生共鸣、最能感到激动的文学样式是什么,是故事。是蕴涵在故事里的或欣喜或悲切或高亢或低回的场面。这些经典场面令人感慨唏嘘,荡气回肠。记住了一个故事,也就记住了一段历史。故事是一个民族深沉的集体记忆,容易走进读者的心灵世界,它使读者在随着故事里主人公的命运起伏跌宕之时,不知不觉地与中国历史文化进行了"亲密接触",从而让历史文化的精华因子,潜移默化地影响着我们的行为,净化着我们的心灵。因此,《话说中国》以故事体的文本作为书的主体。同时,它还突破了传统历史读物注重叙述王朝兴衰的框架,以世界眼光、一流专家学者的史识来探寻中国历史的发展脉络与规律;以密集的信息,弥补故事叙述中知识点不足的局限,从而使故事的感性冲击力与历史知识的理性总结达成高度的统一。它让读者既见树木,又见森林;既享受了故事所带来的审美快感,同时又能寻绎历史的大智慧。

> 在《话说中国》这部书里,你将看到互为表里的图与文的精彩组合。

> 当今社会已进入"读图时代",这一说法尽管片面,但也反映了读者的需求。在这套书里的图片与通常以鉴赏为主的图片有很大不同:

> > 图片内容涵盖面广。这些图片能够深入再现历史现实,立体凸现每一不同历史时期社会生活各方面的发展变化。透过生动的"图片里面的故事",可以体味其中蕴涵着的

出版说明

深刻内容，堪称是历史文化的全息图像。它们与故事体文本相关联，或是文本内容的画面直观反映和延伸，或是文本内容的背景补充，图与文珠联璧合，相得益彰。同时，纵观整套书的图片又分别构成了一个个独立的专门图史，如服饰图史、医药图史、书籍图史、风俗图史、军事图史、体育图史、科技图史等等。

> 图片的表现形式极其丰富。这套书充分顾及现代读者的读图口味，借助现代化手段尽量以多种面貌出现，汇集了文物照片、历史遗址复原图、历史地图与示意图、透视图以及科学考古发掘现场照片在内的3000余幅图片。既有精炼简洁的故事，又有多元化的图像，读者得到的是图与文赋予的双重收获。

> 创造了一种新的读图方式。书中的图片形象丰富，一目了然，具有"直指人心"的震撼力，但在阅读过程中，尤其是在欣赏历史文化的图片中，这种震撼力很难使读者感悟到。原来他们是凭自己的文化底蕴和生活积累在品味和理解书中的图片。两者一旦产生矛盾，就不可能碰撞出火花。本书作为面向大众的出版物创造了一种全新的阅读环境：改造我们传统的图片的文字说明，揭示图片背后的信息，让读者在读完这些文字后，会产生一个飞跃，对第一眼所看到的图片有一种新的发现和新的认识。

> 在《话说中国》这部书里，你将看到一个充满数字化魅力的历史百科知识体系。

> 数字化给我们的社会生活带来了许多崭新的变化，作为文化产品的创新也不例外。为此，我们在这套信息密集型的中国历史百科全书里，大量运用了在电脑网络上广泛使用的关键词检索方式，以关键词揭示故事内核，由此来检索和使用我们的故事体文本与相关知识性信息。这套书的信息化、网络化、数字化，充分表现了中华民族不但有自强不息的过去时，前进中的现在时，而且还有充满希望的将来时。

> 一则故事，一幅图片，一个关键词，都是某个有代表性的"点"，然而这个点不是孤立的存在，而是一个有意义的叙事单位。它是中华民族的文明亮点，折射了我们民族的文化性格。把这些亮点连接起来，就会构成一条历史之"线"，而"线"与"线"之间的经纬交织，也就绘成了历史神圣的殿堂。点、线、面三维一体，共同建构着上下五千年的民族大厦。

> 著名科学史家贝尔纳曾说："中国在许多世纪以来，一直是人类文明和科学的巨大中心之一。"我们知道，印刷是中国引以为骄傲的四大发明之一，中国出版在世界出版史中，曾留下许多脍炙人口的灿烂篇章。然而近代中国出版落后了，以至于到今天与发达国家相比，无论是在出版技艺上，还是在出版理念上，都存在着不小的差距。我们在本书的出版过程中善于学习、消化与借鉴，"洋为中用"，充分发挥"后发优势"，努力把世界同行在几十年中创造的经验，学习、运用到这套书的编辑过程中，以弥补两者之间的差距。事实证明，只要我们努力了，只要我们心中有了读者，我们一样可以后来者居上。

> 中国编辑中的一位长者曾说过这样一段话："我们没有显赫的地位，却有穿越时空的翰墨芬芳；我们没有殷实的财富，却有寄托心灵的文化殿堂。"

> 在编辑这套书的过程中，我们深深感到，中国历史文化太伟大了，无论你怎样赞美，都不为过；中国历史文化又太神奇了，无论你以何种方式播种，都会有意想不到的收获。今天，我们所撷取的，只不过是其中的一朵小花，还有更多更美的天地需要人们进一步去开拓。

005

现代人与历史

上海社会科学院研究员　刘修明

总 序

> 历史与现代人有什么关系？历史对现代人有什么用？这并非每一个现代人都能正确回答的问题。

> 过去的早就过去了。以往的一切早已灰飞云散，至多只留下遗迹和记载。时光不能倒流，要知道过去干什么？历史无用的混沌和蒙昧，不是个别现象。在科学技术高度发达的现代社会，人们更易对远离现实的历史轻视、淡漠。对历史无知而不以为然的人，不在少数。

> 不能简单地指责这种现象。一旦通过有效途径缩短了现代人和历史的距离，人们就会从生动形象的历史中取得理性的感悟，领悟历史的哲理，开发睿智，从而加深对现代社会文明的认识，使现代人的认识和实践达到一个新的层次。那时，人们就会有一个共识：历史和现代是承续的。历史是现代人生存和发展不可缺少的内容。历史和现代人是不可分的。

> 祖国的历史是一部生动的、博大精深的启迪心智的教科书。中国历史是独树一帜的东方文明史。承载中华文明的中国历史，在她形成发展的曲折而漫长的过程中，从未中断过（不像埃及、两河流域、印度文明或中断或转移或淹没）。她虽然历尽坎坷，备尝艰辛，却始终以昂首挺立的不屈姿态，耸立在亚洲的东方。即使从19世纪上半叶开始的对中华文明一个多世纪的强烈冲击和重重劫难，也没有使曾创造过辉煌的中华文明沉沦，反而更勃发了新的生机。中国的历史学家从孔子、左丘明、司马迁开始，持续不断地以一种不辜负民族的坚韧精神，把中华民族放在辉煌与挫折、统一与分裂、前进与倒退、战争与和平、正义与邪恶的对立统一的辩证过程中，将感悟到的一切，记录在史册上。以一笔有独特美感并凝结高超智慧的精神财富，绵延不绝地传承给一代又一代炎黄子孙，从而成就了中华民族及其创造的文明的延续和发展。中华文明的创造和中国历史的记载是不可分的。中国历史是兼容时空又超越时空的中华文明有形和无形的载体。

> 英国哲学家培根说过："历史使人明智。"历史的经验是前人付出巨大的代价（甚至生命的代价）才总结出来的。历史经验包蕴着发人深思的哲理。要深刻地了解现实，理智地面对将来，就应当自觉地追溯历史。现代人只有了解历史，才能感受历史启迪现

实的无穷魅力。唯有从历史的经验与哲理感知杂乱纷纭的现实，才能体会历史智慧的美感和简洁感。

这种由历史引发的智慧、魅力和美感，对丰富一个人的生命内涵，提升人的素质，是非常重要的。我们强调人的素质，但素质的基本内涵是什么，却未必很清楚。我认为，人文素质应该是人的素质的基本内涵。一个人的人文素质是由他所属的民族几千年文化创造的基因，积淀在他的血液和灵魂中形成的。以文史哲为主体的人文教育，对人的素质提高具有特别的价值。而中国历史往往又是文史哲三位一体的糅合和载体。只重视外语、电脑教育而忽视人文教育的偏向应引起重视并加以纠正。这种素质教育应当起步于一个人的青少年时代。对祖国的热爱，民族自信心的树立，正确的人生观、价值观的确立，都离不开对祖国历史的了解。只有这样的人，才能立志报效祖国和中华民族，并以他们的不断传承和新的创造，继续为人类文明的发展作出新的贡献。在共同文化血脉上发展起来的13亿中国人和5000万在世界各地的华人，都应有这样的共识，都应承担这样的责任。

了解祖国的历史，可以从简明的历史教科书入手，也可以从浩瀚的史籍中深究。关键是引起读者的阅读兴趣。我们这里提供的是一本图文并茂用故事形式编写的中国历史。中国有一本几乎家喻户晓、发行量达几百万册的出版物：《故事会》。这是上海文艺出版总社的名牌刊物，在社会上有很大的影响。何承伟先生从几十年编辑的成功实践中，提出了这样一部以图文并茂的故事形式并包含巨大信息量的中国历史百科全书的设想。在众多学者的参与和合作下，成就了这样一部新体裁的中国通史《话说中国》。它生动形象、别开生面的编写方式，使包括老中青在内的现代中国人，都可以轻快地从这部书中进入中国历史宏伟的殿堂，从中启迪心智，增加知识，开拓眼界，追溯历史，面对未来。它把传统的教育和未来的展望，有机而和谐地结合在一起，引导当代中国人顺应悠久古老的中国文明融注世界发展的现代潮流，以期为世界的文明发展作出新的贡献。我们相信，凝聚了几十位学者和编者多年努力的这部书，一定会为这种贡献尽其绵薄之力，发挥其应有的作用。

007

目录

出版说明

梦想与追求——为最广大读者编一部具有现代意识的历史百科全书 004
何承伟
一位从事出版工作30年的资深编辑对出版创新的领悟和尝试

总序

现代人与历史 006
刘修明
著名学者解析中华历史如何与现代读者对话，现代人如何走进历史深处

专家导言 010
朱瑞熙
宋史专家谈其对宋代历史的最具心得的研究精华

把中国历史的秀美景致尽收眼底 012
本书导读示意图

前言 016
960年至1279年
平淡而耐人寻味的时代——宋代
程 郁　张和声

一个活泼、重商、享乐的社会取代了尚武、好战的社会，尽管它缺乏英雄气概，但儒雅的眉宇间已带有几分近代的气息，遍地弥漫的铜臭掩不住书香，好一个读书人的黄金时代

○○一 黄袍加身　　　　　　　026
公元960年，赵匡胤自行披上了黄袍

○○二 杜太后教子　　　　　　030
儿子成为天子，而杜太后却面有忧色

○○三 制服强藩　　　　　　　032
赵匡胤坐上龙椅，昔日的兄弟自然不服

○○四 杯酒释兵权　　　　　　035
赵匡胤技高一筹，以杯酒除去隐患

○○五 扫平荆湖　　　　　　　038
柿子拣软的捏，荆湖成为砧上第一块肥肉

○○六 蜀中恶战　　　　　　　040
灭后蜀一波三折，如同蜀道之艰难

○○七 攻灭南汉　　　　　　　043
垂涎南汉之珍宝而起兵，结果却事与愿违

○○八 宋太祖不滥杀　　　　　046
宋太祖虽为一介武夫，却不轻易开杀戒

○○九 以文失国　　　　　　　049
一首绝妙好词，却以三千里山河换来

○一○ 以文得官　　　　　　　052
旧主以文失国，旧臣却凭美文在新朝高升

○一一 整治骄兵　　　　　　　055
宋太祖手段毒辣，岂容骄兵横行

○一二 打架争状元　　　　　　058
"之乎者也，助得了什么！"

○一三 半部《论语》治天下　　060
"只读一本书者最可怕。"赵普却只读半本书

○一四 柔弱胜刚强　　　　　　063
不肯杀人的将军却能百战百胜

○一五 烛影斧声　　　　　　　065
烛影摇曳，斧声铿锵，顿成千古之谜

○一六 钱俶纳土　　　　　　　068
最恭顺之吴越，也不过晚死几日

○一七 杀丐疑案　　　　　　　070
草菅人命，官府岂有公道可言

○一八 太宗雅兴　　　　　　　072
皇帝爱书迷棋，总强于沉溺声色

○一九 苦战灭汉　　　　　　　074
两代亲征，太原一朝灰飞烟灭

○二○ 皇帝乘驴而逃　　　　　077
宋辽初次交锋，皇帝却乘驴车狼狈而逃

○二一　杨家将名传千古　　　　080
可怜杨家一门忠义，到头仍报国无门

○二二　将军愚不可及　　　　084
党进虽难得下民拥戴，却总讨皇帝欢心

○二三　刺字报国　　　　086
将军不以战绩名世，却以刺字表忠彪炳史册

○二四　秀才豪气　　　　088
秀才健胃，惊呆众好汉

○二五　宰相肚量　　　　090
宰相出身贫寒，终身不忘拾瓜之耻

○二六　皇子惧严师　　　　093
伴君如伴虎，衙内的老师最难当

○二七　少年得志　　　　095
寇准少年聪明，可不善看人脸色

○二八　吕端大事不糊涂　　　　098
吕端晚进迟钝，然每临大事不糊涂

○二九　澶渊之盟　　　　100
契丹南下，寇准孤注一掷，迫御驾亲征

○三○　慢性子宰相　　　　102
王旦一食三搁筷，故成一代名相

○三一　急性子州官　　　　105
张咏心急吃不得热馄饨，不愧能干州官

○三二　宽容与敬佩　　　　107
大器者使寇准惭愧，敢为者使张咏敬佩

○三三　和尚借宿成巧祸　　　　110
若非向敏中明智，则和尚沉冤难雪

○三四　皇帝伪造天书　　　　112
真宗封禅学道，一片乌烟瘴气

○三五　丁谓一举三得　　　　114
丁谓机智而巧佞，得"鹤相"雅号

○三六　识画　　　　116
从文人到武士，皆好书画

○三七　儒生迂腐　　　　117
儒生以《诗经》断案，百姓传为笑谈

○三八　仁宗生母之谜　　　　119
母子生不能相认，刘后死尚保一族

○三九　仁宗厚道　　　　121
宋仁宗天性宽厚，四十二年国泰民安

○四○　将门虎女　　　　123
曹皇后出身将门，临危不乱

○四一　好水川之战　　　　126
西夏崛起，好水川一战，宋军损失惨重

○四二　名将种世衡　　　　128
种世衡智勇过人，士兵拥戴，边民服膺

○四三　巧施离间计　　　　130
种世衡不费一兵一卒，除掉西夏两员大将

○四四　曹玮妙计杀敌　　　　132
春秋的曹刿使敌疲劳，宋朝的曹玮与敌休息

○四五　狄青夜袭昆仑关　　　　134
兵不厌诈，狄将军一夕破关

○四六　包拯判案　　　　136
说不完包公故事，只因历史上贪官太多

○四七　鱼头参政　　　　139
鲁宗道性格刚烈，"骨鲠如鱼头也"

○四八　程颢辨年察奸　　　　141
程颢一语断案，可见理学家并不迂腐

○四九　拗相公搞改革　　　　143
天变不足畏，人言不足恤，祖宗之法不足守

○五○　奇人王安石　　　　146
王安石奇在不拘小节，更奇在既固执又开明

○五一　好官我自为之　　　　149
"笑骂由你笑骂，好官我自为之。"

○五二　脚踏实地司马光　　　　152
"吾平生所为，无不可对人明说。"

○五三　一程成三苏　　　　154
眉山一门三杰，却由一女造就

○五四　乌台诗案　　　　158
才高八斗苏东坡，身陷朋党"文字狱"

○五五　神医庞安时　　　　162
庞安时因病致聋，却练就一双慧眼

○五六　陈襄辨盗　　　　164
陈襄以诈术审案，也不过耍小聪明罢了

○五七　文雅君臣败家国　　　　166
蔡京善书，徽宗能画，一个败家，一个失国

○五八　亡国之音　　　　170
都城夜深，禽兽之声四起，人皆谓亡国之音

○五九　玻璃瓶衬金　　　　173
玻璃瓶内如何衬黄金？居然有巧匠敢揽此活

○六○　棋盘上的争斗　　　　176
宋人对外用兵不行，却喜欢在棋盘上厮杀

○六一　欲雪耻反招辱　　　　178
宋为雪耻而讨辽，却不耻向金下跪

○六二　国破家亡　　　　181
国亡之日，钦宗哭叫："宰相误我父子！"

聚焦：960年至1279年的中国　　　　186

专家导言

中国宋史研究会会长　上海师范大学研究员　朱瑞熙

> 宋朝是继五代十国之后赵氏建立的中原王朝，公元960年，后周殿前都点检赵匡胤在开封（今属河南）建国，史称北宋。1127年，被金朝灭亡。同年，宋徽宗之子赵构在南京应天府（今河南商丘南）重建，史称南宋。1279年，被元朝灭亡。

> 唐、宋之间社会变革，到宋朝基本定型。唐朝中叶以前由门阀士族和均田户、部曲、奴客、贱民、番匠、奴婢等组成的旧的社会阶级结构，转变为宋朝由官僚地主和佃客、乡村上户、乡村下户、差雇匠、和雇匠、人力、女使等组成的新的社会阶级结构，这是中国古代社会内部阶级关系的一次重大变化，也是一次社会生产关系的调整，这一变化逐步由法律肯定下来。同时，政府允许地主和官员自由购置土地，地主出租土地、收取地租、剥削佃农的租佃制度成为当时社会普遍的经济形态。政府主要通过两税法征收田赋，夏税征钱，或折纳绸、绢、麦等；秋税大致亩收粮食一斗。征税时，常用支移和折变办法，以消除病民、困民的种种弊端，但这些便民、利民之举有时反而加重了百姓的负担。

> 随着唐末以后旧的皇帝、士族政体的彻底瓦解，宋朝建立起皇帝集权、官员分权；中央集权、地方分权的皇帝、官僚政治体制。主要依靠科举考试、学校考选、恩荫等途径吸取各阶层士人进入各级官衙，形成基本官僚队伍。统治阶级建立起比较严密的中央决策系统及相适应的运行机制。最高决策机构是皇帝定期视朝听政，次高决策机构是宰执在最高国务机构"二府"（中书门下和枢密院，神宗元丰改制后为中书、门下、尚书三省和枢密院）理政和议政、朝廷官员集议，以及一些临时性的决策机构。这些机构组成以皇帝和高级文臣为核心的最高决策集团，原则上排斥后妃和宦官、武将、外戚、宗室等参加最高层的决策活动，并以此作为"祖宗家法"的内容之一。皇帝拥有最终裁决权，但皇帝的指令通常要经过二府审核，形成文件，再经皇帝复审，才成为"圣旨"，付外执行。

> 宋朝的社会经济获得迅猛的发展，农业、手工业、商业等都取得了突出的成就，而且完成了经济重心的南移。户口的增加，垦田面积的扩大，耕作技术的提高，经济作物的增多，促使农业取得空前的发展，为手工业、商业的发展奠定了坚实的基础。手工业领域的矿冶、纺织、造纸、制瓷、造船等部门，在原料采集、生产技术和产品种

类、数量方面都有显著的发展。各业作坊规模之大,超越了前代。独立手工业者也较前代增多。商业发达。北宋都城东京和其他城市的繁盛,突破了原居民住宅区坊和市的界限,工商与民居杂处,面街开店,随处都有商铺、邸店、质库、酒楼、食店。夜市迟至三更,自五更"鬼市"(早市)又开张营业。南宋末年临安发展到百万人口以上,成为最大的商业城市,城内店铺林立,相当繁华。许多州县城外又形成新的居民区,称草市。还有成千上万个镇市,商业较为兴盛。宋真宗初年,益州(今四川成都)富商联合发行一种交换券,称"交子",是世界上最早的纸币。南宋的纸币有东南会子、四川钱引、湖广会子、两淮交子等。当时的对外贸易也十分兴盛,是世界上重要的海上贸易国。不过,社会经济发展的同时,也造成了生态环境的一定破坏。黄河中、上游及其支流两岸的森林植被继续遭到破坏,造成黄河平均每年出现一次决口或改道的水灾。南方圩田的过度填筑,导致许多湖泊从此消失,周围地区水旱之灾频仍。这些都给社会经济的持续发展和后代留下了难以逆转的隐患。

> 宋朝还是中国古代教育向多层次、多类型、普及化、平民化转变的重要时期,同时又是中国古代科学技术发展的高峰期,各项发明创造层出不穷。在文化和思想方面,宋朝在内容和形式上都有新的创造,取得突出成就。

> 在社会生活方面,宋朝形成了南食和北食两大饮食系统,南食以稻米制品、猪肉和鱼为主,北食以面食制品和羊肉为主。服装崇尚素雅、大方和新颖,穿戴北魏以来逐渐流行的"胡服",男子戴幞头,穿圆领衣袍;女子上身穿襦、袄,下身穿裙子、裤。人们改变席地而坐的习惯,使用直腿桌、椅及交椅。富人和官员出行,逐渐以乘轿代替骑马或坐车。民间流行薄葬,更多地以纸钱和纸制人物代替实物殉葬。

> 尽管宋朝的疆域不如汉、唐,国力也不及北方的辽、金及西北的西夏,但它在经济、教育、科技、文化方面所达到的高度,在中国古代是空前的。同时,它还是当时的世界大国,在经济等方面的成就,当时世界上居于领先地位,对人类文明作出重大贡献,产生深远影响。

把中国历史的秀美景致尽收眼底
本书导读示意图

《话说中国》作为融故事体的文本阅读、精彩细腻的图片鉴赏于一体的中国历史百科全书,其中包含着无数令人神往的中国历史的秀美景致,它们经纬交织,互为表里,形成了中华民族上下五千年的灿烂文明。

如同游览名山大川离不开导游和地图的指点,通过以下图例的导读提示,读者定能够尽兴饱览祖国历史美景,流连忘返。

随时感受历史文化的魅力与编纂创意的匠心

整个版面构成充分体现出本书以故事体文本为主体的特点,体现出本书作为历史百科全书的知识信息密集、图文并重的特点,使读者在本书任何一个页面上,都能感受到历史文化的魅力与编纂创意的匠心。

导读、段落标题与编号,
能更好地理解故事精髓,更好地运用故事

为了更好地理解故事,在实际学习生活中运用故事,本书在故事体文本中,特地为读者准备了故事导读、故事段落标题与故事编号等三个重要内容。故事导读是概述故事精要,它与故事段落标题,都是为了让读者更好地理解故事的精髓,同时让读者以一种轻松便捷的方式快速获得文本重要信息。

人物、典故和关键词具有很大信息量和实用性

在每一则故事中,都会有故事核心内容(即故事内核)、故事人物等基本要素。本书将此提炼出来,标注在每则故事的右上角(加上故事来源),使之具有很大的信息量和实用性。

建构多元、密集的知识性信息,
构成了全书另一个重要组成部分

以密集的信息,弥补故事叙述中知识点不足的局限,从而使故事的感性冲击力与历史知识的理性总结达成高度的统一。它让读者既见树木,又见森林;既享受了故事所带来的审美快感,同时又能寻绎历史的大智慧。如"中国大事记""世界大事记""历史文化百科"和图片说明文字等专栏中的有关内容,都是经过精心选择的练达的知识板块,既是历史知识的精华,又是广泛体现"活"的历史,体现当时社会人生百态,体现当时寻常百姓的寻常生活。

再现历史现实的图片系统

图片内容涵盖面广泛,能够深入再现历史现实,观赏效果细腻独到,立体凸现了每一不同历史时期社会生活各方面的发展变化。透过生动的"图片里面的故事",可以体味其中蕴涵着的深刻内容,其版称是历史文化的全息图像。

《话说中国》以精美绝伦的文字和图片,将中华民族最可宝贵的民族精神和生生不息的文化传统,演绎得生动而传神。看了这张导读图,你就开始一程赏心悦目的中国历史文化之旅吧。

• 故事标题。

• 故事编号:与"人物""典故""关键词"等相联系。

• 图片:涵盖面广泛,能够深入再现历史现实。纵观整套书的图片,又分别构成了一个个独立的专门图史。

- 中国大事记：以每卷所在历史年代为起止，精选与故事相应相近年代的中国历史文化重大事件，以此体现中国历史发展的基本脉络。

- 故事导读：概述故事精要，更好地理解故事精髓。

- 世界大事记：以中国大事记为参照，摘选相应年代的世界各国历史文化重大事件，以此体现本书"世界性"的理念。

- 人物、典故、关键词、资料来源：将故事的人物、关键词提炼出来，标注于此（加上故事来源），使之具有很大的信息量和实用性。

- 故事段落标题：揭示本段故事主题，具有阅读提示和增加阅读悬念的作用。

- 以直观的表格形式，便于读者对分散信息作系统的查考。

- 图片说明文字：深入揭示图片"背后"的历史文化内涵，读完这些文字，就会对图片有新的发现和新的认识。

- 历史文化百科：是精选的历史文化百科知识，分别涉及政治、经济、文化、科技等十余个知识领域。

013

960年 > 宋 > 1279年

前言

960 年至 1279 年
平淡而耐人寻味的时代
宋代

上海师范大学古籍整理所副研究员　程　郁
上海社会科学院历史所副研究员　张和声

这是一个平淡的时代。宋朝是又一个以汉族为主体的封建王朝，从10世纪60年代延续到13世纪70年代，时间不可谓不长，北宋时横跨黄河、长江两大流域，领土不可谓不广，然而它总少那么一股气，那个时代的故事也总缺少一种英雄气概，一个历史事件，若在别的时代，也许早已高潮迭起，而在宋代，总以一种啼笑皆非的方式终结，或以一种淡淡化出的镜头摇出，使你感到若有所失。它既没有秦汉那种睥睨一切的霸气，也没有隋唐那种大户人家的豪气，甚至也没有明代那种暴发户的痞气，它就像山村里的一个冬烘先生，又温和又酸腐，处世以和为贵，只求平平淡淡过一生，因此他的生平事迹总不如侠客那么好看，那么刺激。因此吾辈阿Q想拿祖上压人时，总是羞提宋代，而宁肯远宗汉唐。要从感性上认识宋代，最好到博物馆去看看瓷器。排在前边的唐瓷透出一股洋风，华丽而不失器度；排在后面的明清瓷器大红大绿，精工细描掩不住一股俗气，而宋瓷色彩十分淡雅，或影青，或黑褐，或纯白，形制十分纤巧，刻画简洁而又传神。是呀，日用瓷器尚且如此，可见整个时代的趣味都以士大夫的眼光为准了呢。这个时代虽然平淡，可的确耐人寻味。

祖宗之法　960年，身为后周殿前都点检的赵匡胤在京城郊外陈桥驿发动兵变，穿上黄袍回到皇宫，赶走了周世宗的孤儿寡母，建立了宋朝，定都开封，又称汴京，赵匡胤后来被称为宋太祖。"陈桥兵变"就像一次小痞子闹事，没有周密的策划，也没有激愤刺激的场面，随随便便就改朝换代了，宋太祖也不想骇人耳目，所以宋朝的序幕一开始就是平平淡淡的。宋太祖虽是个粗人，但很有脑子，他可不愿意让自己的龙椅随随便便就在下一场小痞子闹事中被推翻，当上皇帝的人，第一件事就是堵塞自己的来路。自唐中期以来，节度使的权力很大，在地方上军政财权一手抓，还可以世袭。赵匡胤自己就是从节度使起家的，所以首先得改变这种状况。过去地方节度使管辖几个支郡，宋太祖将它们全部直属京师，派去文官为知州，各州又设一通判，他可以不听知州命令，两官互相牵制。州之上有路，路设转运使，转运使负责将所属州县的财赋运往京师。藩镇的兵权也是逐渐剥夺的。宋太祖镇压了两个不听话的藩镇，然后就采取一种和风细雨的改革方案，和汉、明大杀功臣不同，对待拥戴自己称帝的老兄弟们，他在酒宴上劝他们交出兵权，"杯酒释兵权"因其戏剧性而为学者怀疑，然而那种淡淡的人情味使人宁信其有。然后从藩镇中选择精兵充实禁军，又大拆地方的城池，到后来地方的厢军沦为服苦役的劳动力。这样节度使的"兵也收了，财也收了，赏罚刑政一切都收了"。到后来，节度使成了一种荣誉称号。宋太祖对禁军还不放心，禁军的统帅部一分为三，即殿前都指挥司、侍卫马军都指挥司和侍卫步军都指挥司，又称三衙，由名位较低的将军掌管，称为三帅，分管部队训练布防；另设枢密院管调动军队，又与三帅相互牵制。军队又经常换防，将军经常调动，使兵将不能形成亲密的关系，这样一般兵变就不会危及皇权了。> 对待官僚机构，宋太祖也是一个"分"字。宋代宰相的名称几经变更，一般正式称同中书门下平章事。前代宰相权太大，事无不统，宋太祖便将军权分给枢密院，将财权分给三司使，又设参知政事、枢密副使和三司副使，作为宰相、枢密和三司使的副手，又相互牵制。御史台是管监察百官的，谏院是管劝谏皇上和大官的，现在都成了皇帝的耳目，下有一批官员叫台谏官，监督着官员的一言一行，道听途说也允许在朝上公之于众，并没有诽谤罪一说，于是宰相也怕他们几分，按惯例，一旦宰相被弹劾了，就要出京待罪，若皇帝不挽留，这个宰相就算罢定了。宋代官制有官、职、差遣之分：官名只用来表示官位和俸禄的高低，大约相当于现在的局级处级之类；职指带某某馆的职称，馆指皇家图书馆与史馆，此人并不一定到馆里写书，而只是文官最羡慕的头衔，大约相当于现在的教授研究员之类（或者当今教授太多了，相当于科学院院士？）；差遣才是实际管事的职务。官职分来分去，老官名不废除，让它留作荣誉称号，新官不断设立，于是官越来越多，机关越来越复杂，宋代官制号称最为难懂，就是这样造成的。谁要是有耐心解那种连环套的几何证明题，就去研究宋代官制吧。> 宋初这一系列分来分去的措施，宋代人奉为不可变易的"祖宗之法"，现在史学界就称为加强专制主义中央集权统治。下面权力分散，互相牵制，互相攻击，皇帝老儿就可坐在上面哈哈笑了。赵宋三百一十六年间，武将始终未对中央政权造成威胁，权相时有也不能颠覆赵家的天下，外戚宦官并未形成心腹之患，这格局都是宋太祖奠定的。宋太祖实在聪明。政权稳定，也就少了许多刀光剑影的故事，失去上演英雄史诗的舞台，于是宫廷故事也很平淡。> 安定了内部，自然要向外扩展。宋太祖采取先易后难或者说"先南后北"的统一战略，将江南、四川几个纨绔子弟统治的小国收拾之后，才面对强悍的辽及其属国北汉。正值壮年的宋太祖在其事业达巅峰之时突然死去，这个雪夜发生的事便成千古之谜。太祖的亲弟弟赵光义当上皇帝，史称宋太宗。宋太宗完成了统一南方的大业，亲率大军灭了北汉，还想一举收复被后晋石敬瑭割让的燕云十六州，但在强悍的契丹军面前碰了钉子。宋初削弱军权，守内虚外的政策显出了它的弊端，宋辽对阵宋军屡败，宋太宗被迫放弃收复燕云十六州的计划，采取守势，同时将每年的财政节余收入"封桩库"中，打算将来以钱财买回这块宝地。

> 960年至1279年
> 平淡而耐人寻味的时代
> **宋代**

重文轻武 > 太宗病死之后，他的儿子赵恒继位，史称宋真宗。真宗刚坐上龙椅，就给可恶的辽人搅得不得安宁。景德元年（1004），辽承天皇太后和辽圣宗带兵大举进犯，沿途绕过坚

017

城，直指开封。生长于深宫的真宗，早已尽失太祖、太宗的英勇气概，吓得只想逃跑，在年轻气盛的宰相寇准逼迫下，才勉强前往澶州督战。宋军士气大振，辽军急于退兵，而真宗根本不想决一胜负，只想快点离开前线，便同意议和，以昂贵的代价结束了这场宋人未必会输的战争。宋辽约定：辽帝称宋帝为兄，宋每年给辽绢20万匹、银10万两。这就是所谓"澶渊之盟"。太宗辛苦积攒下的钱财，不但换不回燕云十六州，反白白养肥了敌人。▷宋真宗统治期间，宋朝的重文轻武倾向更为发展。科举制度日趋完备，后来为明清沿袭的防止作弊一整套程式都是在北宋形成的。开考前数日，考官被关在贡院中，不得外出，称为"锁院"。封弥院的官员把试卷上的举人姓名、籍贯糊住，另编字号，称为"糊名"。还怕考官认出考生的笔迹，又由誊录院的书手抄一遍，这叫"誊录"。对读所的人校勘之后，将副本送考官定等级，再送知举官复审决定名次，所以等到从状元直至末甲最后一名都定好之后，考官才知道考生的名字。当然以后随着制度的松懈，作弊还是历代都有，但总的来说比唐代严密多了。宋代科举的独木桥也加宽了，两宋三百多年，登科者共有十一万多人，平均每次录取的人数为唐代的十倍左右，而一旦及第就可当官，士人更热衷于读书考试了。为了加强文章批改的客观性，就要设立若干标准，反过来又损害了文章的丰富性。为后世深恶痛绝的八股文，其实在宋已见端倪，当时所谓"时文"，已具有八股文的许多特征。▷随着科举录取名额的增加和印刷术的普及，读书人更多了，州县普遍设置学校，一些学者也设立书院，招收弟子讲学论道，有名的书院大多得到政府的资助和奖励。私人讲学传道的风气使新学说得以产生传播。北宋时，周敦颐的弟子程颢、程颐创立了以儒家经学为基础，兼收佛道思想的新儒学，到南宋时经过朱熹的整理阐发，得到广泛传播。到明清时，程朱理学占据了思想界的统治地位。理学有不少流派，陆九渊的"心学"便是其中重要的一支。▷文学上的成就主要是散文和词。古文运动取得全面胜利，唐宋八大家中就有六人在北宋，即欧阳修、曾巩、王安石和苏洵、苏轼、苏辙父子三人。北宋前期，词尚婉丽，柳永的词尤其受到市民的欢迎，号称"凡有水井处，即能歌柳词"，据说金主完颜亮读了柳永描写杭州美景的词，顿起南来之心。豪放派的词经苏轼开创，到南宋辛弃疾手里，达到精湛绝伦的地步，田园风光，放声悲歌，皆成佳作。▷宋真宗信仰道教，在全国大建宫观，亲迎伪造的"天书"，大队人马到泰山封禅，耗费了大量钱财，搞得乌烟瘴气。

王安石变法 ▷真宗的儿子赵祯是北宋第四个皇帝，史称仁宗。仁宗继位时，北宋已到中期，各种社会矛盾日趋尖锐。宋实行不限兼并的田制，到这时大地主占田已十分严重。宋的户籍分为主客户两种，主户又按田产数分为五等，上三等户又称上户，其中有不少是官吏的官户或形势户，一方面差役杂税集中于乡村主户的中下户和客户身上，使社会分配更不公平，引起下层人民的反抗，一方面农民的大批破产，使国家难以征税差役。同时，国家的财政支出越来越多，形成巨大的缺口。宋初分官而治政策的弊端在这时充分显露，官僚越来越多，真宗时文武百官为9700余员，到仁宗时便达17000余员，到下一个皇帝又翻一倍。官越多事情却越难办，遇事无人负责，议论起来却扯皮不断，腐朽的官气笼罩整个政府。兵也越来越多。从宋太祖时就定下的募兵制，被认为是化解农民起义的好办法，每逢灾荒，便用大募兵的办法安置灾民。1038年，陕西沿边的党项族首领元昊建立了大夏国，史称西夏，定都兴庆府（今宁夏银川），从此与宋征战不休。为此宋仁宗时更广募士兵，禁军激增至80多万人，养兵的费用竟占全国财政收入总数的十分之七八。然而兵越多越不中用，禁军士兵手不能射箭杀敌，眼不会识别旗帜号令，将领不是纨绔少年就是奸猾老吏，根本不会打仗，一上前线就怕得要死，因而屡战屡败。〉面对着这种"冗官冗兵"、"积贫积弱"的局面，大家都说应该改革，可一旦改革触动到自己的利益，又激起一片反对的声浪。〉仁宗中期的庆历年间，范仲淹进入执政班子，尝试进行整顿吏治的改革，史称"庆历新政"，但因触犯了贵族、官僚的利益，只推行了一年多就被迫停止了。仁宗没有儿子，宗室赵曙以继子身份入继皇统，史称英宗。英宗很有个性，也曾想对朝政进行一番改造，无奈身体状况不佳，只做了四年皇帝就死了。英宗的儿子赵顼继位，史称宋神宗。神宗即位时只有二十岁，给老朽的朝廷带来一股勃勃生气。他看不惯官场的腐败习气，对宋朝的弱国地位愤愤不平，一心要学唐太宗，做一番大事业，力图要使宋在自己手里富强起来。因此，他与敢做敢为的王安石一拍即合，很快掀起了改革的浪潮。〉关于王安石变法，历来争议最多，至今史学界仍有截然相反的两种意见。王安石变法的目的是"富国强兵"，其措施可依此分为两大类。王安石建立了一个制置三司条例司，新法便从这里源源不断地炮制出来。〉所谓"富国"便是理财，他号称"民不加赋而国用饶"，即一方面抑制大商人、大地主和官僚的兼并，把其剥削所得的一部分收归国有；另一方面减轻小地主和农民的差役负担，兴修水利，发展生产。均输法是停止原来不合需要的地方实物上贡，改由中央财政官员视京城需要与市场贵贱灵活采购粮食等必需品。市易法是企图由政府控制市场，市易务以官钱为本，贱买贵卖以平抑市价，并向商贩贷款，还不出本息者便被没收其抵押产业。后来又实行免行法，即停止向商铺征收实物与人力，而改为根据商人的所得征税，称为免行钱。与乡村有关的主要是青苗法、募役法、方田均税法和农田水利法。青苗法实际是官府向农民放贷，每年正月、五月青黄不接时，农民最为困难，这时可向官府借钱物，夏秋作物成熟后，随两税加息十分之二或十分之三归还谷物或现钱，官府所得钱粮按规定也要逢粮荒时降价出售，粮贱时加价收购，起到平抑粮价的作用，照理说十分之二三的利息在当时也是较低的，应起到限制高利贷者的作用。募役法又称免役法，即废除原来按户等轮流充当官府差役的办法，改为按户等交免役钱，原来不必服役的官户、城镇户、女户等也要按定额的半数交助役钱，官府再用这些钱雇人干活。方田均税法即重新丈量土地，核实是否有偷漏税的情况。农田水利法即鼓励兴修水利，资本由受益人户按户等高下分摊，若工程浩大，民力不足，就由官府贷款，官钱不足，再由州县官劝富户出资，依例计息，以后由官府负责催还本息。〉所谓"强兵"主要推行了将兵法、保甲法和保马法。将兵法是把军队的基本编制单位改为"将"，使作战经验丰富的武官掌管训练，使兵知其将，将练其兵。保甲法是把农户组织起来，十家为一保，五保为一大保，十大保为一都保，各家出保丁，农闲时军训，夜间巡逻维持本地治安，这样一方面节省军费，一方面加强对人民的统治。〉新法先后推行了十五年，基本上收到了预期的效果，国家增加了收入，朝廷的仓库装满了，军队裁减不少，但由于豪强兼并受到一些限制，官僚特权也有所减少，首先遭到上层的反对，而且官吏欺上瞒下，乘机为自己捞好处，每一项新法都或大

960年至1279年
平淡而耐人寻味的时代
宋代

或小地产生了违背初衷的弊端，有些的确害民不利国，因此王安石遭到了前所未有的反对，新法始终在非常艰难的环境下勉强推行。▷司马光起初也主张改革，但看不惯王安石轰轰烈烈的执政作风，认为新法太欠考虑，容易害民，主张实实在在地办事，与王安石意见不合，便退居洛阳，闭门著书，写成《资治通鉴》一部大书。神宗不到四十岁便死了，十岁的幼子赵煦继位，史称哲宗。因为皇帝还不能亲政，英宗的皇后高氏以太皇太后的身份处理军国大事，高氏反对变法，故马上任用司马光，废止了新法，反变法派一度得势，这期间年号为元祐，故废止新法的经过称为"元祐更化"。司马光死后，反变法派分裂成蜀、洛、朔三党，政治见解不再成为争论的焦点，个人意气成为混战的导火线。元祐八年（1093），高太后病逝，宋哲宗亲政，他有志继承神宗的事业，因此改年号为绍圣，变法派得到重用，已死的司马光等人遭到追贬，大批反变法派被流放贬官，新法相继恢复。此后变法派也出现内部分裂，忙于争权夺利，改革军政富国强兵的目的实际已被遗忘，在热闹的政党纠纷中，北宋为自己唱起了挽歌。▷哲宗也没有儿子，由神宗皇后向氏作主，立神宗第十一子赵佶为帝，史称徽宗。有意思的是，北宋中期的皇后似乎都是反变法的，向太后在短期"垂帘听政"中，又再次起用反变法派，变法派又被贬斥出朝。七个月后，徽宗亲政，又发生了逆转，和哲宗一样，他用年号表明自己的志向，改年号为崇宁，崇为崇法的意思，宁指神宗年号熙宁。但这时的新旧法之争完全失去了改革的意义，奸臣蔡京、高俅与宦官童贯等把持朝政，搞了一个"元祐党人碑"，不但司马光等反变法派被列名其上，连一些变法派也包括在内，遭到贬斥流放，而新法成了大肆搜刮的借口。从神宗以来，政局几番变动，连这段时间的国史也先后改写了四次，历史的真相越来越模糊。

北宋灭亡

▷在北宋诸帝中，徽宗是最多才多艺的，同时又是最奢侈昏庸的。皇帝爱奇花异石，蔡京等便从江南运来，称为"花石纲"，大批农民为此倾家荡产，皇帝爱园林风光，蔡京等便在东京造了一座周围十多里的皇家花园；皇帝爱美人，蔡京等为他找舞女歌伎，宫女数以万计。不久，神宗积攒下的财富就被这个风流天子挥霍一空，于是更穷凶极恶地向人民搜刮。蔡京等人也穷奢极欲，官场贿赂公行，政治腐败到了极点。于是，在两浙地区爆发了方腊起义，在京东地区出现了宋江领导的农民起义，起义不久被镇压，但不满情绪犹如干柴烈火烧遍全国。▷这时，新兴的女真族在遥远的东北建立起金国，屡败辽兵。宋徽宗自以为建奇功的机会到了，决定联金灭辽。宣和二年（1120）宋金订立"海上之盟"，约定宋金联合出兵夹击辽，灭辽后，燕云之地归还宋，而宋要将原来送与辽的岁币转贡给金。然而，腐朽的宋军在童贯的率领下出师即败，燕京还是金打下的，宋又另外拿出一百万贯钱交给金，才换得一座空城。▷金人看透了宋虚弱胆怯的本质，乘胜南下，渡过黄河，直指东京。宋徽宗急忙传位给太子赵桓，自己星夜南逃避难去了。赵桓史称宋钦宗，其年号为靖康。主战派李纲率军民坚守东京，地方宋军也赶来增援，金人已不敢恋战，而宋钦宗急于与金人议和，竟答应赔款割地。金兵退后，徽宗回京，钦宗也不思备战，李纲被贬官，朝政仍十分黑暗。当年秋天，金军再度南下，包围了东京，在钦宗与求和派的荒谬指挥下，东京很快失陷。靖康二年（1127）

四月，金军俘徽、钦二帝和众多皇室成员北去，赵宋皇朝的传国宝玺及法物等也全部落入金人手中，北宋灭亡。

宋金战和 同年五月，徽宗第九子赵构在应天府（今河南商丘）即位，史称宋高宗。高宗即位之初任用李纲，但不久转而信任黄潜善、汪伯彦等投降派，幻想用岁币和割让土地换取和平，因此李纲只当了75天宰相就被赶走了，宗泽在汴京积极组织抗金也得不到支持，高宗丢下北方的军民逃到了扬州。不久，金军大举南下，高宗只身逃到杭州，武将苗傅、刘正彦发动政变，逼高宗退位，后在其他武将的干预下，平息了政变，而高宗已饱受惊吓。金将完颜宗弼率军渡江，高宗一路狂奔，最后乘船逃到海上。金军追到明州方才退军，沿途遭到韩世忠、岳飞等军的截击，从此不敢轻易渡江。金人扶刘豫为"大齐皇帝"，在中原建立了傀儡政权。宋高宗定都杭州，改称为临安府，不再指望恢复中原，从此苟安于江南一带，故史称南宋。金军不断南下压迫，高宗只得任用抗战派，南宋军队日益壮大，出现一批优秀的将领，岳飞在战争中崭露头角，成为最著名的抗金将领。吴璘在四川大破金军，守住了西部防线；岳飞出师反击，一举收复襄阳六郡。经过将士四五年的浴血奋战，高宗才坐稳了皇位，然而他坚决拒绝岳飞等人恢复中原的建议，用秦桧为相，以抗金战争的大好形势为资本，向金求和。秦桧为高宗出谋划策，解除了韩世忠、岳飞等人的兵权，以"莫须有"的罪名杀害了力求抗金的岳飞。绍兴十一年（1142）宋金订立和议，约定：①宋帝向金称臣，②划定两国边界，宋割让大片领土，③宋每年向金纳银25万两，绢25万匹。对宋来说，这是前所未有的屈辱和约，史称"绍兴和议"。秦桧独揽大政十多年，用高压手段钳制舆论，大兴文字狱，公然索贿受贿，政治十分黑暗。南宋的地方官僚一面大肆兼并土地，一面加紧搜刮民众，社会矛盾日趋尖锐，各地农民起义不断。而高宗等不再想念北方的家乡，安心在南方享乐，西湖变成一个大销金锅儿，杭州变成贵族们的歌舞场。绍兴三十一年（1161），金主完颜亮亲自领兵南下，直打到长江边，惊醒了南宋君臣的好梦。宋军溃逃至江南，奉命到前线慰军的虞允文挺身而出，指挥水军在采石挡住了金军的进攻，这时金军内部又发生内讧，完颜亮被杀，金军北撤。第二年，高宗传位于宗室赵昚，史称宋孝宗。宋孝宗锐意抗金，一即位便给岳飞平反，召回抗战派张浚等。隆兴元年（1163）张浚出任枢密使，派兵北伐。北伐军起初进展颇为顺利，后由于大将李显忠与邵宏渊不和，各部不相配合，李显忠在符离（今安徽宿州）一战失利，诸军相继溃逃，遭致惨重损失。已退位的高宗称太上皇，仍拥有相当大的权力，主和派以他为靠山，纷纷攻击抗战派，宋孝宗只得重新任用秦桧余党汤思退为相，派人向金求和。隆兴二年（1164）冬，经过激烈的争论，宋金议和终于达成。主要内容有：①宋皇帝不再向金主称"卑臣"，而是自称为"侄儿"，②宋金维持"绍兴和议"所划定的疆界，③宋每年给金的"岁贡"改称为"岁币"，数额也减为银绢各20万两匹。由于这次宋方态度比较强硬，和议条件反而比过去有利。宋孝宗不甘心屈服于金，励精图治，任用虞允文为相，积极整顿军队，仿效宋太宗再设"封桩库"，将每年的财政节余都储备起来，准备再次北伐。然而虞允文不幸病故，整个官僚阶层耽于享乐，难有大作为，孝宗再次失望了。高宗当了二十多年的太上皇才死去，

960年至1279年
平淡而耐人寻味的时代
宋代

021

孝宗这时已心灰意冷，便将帝位传给四十多岁的儿子赵惇，自己也做太上皇了。赵惇史称光宗。他即位不久便发了精神病，与孝宗的关系相当紧张。绍熙五年（1194）宋孝宗死，光宗不肯出面，连葬礼也无法进行，引起朝野严重不安。宗室赵汝愚与外戚韩侂胄组织政变，在高宗皇后吴氏的支持下，另立光宗子赵扩为帝，令光宗为太上皇。❯赵扩史称宋宁宗。宁宗是一个没有主见的懦弱皇帝，不久政权就被韩侂胄把持，韩侂胄耍弄阴谋，排斥赵汝愚一派，将理学称为"伪学"，著名理学家朱熹等也遭到迫害，这便是"庆元党禁"。但"党禁"延续时间不长，六年后便宣布弛禁了。❯通过几年经营，韩侂胄在朝廷中建立起说一不二的威权，极端的言论管制，败坏了士风，黑暗的专制政治，使吏治更加腐败。上自缙绅士人，下至平民百姓，都对韩侂胄恨透了。为了转移朝野的视线，也为了巩固自己的地位，开禧二年（1206），未经充分准备，韩侂胄便贸然发动北伐。宋军不堪一击，很快全军奔溃，金军乘胜南下，再次渡过淮河，饮马长江。韩侂胄吓慌了，忙派人去求和，谁知金人把斩韩侂胄作为议和先决条件，韩侂胄恼羞成怒，决心不惜一切代价血战到底。礼部侍郎史弥远与杨皇后策划政变，假传圣旨突然捕杀了韩侂胄。嘉定元年（1208），宋金再订和议，宋帝改称金帝为"伯"，岁币由银绢各20万两匹增至各30万两匹，宋还要另付犒军银300万两。这便是"嘉定和议"。"嘉定和议"订立后不久，金就遭到蒙古军的猛烈攻击，被迫迁都南京开封。宋趁机停止向金交纳岁币，金以此为借口，又向南用兵，由于宋军民的坚决抵抗，金没捞到什么好处，只好自己宣告停战。

元灭南宋 ❯嘉定以后，史弥远当上宰相，长期把持政权，他和韩侂胄一样，只热衷于结党营私，根本不注重国计民生，官场贿赂公行，政治非常黑暗。这时，国家财政也出现危机，史弥远等一方面加紧搜刮，一方面滥发纸币，引起物价飞涨，大批民众因此破产。❯宁宗没有亲生儿子，曾立宗室子赵竑为皇子。史弥远探知赵竑痛恨自己，便阴谋偷梁换柱，设法另找了一个沦落民间的皇室远亲赵昀。宁宗病逝后，史弥远假传圣旨立赵昀为帝，皇子赵竑被废，不久便被害死。赵昀史称宋理宗。理宗初年，史弥远把持政权，六年后理宗才得以亲政。理宗亲政之初，也一度想更新政治，可不久便沉溺于声色，听任阎妃、权奸马天骥、丁大全和宦官董宋臣等招权纳贿、胡作非为，人们敢怒不敢言，有人在朝门上写道："阎马丁当，国势将亡"。❯这时，崛起于北方的蒙古，在西征取得巨大胜利之后，转而掉头南攻，金国抵挡不住，已四面楚歌。南宋君臣尽忘前车之鉴，重蹈北宋末覆辙，又与强敌联盟，共灭昔日的仇敌，端平元年（1234）与蒙古联手灭了金。正当宋人庆贺之时，蒙军已大举南下，南宋处于生死存亡的关头。❯余玠受命于危难之中，出任四川安抚制置使，积极招纳人才，听取各种建议，修造了大批如合州钓鱼城那样的要塞，守蜀十年，屡次击败蒙军，最后却为权臣所害。宝祐六年（1258），蒙古军兵分三路攻宋，大汗蒙哥亲自领主力攻四川，忽必烈率军攻鄂州，兀良哈台自云南进军。蒙军在四川遭到顽强抵抗，宋将王坚率军民死守钓鱼城，重创蒙军，蒙哥死于军中。忽必烈所领蒙军也被阻于鄂州城下，奉命督师救援的贾似道急于结束战争，回京享乐，便私下遣使向忽必烈求和，提出划江为界、岁贡银绢各20万两匹等丧权辱国的条件，忽必烈急于北归争夺大汗帝位，无心恋战，就接受了贾似道的建议，双方达成了和约，蒙军安全撤走。贾似道隐瞒了求和真相，向朝廷报告说，宋军在他的率领下一战告捷，蒙军大败而逃，贾似道因此当上了宰相。▷景定五年（1264），理宗病逝，其侄赵禥继位，史称度宗。度宗是个发育不全的弱智儿，除了吃喝玩乐根本不会过问政治，贾似道本是个浪荡公子，将政权捏在手心，却不把军国大事放在心上，政治腐败日趋严重，国家经济濒于崩溃，宋朝危如累卵，只是由于蒙古人忙于争夺汗位，南宋才得以苟延残喘。▷与政治军事上的软弱无能相对，两宋经济文化上的成就是十分辉煌的。宋代农业的发展水平已远远超过了汉唐。中国古代四大发明中有三项是在宋代得到普遍运用的，即指南针、印刷术、火药。宋代采取鼓励海外贸易的开放政策，广州和泉州都是当时世界上著名的大商港，宋人会造数十丈的巨型海船，海船上普遍装有"针盘"，也就是用磁石做成的原始罗盘。雕版印刷在唐五代开始应用，直到北宋才开始普及，沈括的《梦溪笔谈》记载了宋仁宗时布衣毕昇发明的活字印刷术，这比欧洲要早400年。火药武器在唐末发明后，在宋得到普遍运用。宋官府设有火药武器的作坊，宋神宗时，边防军已大量配备火药箭，南宋时，军民又发明了名为"突火枪"的管形火器。宋代城市商业的繁荣也是引人注目的，沿袭至唐的隔开居民住宅与市场的坊墙被打破，工商与居民杂居，到处开店，夜市可以开到三更。由于铜钱外流，造成钱荒，宋人铸造铁钱作为补充，到南宋时，纸币逐渐成为主要货币。▷忽必烈巩固了皇位之后，专力南攻，采取久困军事重镇襄樊，逐渐南压的战略。宋将或由外攻，或由内突，当地民兵也参与了运粮斗争，终因没有集中兵力，没有统一指挥，未能打破元人的包围。贾似道躲在京中享乐，坐视战局恶化，根本无心组织救援。襄樊被围六年，以至拆屋为薪，缝纸币为衣，非常困难，咸淳九年（1273），襄樊终被攻破。▷第二年，宋度宗死，贾似道拥立度宗四岁的幼子即位，史称宋恭帝。元丞相伯颜领军沿江东下，宋守臣纷纷降元。德祐元年（1275），贾似道一面集结精兵，一面向元人求和，遭到拒绝后，两军于鲁港、丁家洲一带开战，刚一接触，贾似道等便率先逃跑，以致全军大溃，元军趁势进逼临安。贾似道被革职流放，途中又被人诛杀，可事到如今，不管怎么惩罚他也已无济于事。宋人又拿出看家本领，一再求和，许愿割地、贡岁币，最后连称臣也不在乎，只求名义上保存赵宋小朝廷的宗庙社稷。伯颜喝斥道："你们宋家的天下本来就是从后周的小儿手中抢来的，如今从小儿手中失去，不正是老天的报应么？不必多说了！"1276年，理宗皇后谢氏、度宗皇后全氏领小皇帝出降，南宋灭亡。▷其后，一些地方官仍坚持抗战，如潭州的李芾、淮东的李庭芝、姜才等都不屈而死。文天祥、张世杰、陆秀夫等人先后拥立度宗的两个幼子赵昰、赵昺为帝，在江西、福建、广东一带继续抗元，直至1279年在崖山（今广东江门新会南海中）一战，陆秀夫抱幼主赵昺跳海，南宋才失去了最后的希望。文天祥被押往元大都（北京），拒绝了从元帝到旧友的劝降，三年后英勇就义。▷与后来的清朝贵族相较，蒙古政权对南人的民族压迫更为表面化，而宋人的反抗却远不及明人激烈。在明末，于小小的嘉定城也会有几个读书人挺身而出，而市民也居然一呼百应，武装抗清延续之久，参加阶层之广泛自不必说，就连记录明末历史的野史也比宋详细。而在南宋末，除了文天祥等有数的几个人，少见坚决抗元的宋官及士人，甚至连文天祥的弟弟也投降做了元官；同为官修正史，《宋史》也修得散乱无序，不如《明史》有一股内在的凛然正气。宋朝结束的挽歌实在不如明亡时那么悲壮、那么感人。▷这真是一个平淡的时代。

960年至1279年
平淡而耐人寻味的时代
宋代

规模浩大、组织严密的皇宫仪仗队

宋

960年 — 1279年

辽、北宋时期全图

选自谭其骧主编《中国历史地图集》第六册：宋辽金时期

北宋世系表

1 太祖赵匡胤 → 2 太宗赵光义 → 3 真宗赵恒 → 4 仁宗赵祯
→ 5 英宗赵曙 → 6 神宗赵顼 → 7 哲宗赵煦 → 8 徽宗赵佶 → 9 钦宗赵桓

公元960年

中国大事记：建隆元年，赵匡胤（宋太祖）在陈桥驿发动兵变，建立宋朝，定都开封。平定藩镇李筠、李重进叛乱。

黄袍加身

在经历了五代十国的纷乱之后，人心思定。后周禁军将领赵匡胤自行披上了黄袍，成了宋朝的开国皇帝，但天下并未太平，新王朝的命运如何，人们拭目以待。

唐亡之后，天下大乱，五十三年间，中原地区后梁、后唐、后晋、后汉、后周五个朝代相继更替，史称"五代"，这些朝代最长的不过十七年，最短的只有五年，前后更换了八姓十四君。政局之所以如此混乱，是由于唐代后期，逐渐形成军阀割据的局面，当统一的象征唐王朝轰然垮台之后，独霸一方的军阀便成了没头苍蝇，今天我起兵打倒你，明天我又被新的兵变推翻，新兴的辽国还常常趁火打劫，真是"乱哄哄你方唱罢我登台"。老百姓受够了战乱之苦，只求早日安定下来。而宋王朝的序幕恰恰是从最令人厌恶的兵变开始的。

乱世造就的英雄

宋朝第一个皇帝叫赵匡胤，他本人便是这乱世造就的英雄。

赵家本是行伍世家，赵匡胤的父亲为禁军将领。后唐天成二年（927），赵匡胤生于洛阳夹马营。后汉时，他投在军阀郭威帐下，不久，就亲眼看到了兵变，看到这个外号叫"郭雀儿"的军人登上皇帝宝座，建立了后周王朝。赵匡胤心想：当皇帝原来这般容易。一颗野心悄悄地发芽了。

赵匡胤立下赫赫战功，赵家父子同典禁军，可赵匡胤并未满足，他有更远大的志向。在禁军苦心经营六年之后，赵匡胤以其豁达大度和英武收服了众多将士。然而，周世宗是少有的英明君主，其威望使野心家不敢轻举妄动。禁军的另一首领叫韩通，性情急躁无谋，遇事只会瞪眼乱吼，所以人们背地里称他为"韩瞠眼"，他的儿子有点小聪明，可又天生的罗锅腰，所以外号叫"韩橐驼"。早在赵匡胤收买人心之时，韩橐驼就多次提醒父亲，该及早防备那姓赵的，可韩通眼一瞪，大吼一声："别胡说！"儿子便只好躬着腰退下了。

机会终于来了

后周显德六年（959），周世宗英年早逝，临死前，他拉着宰相范质等人的手，流着眼泪把七岁的儿子托付给他们，心里真是一百个不放心。第二年元旦，朝廷的贺岁大礼还未结束，一匹快马便送来一个紧急情报，说是辽兵勾结北汉入侵，很快将南

宋代开国皇帝赵匡胤

赵匡胤（927—976），涿州（今属河北）人。自幼习武，善于骑射。其父为后唐禁军将领。后周时，匡胤积战功为殿前都指挥使，后升殿前都点检，执掌兵权。陈桥兵变，代周称帝，创建宋朝，从此结束了唐末五代以来割据混乱的局面。他在位十六年，史称宋太祖。此像为明人所绘。

公元960年

世界大事记：中亚西亚七河省突厥人始信奉伊斯兰教。

人物：赵匡义、赵匡胤
典故：黄袍加身
关键词：范质赵普、机遇
故事来源：《续资治通鉴长编》《涑水纪闻》卷一

下。七岁的小皇帝哪知军国大事，懦弱的皇太后没了主意，叫来宰相范质、王溥商量，两人主张派殿前都点检赵匡胤领兵抵御，马上出发。

消息传出，京城骚动起来。眼下这局势和后汉末何等相似，想当初，那"郭雀儿"就是领兵出征抗辽，在途中披上撕裂的黄旗，当上皇帝回京的。于是开封城里一个流言不胫而走："出军之日，当立点检为天子。"老百姓人心惶惶，因为每次改朝换代，新天子往往纵容骄兵在城中大肆抢夺，称为"夯市"，因此，许多富人慌忙卷起细软逃往城外。赵匡胤也有些慌了，偷偷溜回家中，把外间的流言告诉家人，说："外面这样骚动不安，怎么办呢？"匡胤的姐姐正在厨房做面食，一听此言，顿时脸色铁青，举起擀面杖就朝匡胤头上打去，她气愤地说："大丈夫面临生死关头，是否行动应在自己心里决定，跑回家中吓唬妇女有什么用！"说着把他赶了出去。赵匡胤默默退出，决心孤注一掷了。

学问渊博的窦仪

窦仪（914—966），字可象，蓟州渔阳（今天津蓟县）人。从小就写得一手好文章。后晋高祖天福（936—942）中举进士。曾为滑、陕、孟、郓四镇从事。后汉初，召为右补阙、礼部员外郎。后周太祖广顺年间（951—953）改仓部员外郎、知制诰，召为翰林学士。后周世宗时（954—959）拜端明殿大学士，判河南府兼知西京留守事。入宋，迁工部尚书，罢学士，兼判大理寺，奉诏重订《刑统》三十卷。再入翰林为学士，加礼部尚书。死后赠右仆射。窦仪学问渊博，有弟四人也相继登科，时称"窦氏五龙"。此图出自《历代名臣像解》。

规模浩大、组织严密的皇宫仪仗队（局部）

历史文化百科

[加强皇权的举措]

宋朝十分注意分散大臣的事权，以此加强皇权。宫城内设中书门下，或称政事堂，正副宰相在此集体处理政事，在北宋前期，宰相称同中书门下平章事，副宰相称参知政事；神宗元丰改革官制，宰相称尚书左、右仆射，徽宗时宰相称太宰、少宰；南宋时又改称左、右丞相，根据需要有时设平章军国重事，位居宰相之上，用以安置德高望重的老臣，或皇帝用以笼络宠臣。又设枢密院，作为主管全国军政的最高机构，其长官称枢密使或知枢密院事，副长官称枢密副使或同知枢密院事。中书门下与枢密院俗称东西二府，副宰相与枢密院长官合称执政，加上宰相，简称为宰执。二府既相互监督，又相互配合，往往共同商讨决策。

027

公元961年

> 中国大事记
> 建隆二年，宋太祖"杯酒释兵权"。

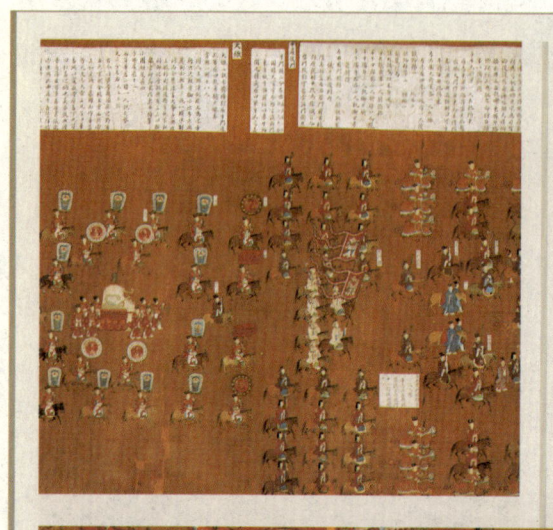

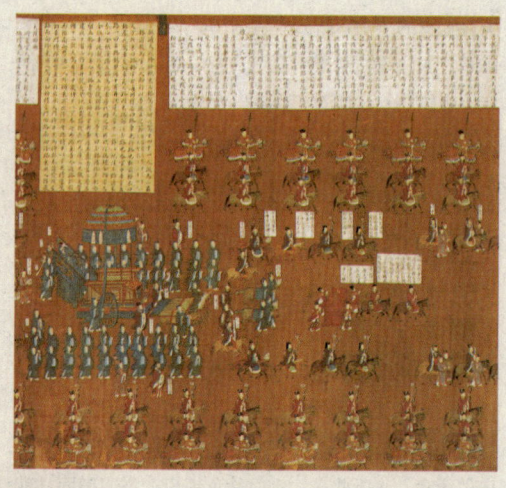

规模浩大、组织严密的皇宫仪仗队（左页及右页图）

这是宋代皇官规格最高的仪仗队，仅限于皇帝前往南郊祭天地的时候使用。整个仪仗队规模浩大，有五千余人近三千匹马参加，但队伍的组织又十分严密，每一个人的位置和穿着道具都是有明确规定的。皇帝还特地派画师把整个队伍准确无误地画下来，取名为《大架卤簿图卷》，便经常操练并且把这套规范永久地传下去。

陈桥兵变

初三一早，赵匡胤率军出征，走到开封东北40里外的陈桥驿，便下令宿营。黄昏时，赵匡胤的亲兵发现有人在对着夕阳指指点点，仔细一看，原来是军中号称会算命的苗先生，他好奇地问："苗先生，看什么哪？"苗先生神秘地摆摆手，说："可别大声嚷嚷！你仔细看看，这太阳下面还有一个太阳的影子，这是天命，要应在点检身上，改朝换代就在眼前了。"那士兵闻言眼睛都直了，回到营中悄悄告诉了好友。于是一传十，十传百，晚饭还没吃完，流言便传遍了整个军营。

公元961年 > 世界大事记：阿拉伯人自希腊克利地岛退出。

这天夜里，那赵匡胤却像没事人似的，吃了几杯浊酒，就推说头晕，自回帐中睡下了。众将横竖睡不着，便聚在一起饮酒。一位将军站了起来，借着酒意道破了大家的心思："诸位，如今天子幼弱，不能亲政。我辈再怎么拼命为国抗敌，也无人知道，还不如先把点检立为天子，再去抗敌不迟！"顿时，帐中就像炸开的油锅，吵成一团。有人把匡胤的弟弟光义和亲信赵普叫来一起商议。光义假意劝了几声，赵普则说："如今主少国疑，当然不能制服众人；而点检在军内外都享有崇高威望，一入京城，就能顺利即位。今夜安排好，明晨就可行事。"众将齐声叫好，便分头行动起来。东方欲曙之时，士兵们都被叫起，穿戴好盔甲，把匡胤的营帐团团围住，呼叫声震动了原野。光义和赵普冲进营帐，赵匡胤这才起身，随后众人也一拥而上，有人把准备好的黄袍披在他身上，全军山呼万岁，随即拥他上马向京城开去。赵匡胤假作苦苦推辞，众人自然不允，赵匡胤便乘机提出要求："你们自己贪图富贵，立我为天子。如果能听从我命令，进城不滥杀抢掠，我就当皇帝，否则不当。"众人下马立誓遵命。

大宋王朝的建立

大军浩浩荡荡开回京城，朝廷大臣乱成一团。面对宰相范质等，赵匡胤一把鼻涕一把眼泪地诉说自己如何迫不得已，他手下的大将却亮出兵刃以死相逼，范质等只好率百官跪下。随即举行了禅代礼，事先甚至连禅位诏书都准备好了。赵匡胤正式即位，国号"宋"，改年号为建隆，国都开封，称东京。其间仅杀了韩通全家，整个过程基本是和平的，京城百姓没有受到惊扰，街市上一切照旧，人们感到和过去的兵变大不一样。

一场"黄袍加身"的闹剧就这么结束了，但天下并未太平，这个新王朝是不是又一个短命王朝呢？人们拭目以待。

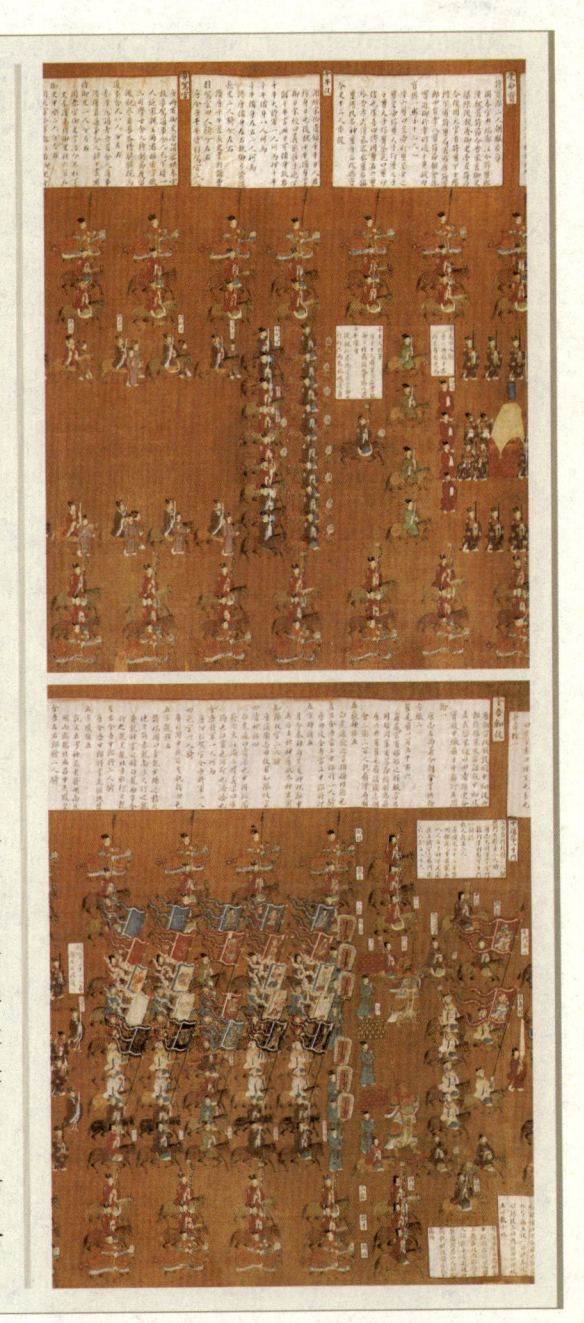

公元962年

> 中国大事记：建隆三年，宋拓展开封皇城。

○○二

杜太后教子

儿子成为天子，国母杜氏可以享尽荣华富贵，而杜太后却面有忧色。

宋太祖赵匡胤的妈妈杜太后是一个有政治眼光的女人，史书上说她"治家严毅有礼法"。

"福兮祸所倚"

赵匡胤在陈桥驿搞政变，黄袍加身后，勒兵回京城。他的部下快马加鞭先期赶回开封，向赵匡胤的老娘杜氏报喜讯说："您儿子做皇帝啦。"

杜太后训子

赵匡胤陈桥兵变、黄袍加身后，回到京城开封，拜见父母，其母杜氏却对儿子当皇帝面无喜色，说："皇帝不好当，治国有道的话，受万人崇敬，万一无道，就众叛亲离，那时要做个普通百姓也办不到啊！"赵匡胤立即跪倒在地表示一定谨记心上。此图出于《帝鉴图说》。

杜氏却似乎早有所料，不动声色地说："我儿素有大志，今日总算如愿以偿。"

赵匡胤登基后，他老妈自然也就成了皇太后，赵匡胤在朝堂上为母亲举行庆贺大礼，群臣都来祝贺。杜太后却板着脸，毫无喜色。周围的人感到很纳闷，就问："俗话说'母以子贵'，现在您儿子成了当今的天子，老人家为何还面有忧色呢？"

杜太后说："你们只知其一，不知其二，有道是'福兮祸所依'，做皇帝不容易呵。天子位居亿万百姓之上，治国有道，搞得好，自然受人崇敬。万一搞得不好，众叛亲离，群起而攻，到那时要想做个普通百姓，过太平日子也办不到，这就是我为什么要担忧的原因。"

> ### 历史文化百科
>
> 〔小镇成商市〕
>
> 镇起源于北魏，在五代以前，镇是作为军事据点设置的。入宋以后，旧有的镇变成商品经济活动的集散地，其军事性质基本消失；一些地方居民户口虽不及县，但商业发达，官府便在此设镇收税；市的地位又低于镇，有的市设置行政机构，有的则是在城郊或交通要道自然形成的草市，暂时还未有官僚机构，许多市或草市又上升为镇。商品经济的大潮席卷全国城乡，在大城市发展的同时，成千上万个镇市也兴盛起来，北宋的地理书《元丰九域志》就记载了1900个以上的市镇名。官府一般在镇上设官收税，个别小镇市不设官，而将税务交由私人承包，称为"买扑"。有的镇市发展到很大的规模，甚至超过了所在的州县，如黄池镇（今安徽芜湖东）的商业繁荣已超过太平州（今安徽当涂）；上海的前身青龙镇已成为海舶汇集的商埠。镇市的税收已在全国商税总收入中占不小的比重。

公元962年

世界大事记：奥托一世加冕称帝，神圣罗马帝国开始。阿富汗伽色尼王朝开始。

杜太后　赵普　赵匡义　金匮之盟　果断　谋略　《宋史·太祖母昭宪杜太后传》

人物　典故　关键词　故事来源

宋太祖听了立刻跪倒在地说："母亲的教导我一定铭记在心。"

金匮之盟

太祖初即位时，老太太身体还挺好，常以皇太后的身份参与国家政事。传说杜太后病重时，把赵匡胤叫到身边，问道："知道你为什么能得天下吗？"太祖说："这全靠祖上和太后的福气。"太后微微一笑，说："得了，这只不过因为柴家让小孩坐天下，你才有机会的。"沉默了一会，太后郑重地说："你不

宋太祖之母杜太后
杜太后（902—961），太祖、太宗母。太祖即位，尊为皇太后，每与太祖参决政事。宋太宗夺取帝位后，与赵普伪称曾奉杜太后遗命订立"金匮之盟"，预定传位太宗。

背子：宋代女子的外衣

背子亦可作礼服。此背子为紫灰色绉纱制成，缘边纹饰有彩绘百菊、几何纹，印金芙蓉、菊花等。剪裁缝缀十分精致，色彩绚丽，光彩夺目，与一般宋代绘画雕塑中仕女服饰有所不同，而与后妃服的缘边装饰类似。印金芙蓉亦喻意富荣高贵。

行了，要把皇位传给光义，光义再传给小弟廷美，保证皇位一直在成年君主手里，这样你的子孙也能长保富贵。"太祖伏地磕头，哽咽着说："儿子怎敢不听母亲教诲！"这时，太后叫来赵普，要他把这一传位顺序写成誓言，然后把盟誓藏在一个金制的箱内。旧史称之为"金匮之盟"，但后代有的史学家认为根本就没有这回事，而是赵光义当了皇帝之后造出来的。但终太祖之朝，光义的地位的确在一人之下，万人之上，而太祖自己的儿子不但没有太子称号，连王也没封，只得到低级官衔，这是不同寻常的。也许真有"金匮之盟"？

事实上，杜太后的确为稳定宋初的局势起了相当的作用。

宋人习用硬枕

和西方人习惯使用柔软的枕头不同，包括宋代人在内的中国古人习惯用陶瓷或竹木等制成的硬枕，他们认为，这样对形体和养生更有益处。在枕头的造型和色彩上更是各有千秋，很富有艺术性。

公元963年

中国大事记：乾德元年，宋灭荆南，取湖南。初命文臣知州事。

〇〇三 制服强藩

赵匡胤轻而易举地坐上龙椅，昔日的兄弟自然不服。该杀就杀，宋太祖决不手软。

恩威并施十兄弟

赵匡胤在开封坐上龙椅，不过控制了京城一带。沿袭唐以来旧制，后周也任命了许多武将为节度使，他们拥重兵在外，收取一方钱粮，有很强的实力，而且能征善战、武艺高强，人称"十兄弟"。他们和赵匡胤出身、资历差不多，有的原和他兄弟相称，有的还是他的前辈，忽然一夜之间那姓赵的当了皇帝，怎不令他们又嫉又恨。赵匡胤是过来人，心里明白得很，在收拾他们之前首先要在气势上压倒对手。赵匡胤把他们召来，每人骑一匹马，带上弓箭，皇帝自己也不带随从，一行人悄悄奔出城门，钻进郊外的丛林，然后下马喝酒。这时，赵匡胤从容地说："现在此地无人，谁要想做皇帝就可以杀了我。"众人都伏在地上，吓得直打哆嗦。赵匡胤再三喝问，也无人敢应。他又厉声说："既然你们愿意拥戴我当皇帝，今后应当谨守臣节，不得骄横。"众将都叩谢龙恩，口呼万岁。此后，赵匡胤恩威并施，逐步化解了这股势力。

心存异志的李筠

其中也有特别不听话的，那就实行坚决打击。潞州节度使李筠，统领河东子弟，累立战功，是抵挡北方敌国北汉与辽的重要屏障。赵匡胤即位后便派使节拉拢，并许他加官晋爵。可李筠并不买账，当时就想抗诏不从，在左右的苦劝下才勉强跪下，但仍然掩饰不了愤愤不平的表情。当晚宴请朝廷使节，院中鼓乐大作，厅内灯火通明，酒过数巡之后，李筠突然大叫一声："来呀！"一个军士捧上周世宗的画像，李筠拜倒在像前，痛哭流涕。陪坐的亲信慌了手脚，忙对使节解释说："李公喝醉了酒，失去本性，千万不要见怪。"

北汉国主刘钧听说李筠心存异志，便派人送来亲笔信，约他共同反宋，为了稳住朝廷，李筠一边把这封信上交，一边暗地准备起兵。但李筠生性暴躁，一怒之下就会乱杀人，又口没遮拦，喜欢开玩笑，所以他的密谋早已传进赵匡胤的耳里。李筠派长子守节入京观察动静。守节刚上殿，赵匡胤劈头就问："太子，为何来此？"太子是皇帝儿子的尊称，这还了得！守节吓得一个劲地磕头，连声说："这是什么话！一定是有奸人诬告了父亲。"赵匡胤笑着说："我也知道你曾多次哭着劝谏你父亲，可那老贼始终不听。他叫你来，是想叫我杀你，说明毫不顾惜你。现在我杀

撞开城门的攻击武器：撞车

在攻城作战中，除了城头的争夺之外，城门也是攻守双方争夺的一个焦点。这个前端装有尖利而厚重的铁器的撞车装置，是撞开或毁坏城门的首选武器，是典型的攻击性武器。

公元963年

公元963年

世界大事记 拜占廷帝国罗马勒斯为其妻狄奥梵诺所杀,其五岁子即位。

赵匡胤 李筠 李重进

果断

《湘水纪闻》卷一 《宋史·李筠传》 《宋史·李重进传》

人物　关键词　故事来源

宋太祖登基

赵匡胤挥师回开封,禁军高级将领石守信、王审琦开城迎接,后周宰相范质等人无可奈何,只得向赵匡胤跪拜,帮助赵匡胤举行了禅代的仪式,赵匡胤正式登皇帝位,改封后周恭帝为郑王,改国号为宋,定都开封。此图出于清刻本《廿一史通俗演义》。

战太行山

赵匡胤登皇帝位,盘踞潞州的昭义节度使李筠兴兵反抗,讨伐檄文历数赵匡胤不忠之罪,赵匡胤又羞又气,下诏亲征,先派石守信等将领分道出击,截住李筠退入太行山的道路,一路报捷,将李筠围困泽州,李筠赴火自杀,潞州很快被宋军占领。此图出于明刻本《大宋中兴通俗演义》。

你又有什么用!你回去告诉那老贼:我不做天子,随你怎么样都行;我做了天子,你就不能退让一点吗?"听了守节的传话,李筠知道已无退路,反志更坚了。

叛军来者不善

为了筹措军需,李筠煞费苦心。当地有个深受信徒敬重的高僧,李筠悄悄把他召至密室,和他商定:"我军用不足,想借师傅的名气化募钱粮六十万。你以舍身自焚为号召,柴堆下挖好地道,直通我府中。所得暂存我仓库,事成和你对半分。"所谓高僧竟是贪财之徒,便满口应承。自焚的消息一发布,果然引起轰动,李筠和夫人先去施舍,献出全部家财,善男信女从四方涌来,争相献出钱财,一时连仓库都装不下了,不到十天,就募到了六十万。于是,李筠下令举火,待四面火起,那高僧钻入柴下,发现地道口已被堵死,可怜他临死才明白上了当。

李筠自以为钱粮充足,兵强马壮,建隆元年(960)四月,正式宣布起兵,率军直扑东京而来。他得意地说:"我是周朝宿将,与世宗情同手足,禁中亲兵都是我的老朋友,听说我来,必定倒戈归我。何况我的爱将儋珪,使一杆长枪天下闻名;我还有日驰七百里的拨汗马,试问天下谁能敌!"北汉国主刘钧闻讯,大喜过望,亲自率军来会。李筠虽以臣礼拜见,但口口声声说自己深受周祖大恩,故以死相报。周汉本是世仇,北汉主一听此言便起了疑心,留下亲信为监军。于是李筠也不高兴,两军便不能协同作战了。

削平二李

李筠的讨伐檄文历数赵匡胤不忠之罪,句句皆戳到痛处,赵匡胤又羞又气,下诏亲征。太行山区险峻多石,骑兵不能行走,赵匡胤亲自背石,群臣自然不敢怠慢,与士兵一起背石,一天之中就开出了一条平路。禁军进展神速,一路报捷,李筠的部下纷纷倒戈,很快李筠被围于泽州。李筠见大势已去,只得赴火自杀,追随那老和尚去了。

就在赵匡胤准备亲征李筠之时,又传来坏消息,淮南节度使李重进将反于扬州。李重进是周太祖的外甥,世宗时与赵匡胤分掌内外兵权,为周南方屏蔽,

033

公元965年

中国大事记：乾德三年，宋灭后蜀。收节度使权。

人称"黑大王"。赵匡胤称帝后，为了使他安心，派人送去铁券誓书，而李重进自以为是周朝近亲，终不免一死，便图谋起兵。赵匡胤通过间谍设法稳住李重进，使他晚点起兵，以免腹背受敌。待收拾了李筠，他便挥师南下，同年十一月，攻下扬州，李重进也赴火自杀了。

削平了二李，各路节度使再不敢乱动，只好听从调遣，赵匡胤终于实际拥有了原属后周的领土。

开封铁塔并非铁制

位于河南开封市东北隅。建于北宋皇祐元年（1049）。平面呈八角形，外壁镶以褐色琉璃砖，近似铁色，故俗称铁塔。塔身用不同形制的琉璃砖砌成各种仿木结构，檐下配置斗，檐上葺以黄瓦，造型宏伟挺拔，俨如擎天巨柱。

攻防兼备的连发弓弩

这一连发弓弩是专用于城池攻防战事中的。因敌对双方相距较远，要求弓弩的射程必须是远程的，带有手柄的绞绳装置即是为了加强射程的距离。这种武器在攻守双方均可使用。

▶ 历史文化百科

〔古代砖雕艺术的代表作：开封铁塔〕

到开封不可不看铁塔。所谓铁塔，是一座琉璃砖塔，近看色泽晶莹，富丽堂皇，每块砖上几乎都有浮雕，绘有坐佛、立僧、伎乐、狮子、龙纹、云纹、芍药等几十种图案，造型生动，为古代砖雕艺术的代表作，因远看呈赤铁色，故民间俗称铁塔。塔建于仁宗皇祐元年（1049），原名开宝寺塔，内造塔心柱，有蹬道上通各层，每层均有门，可登临眺望；而外部仿木构建筑，飞檐斗栱，塔角悬挂小铁钟，风吹钟鸣。现塔身高55.08米，八角十三层，因黄河泛滥，塔座及塔下八棱方池均已被埋没。砖瓦上有子母槽，互相扣合，十分牢固，外部构件又通过蹬道与塔心柱紧密衔接，形成抗震体系。九百多年来，历经地震、水患、兵火，尤其1938年，日本侵略军在黄河北岸向铁塔炮击五百余发，击中北面四至十三层，八、九两层严重损坏，后又用飞机扫射，塔顶中弹六十余发，而宝塔仍巍然屹立，奇迹般地保存下来。

公元965年

世界大事记：高丽遣使如宋。

人物：赵普 石守信 赵匡胤 王审琦
典故：杯酒释兵权
关键词：谋略
故事来源：《涑水纪闻》卷一 《续资治通鉴长编》卷二

〇〇四

杯酒释兵权

"兔死狗烹"为历代开国皇帝之故伎，赵匡胤则技高一筹，请来功臣喝酒，谈笑间拔掉了走狗的利牙。

虎视眈眈的野心家

赵匡胤做了皇帝，史称宋太祖。皇位得来容易，可要巩固下来就不那么简单了，且不说割据一方的霸主与在外拥兵自重的草头王，就是都城之内也潜伏着不少虎视眈眈的野心家。一次，皇帝车队从京城桥上驶过，突然，一支冷箭飞了过来，穿过宋太祖头上的黄旗，卫队亲兵都愣住了，而宋太祖从容下车，敞开衣襟，笑着喊道："射呀！射呀！"

当然，他明白必须提防，便常常潜出宫外，微服私访，以亲自掌握情报。他的亲信非常担心，劝说道："陛下新得天下，人心未安，您这样随便出巡，万一有人谋害，就后悔不及了。"太祖哈哈一笑说："称王称帝，自有天命，强求不能得，推也推不掉，若真有祸患，人为是不能幸免的。想当年，那周世宗看到方头大耳的将领便疑心重

精致典雅的酒具莲式温碗
制瓷技术的长足进步使宋代的人们改变了前代惯用铜器和漆器的习尚。这件产于宋代名窑汝窑的莲式温碗，是宋代最常用的温酒器具，从中也可以看出宋人对饮酒的嗜好以及其中的诸多讲究之处。

崇尚饮酒的生活

我们在看《水浒传》等表现宋代社会生活的小说时，几乎到处都有关于酒的描写。酒是宋人生活的重要组成部分。石雕中的酒保双手托举着的，是当时最为常见的一种酒具，它内中是酒壶，外层的莲花状底座则可加注热水，使酒加热后口感更好。

〔历史文化百科〕

〔宋代的酒店〕

北宋东京有不少大酒楼。宋诗中常见的樊楼，为五座三层高楼，各栋之间有廊道相连，内有不少单间，门口挂着珠帘，公子哥儿在此彻夜狂欢。宋代的大酒店一般大门都绘有彩画，设红绿杈子，悬翠绿帘幕，挂红纱栀子灯。三园楼在进门后有一条主廊，中间一个天井，南北的长廊及楼上都是一个个精致的小阁子，一到夜晚，灯火辉煌，几十个浓妆艳抹的妓女聚于主廊上，以待酒客召唤，望之宛若神仙。内行的人说："大酒店的娼妓只是伴坐而已，另有所谓奄酒店，谓有娼妓在内，可以就欢，而于酒阁内暗藏卧房也。"这种酒店的标志是在门首的红栀子灯上加盖一顶箬笠。

035

公元967年

中国大事记：乾德五年，宋复开陵井，盐产大旺。

重，把他们都杀了，而我就在他身边，却没有遇害。若我命该为天下主，谁还能害我？若我不该为天下主，就是闭门深居，又有什么用！"从此，太祖更常常外出，出现在众人想不到的地方，并扬言："自以为得天命者，随便你们怎么行动，我绝不禁止。"这么一来，众人又怕又服，军内外初步安定下来。

但是，太祖深知自己走过的路尚未堵死，随时可能会出现后来者，豁达大度的外表，掩盖着惊惧不安的内心。一天，罢朝之后，太祖回到便殿，又闷闷不乐地呆坐了许久，身边的内侍小心地上前探问，太祖长叹一声说："你以为天子是容易做的么！"

现代装甲车的鼻祖

四周围有铁甲，底座设有轮子，士兵们可以躲在里边或修筑工事，或据以推进，它可以使士兵躲避箭矢的袭击。这种装置是现代装甲车和坦克的鼻祖，据此原理创制的坦克的使用是在此后七个多世纪的第一次世界大战。

太祖秘密召见谋臣赵普

石守信、王审琦等人是赵匡胤的老朋友，在"黄袍加身"的闹剧中又扮演了重要角色，这时升了官，掌管禁军亲兵，于是得意非凡。谋士赵普冷眼旁观，私下劝太祖把他们调离禁军，太祖不同意，可他还是一有机会就提这桩事。太祖说："他们肯定不会背叛我，你何必担心呢！"赵普狡黠地一笑说："我并不担心他们反叛，只是觉得他们没有领导才能，如果不能控制下面，军伍间跳出几个害群之马，恐怕他们也会身不由己吧？"赵匡胤做皇帝后，为了表示他不是篡逆者，总在正式场合表白他是被部下逼做皇帝的，现在赵普一提这话，他马上就明白了。过了几天，太祖暗地召来赵普，开口就问："自唐末以来，数十年间，帝王换了十姓，兵荒马乱，百姓处于水深火热之中，这是为什么呢？我想平息战乱，使赵氏王朝长久不败，又该怎么办呢？"赵普喜上眉梢，说："陛下提到这一点，真是天大的福气。自唐末以来，天下战乱不息，国家不安，只不过因为节度使权太重，君弱臣强而已，要治理也容易，只要收其精兵，控制钱粮……"话未说完，太祖急忙说："别说了，我懂了！"

杯酒释兵权

第二天，晚朝之后，太祖把石守信、王审琦等武臣留下喝酒，便殿之中少了许多礼法，故人情浓，酒不醉人人自醉。酒宴正酣，太祖手一挥，在旁服侍的内侍悄悄退下，太祖举杯站了起来："诸位！要不是你们出力，我哪有今天，因此对你们的恩德我永志不忘！""哪儿的话！""托陛下的福！"……席上气氛达到高潮，武臣们都高兴得忘乎所以了。这时，太祖皱着眉，话锋一转，慢慢说："可是，当天子太

公元967年

世界大事记：越南丁部领建大瞿越国。

难了，还不如当初做节度使快活，如今我每晚都不能安枕入睡。"有人问："为什么呢？"太祖提高了嗓音："这不难明白，这个位子，谁不想要啊！"霎时，殿中死一般地寂静。众将惊出一身冷汗，方才明白皇帝摆的是鸿门宴，酒早醒了，忙趴在地下拼命磕头，石守信战战兢兢地说："陛下怎么突然说这种话？如今天命已定，谁还敢起异心啊！"太祖一字一顿地说："不然！即便你们没有异心，而一旦部下贪图富贵，把黄袍强加于诸位身上，想不当皇帝也不成吧？"众将哭声一片，一边磕头一边哀告："我等实在非常愚笨，根本想不到这一点。只求陛下怜惜蚁命，指一条可生之路吧！"太祖放缓了口气，说："人生就好比白驹过隙，一眨眼就过去了，人人都羡慕富贵，也不过多积金银，自己得到享受，使子孙不至贫穷而已。你们为何不放弃兵权呢？还不如买些良田美宅，为子孙留下永久的产业，再多收罗歌姬舞女，每天喝酒作乐，以终天年，君臣之间互不猜疑，上下相安。这不是很好么！"众臣拜了又拜，纷纷谢道："陛下为我们考虑到这些，就好比让死人复生，使枯骨生肉啊！"第二天早朝，这些人都声称生了重病，请求解除军职。太祖自然一一准许，让他们改任闲官，优厚的俸禄一钱不少，还赏赐众多金银，有的还与皇室结了姻亲。同时，任命易控制的人指挥禁军，后来，又设置转运使、通判，以分地方实权，把各地的精兵都收归禁军，加强了中央集权，唐晚期以来的藩镇之祸终于被止住了。但"反者道之动"，强干弱枝的结果又过度删削枝叶，而枝败叶枯的本干必是弱不禁风的。

一般王朝建立初期，为了把江山传给后代，大都免不了诛杀功臣，"狡兔死，走狗烹"几乎是功臣的共同归宿。宋太祖在酒宴中解决了这个问题，而宋初功臣皆得善终，子孙长保富贵，以此为开端，也引导出赵宋王朝较为宽厚的风气。但太祖慷慨的代价便是白养许多没用的官，老百姓头上徒增许多赋税，史称宋代"积贫积弱"，可不是一天两天造成的。

开国名将石守信

石守信（928—984），开封（今属河南）人，北宋开国勋臣。初仕周，领洪州防御使，加领义成军节度，与赵匡胤相亲厚，是后来"陈桥兵变"的主谋之一。宋太祖即位后，改领归德军节度，后又平李筠、李重进之乱。建隆二年（961），宋太祖杯酒释兵权，自请解除兵权。卒后追封威武郡王，谥武烈。此图出自《历代名臣像解》。

攻城拔寨的重型武器（上图）

在火药尚未大规模用于战场时，攻打城堡时也只好以冷兵器打头阵。这种被称作"饿鹘"的重型武器，就如其名，向前上方伸出的利器，如同一只饿鹰的大嘴，咬向猎物。

公元968年

> 中国大事记：乾德六年，宋定制复试品官子弟应举者。

〇〇五

扫平荆湖

柿子拣软的捏，弱小的荆湖，便成了宋太祖砧上的第一块肥肉。

剃平了境内的刺儿头，铲去了心腹之患，宋太祖便把目光投向境外，做皇帝当然得做中华帝国的皇帝。当时，北面有强大的辽国，与北汉互为犄角，南面有南唐、吴越、后蜀、南汉、荆南等国，还有周行逢割据于湖南，留从效盘踞于泉州。到底先收拾谁好呢？

太祖雪夜访赵普

前面说过，宋太祖喜欢微服出巡，常常出其不意地叩开大臣的家门，看看他们在干什么。一旦皇

雪夜访普图（明·刘俊）
此图画的是宋太祖赵匡胤在一个大雪纷飞的冬天暗访谋士赵普，君臣二人在炭盆前促膝长谈，最终促成宋太祖后来"先南后北"的作战方略的实施。

帝大驾光临，大臣衣冠不整是非常失礼的，闭门收拾又会引起怀疑，因此，即便散了朝在家闲坐，赵普也不敢脱去朝服。这一天，大雪铺天盖地，赵普料想皇帝定不会出来了，便换了家常衣服，靠在椅上正待享享福。时至深夜，忽听叩门声急，赵普暗叫一声"苦也！"顾不得更衣便慌忙迎出，只见皇帝已站在风雪之中，赵普当即跪于雪地请罪。太祖笑着说："随便点好。我已约了晋王，我们一起喝几杯。"说话间皇弟晋王光义已到，三人过去是老朋友，在一起喝酒是常事，自从分成君臣，便生疏了。进了门，太祖朗声大叫："嫂嫂，拿酒来！"气氛顿时温暖起来。三人围炉而坐，挑火烤肉，赵普妻子在旁服侍，闲谈间似乎忘了身份地位，重温往日兄弟情谊，真是难得的享受。赵普问："夜深大寒，陛下为何出门？"太祖说："一榻之外，都是人家的地盘，我怎么睡得着？"赵普乘势问起下一步的打算，太祖豪气满怀地说将直捣太原消灭北汉。赵普不以为然地说："太原为我们挡住西北两面，打下太原，我们不是要独自抵御辽兵了吗？待收拾南方诸国之后，那弹丸之地还逃得掉吗？"太祖哈哈一笑，改口说："我就是这样想的，刚才不过试试你的谋略而已。"谈笑间，"先南后北"的策略定了下来，而宋太祖得了良谋还要卖乖。

高赖子万事皆休

南方诸国中，占据湖北江陵一带的荆南最弱，四面受敌，对南北称帝诸国都一概称臣，有机会便抢点过路使节的贡物，别人打上门来就请和求饶，所以其国主被称为"高赖子"。宋朝建立后，新国主高保勖来讨了个节度使的名号。高保勖生得眉目清秀，虽然

038

公元968年

公元 968 年

世界大事记：基辅大公斯维雅托斯拉夫再率大军六万人进攻多瑙河流域。

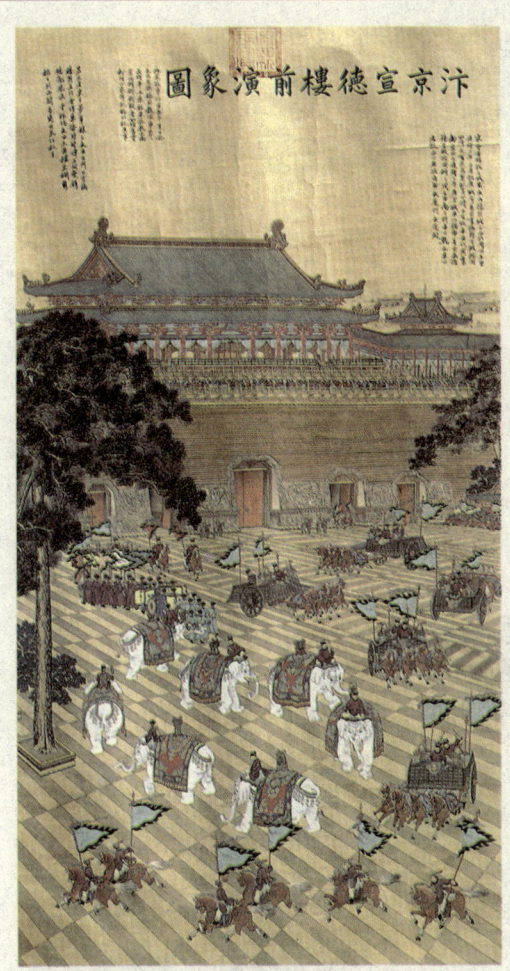

人物：赵匡胤、高保勗、慕容延钊、高继冲、周保权、周行逢、赵普、赵光义

关键词：专制

故事来源：《宋史纪事本末》卷三、《续资治通鉴长编》卷二、卷三

汴京宣德楼前演象活动

北宋时，皇室每年都要在京城汴京的宣德楼前举行盛大的车骑演象活动，以示与民同乐，普天欢庆。事实上，类似的活动于南北朝以后就经常举行。此为宋人所绘《汴京宣德楼前演象图》。

瘦弱而口吃，却从小就讨父王喜欢，哪怕父王正值盛怒，一见这小子就笑逐颜开，所以当地人称他为"万事休郎君"。当上国主之后，他不理国事，淫乐无度，每日召娼妓入府，挑些健壮的士卒，令他们当堂调谑，自己和妻妾在帘后观看，以为娱乐，于是，不过三年便万事皆休，一命呜呼了，死时才三十九岁。其侄继冲继位。此前一个月，割据湖南的周行逢也病死了，十一岁的小儿子保权继位，其下的大将张文表起兵造反，周保权遣使来宋求援。宋太祖决定以此为借口出兵，声称借道荆南，援救周保权，实际是一箭双雕，一举扫平荆湖。

高继冲摇尾乞降

宋乾德元年（963）正月，宋太祖派慕容延钊领十州兵向荆南进发。高继冲闻讯，仓皇出城迎接，至城北十五里外遇到宋军先头部队，宋将令他等待后面的主将，他只好乖乖地候在路边。好不容易等到宋军帅旗，与慕容延钊行礼完毕，入得江陵城来，宋兵已布满大街小巷。万般无奈，高继冲只好捧出三州十七县的图籍，摇尾乞降。

与此同时，湖南军队已打败了叛军，抓住了张文表，士兵们甚至把他剁碎吃掉了。而宋军继续向湖南进发，周保权的军队这才明白宋军的意图，忙收兵固守。宋军被阻于朗州城下，屡攻不克。宋将下令从战俘中挑出几十名较肥硕的湖南士兵，把他们杀了吃掉，然后在一些弱小的湖南士兵脸上刺字，再把他们赶入朗州。这些死里逃生的战俘进入围城，添油加醋地描述了宋军开人肉筵的情形，湖南士兵吓得一哄而散，敢吃人的军队却被更会吃人的军队吓倒了。难怪鲁迅先生说：翻开历史一查，"满本都写着两个字是'吃人'"。

宋军长驱直入，横扫湖南。周保权躲到澧水南岸的一个寺庙中，宋军渡江把他揪了出来。

占有了荆湖，宋军如尖刀一般插入南方，可直捣南汉，东逼南唐，西胁后蜀了。

公元969年

中国大事记：宋开宝二年，宋太祖亲征北汉，围太原，无功而返。

○○六 蜀中恶战

灭后蜀一波三折，如同蜀道之艰难。

古语曰：天下未乱蜀先乱，天下已平蜀未平。收拾了荆湖，宋太祖便开始动后蜀的脑筋。但蜀道之难难于上青天，后蜀兵力也远胜于荆湖，为此，宋太祖进行了长期准备，他派人探听蜀国内虚实，勘查山川形势，绘制出详细的地图，然后制定出周密的作战计划和进军路线。

凉风清冷几时来？

这时，后蜀君臣尚在繁华梦中。国主孟昶自称"大蜀皇帝"，虽是关门自大，但排场一点不含糊，连宫中的溺器上也缀满了七彩宝石，又新得一个花蕊夫人，国色天香自不必说，文采才思更不减国士，乐得孟昶整日混于脂粉队中，把国事都交给了从小服侍他的王昭远等人。太后李氏见过兴亡衰替，忧心忡忡地教训儿子："我见你父亲当年创业时，主管军队的都是有功之臣，如今你用的不是过去的亲信就是世家子弟，打起仗来，这些人有什么用？"这生于安乐的大蜀皇帝哪里听得进去，不但自己大肆挥霍，还放手让底下的狗官任意搜刮，尽管有"天府之国"为本钱，也经不起折腾了。宋间谍从蜀国归来，报告说："在成都听到人们都在吟诵朱长山的《苦热》诗：'烦暑郁蒸无处避，凉风清冷几时来？'"宋太祖说："这说明蜀民盼我去讨伐孟氏呢！"

孟昶的亲信王昭远平白得了个主管军事的知枢密院事，有人给他出了个馊主意："如今您要建立奇功，才能压服朝野的非议，上策是联络北汉，共同进攻中原。"王昭远以为这是个好主意，忙劝蜀主实行。谁知蜀国的密使阳奉阴违，却中途溜进汴京，把给北汉的密信送到了宋太祖手中。太祖展信一看，哈哈大笑起来："我西讨有理了！"

王昭远三战三败

乾德二年（964）十一月，宋太祖任命王全斌为统帅，六万宋军兵分两路，王全斌一路自剑门入川，刘光义、曹彬等率另一路自三峡入川。大军未发，太祖已派人在汴水旁造了五百间房，衣服被褥一应俱全，扬言这是专为蜀主一家预备的。临行，太祖对众将说："攻下城镇，钱财都分给将士，我只要这片土地。"众将大喜，得令而去。

蜀主闻讯，命王昭远为蜀军统帅。王昭远好读兵书，自以为可比神机妙算的诸葛亮。出军之日，宰相以下都来饯行，王昭远喝得半醉，口出狂言："我此

公元969年

世界大事记
北非法蒂玛王朝占领埃及。

《续资治通鉴长编》卷四
《宋史纪事本末》卷五
赵匡胤 孟昶 王昭远 曹彬 王全斌
专制
人物 关键词 故事来源

显示身份与地位的银器（上图、下图及左页图）
在大多数场合里，瓷器是被广泛地接受的。那些做工精良、价格不菲的银器，只有在地位显赫的有钱人家，或者是高档的场所里被使用。它们往往出自名家之手，因而除了实用之外，更富有艺术鉴赏的价值。此为刻有"张四郎"字样的银碟。

三败，蜀军的精锐尽失，退守剑门，企图依天险拒守。宋军得蜀降卒指点，从小路直插江边，另造浮桥过江。蜀兵一见，弃寨而逃，王昭远听说，也留下偏将守剑门，自己先往汉源逃去，在中途便传来剑门失守的消息，那假诸葛吓得浑身发抖，坐在椅子上爬不

美人花蕊夫人
花蕊夫人是五代蜀后主孟昶的宠妃，宋太祖灭了后蜀，将花蕊夫人掳至开封纳入后宫。宋太祖很是宠幸她，常要她为自己吟诗作乐。但花蕊夫人一直惦念着孟昶，画像寄托思念，宋太祖问其原由，花蕊夫人说这是张仙，祭祀他便会多福多子，宋太祖信以为真。此图出于清末民初马骀的《马骀画宝》。

行何止克敌，取中原也易如反掌。"说完，手挥铁如意，模仿着诸葛亮的动作，率军出征了。送行的众臣哭笑不得，皆摇头叹气。

巴蜀地形险峻，但宋军作了充分准备。蜀军在夔州锁江上造有浮桥，上设三重栅栏，江两岸布有炮具，易守难攻。

行前太祖特地指着地图交待，到这里不可以战船相争，应以步兵袭取。刘光义、曹彬一路行至距锁江三十里外，便弃舟上岸，依计突然袭取了浮桥，很快攻占了夔州。王全斌一路更进展神速，那号称诸葛再世的王昭远三战

041

公元971年

中国大事记：开宝四年，宋灭南汉。

起来了，别说指挥作战，连如何逃跑也不知道了。蜀军将领只好自己领军抵抗，结果又被宋军杀得尸横遍野。王昭远逃到东川，脱去战袍，躲进百姓的仓房，每日哭哭啼啼，等到束手被擒之日，两眼红得像桃子，哪还有半点潇洒风度。

王师竟是一群野狼

前方败报传至成都，蜀主方才如梦初醒，把宫中所藏的金帛拿出招兵买马，令太子为统帅，开赴剑门。太子本是纨绔子弟，出师时还带着乐器、乐师和美妾，军旗皆绣得花里胡哨的，刚一出发就碰到骤雨，太子恐怕淋坏漂亮的军旗，命卷旗而行，过一会雨过天晴，又急忙挂出，仓促间军旗都倒挂着，引得围观的路人大笑。这样的军队当然不战而败，唯一的战绩只是大烧民舍，抢劫百姓。宋兵至城下，蜀主降于军前。

两路宋军在成都会师，从宋军发兵到蜀降，前后不过六十六日。因为太祖有言在先，一路上将士都分得不少财物，到成都蜀主又献出大量金帛劳军，可欲望一旦激发便无限膨胀了。王全斌等人被成都的暖风熏醉了，日夜开宴痛饮，不理军事，纵容部下抢美女、夺财物，百姓苦不堪言。蜀人没想到所谓王师竟是一群野狼，敌对情绪迅速弥漫。曹彬预感到危机，劝王全斌等班师，可诸将玩得正开心，哪里听得进。

为了控制两川，太祖令征发蜀兵进京，本来朝廷发下一笔优厚的治装费，却被贪得无厌的王全斌等人克扣了，宋兵又任意欺压，蜀兵都愤恨不已。乾德三年（965）三月，出川的蜀兵走到绵州便哗变了，号称兴国军，聚众至十几万，两川民众争相助战，一时十六州及成都属县都有蜀人起兵响应。宋军退保成都，王全斌等惶惶不可终日。成都城内还有二万降兵，宋军把他们骗至夹城，全部杀害。宋太祖听说两川兵起，又发来援兵，宋军内外夹击，直至年底好不容易才把兵变镇压下去。事定之后，太祖召回王全斌等人，尽管他们恶行昭著，但总算为皇帝抢到了一大块土地，所以只受到象征性的惩治。只苦了四川百姓，经历两场兵火，所过之处，残破不堪。

蜀主一族被押送到汴京，果然在那五百间房的府第中住了下来，以此证明宋太祖的预言实现了，以满足胜利者的虚荣。但没住几天，蜀主就不明不白地死了，花蕊夫人也归了皇上。蜀主之母李氏至此不掉一滴泪，以酒酹地之后，痛心地说："你不为社稷而死，贪生至于今日又如何呢！我忍到今日都是为了你，现在你死了，我还何必活呢！"不久便绝食而死。

历史文化百科

[名存实亡的节度使]

节度使始于东汉，原为节制部队出征之意，但还不是一个正式的官名。到唐代，成为重要的地方官，最初设于边境，统管一道或若干州，不仅可以调配军队，而且可以任官用人、征税理财，甚至专权诛杀。节度使的野心随其权力的加强而增长，终于酿成安史之乱。唐王朝手忙脚乱地平定了安史之乱，却再也不能将称为"节度使"的妖魔收回了，此后节度使遍布国内，他们独霸一方，拒绝中央的调配，父死子继，自置官署，互相攻战，甚至动辄反叛朝廷。宋朝一建立，宋太祖就采取一系列措施来削弱架空节度使。所以，有宋一代，节度使虽仍带某镇之名号，但已不再到当地赴任，在名义上虽仍是武官的最高头衔，薪俸很高，但已不再必然拥有兵权，往往成为外戚、宗室、被罢宰相以至得宠宦官的荣誉头衔。可见，唐五代时期，是节度使的黄金时代，而至宋代，它的实际意义已经消亡。

公元971年

世界大事记：多瑙河流域尽为拜占廷帝国占领。

○○七

攻灭南汉

垂涎南汉的奇珍异宝，宋太祖起兵劫夺，志在必得，结果却事与愿违。

宋得湖南之后，便与南汉接壤。

庸主刘鋹

南汉建都广州，北境达湖南南部。南汉主刘鋹长得肥肥胖胖的，能言善辩，手也挺巧，会做精巧的工艺品，但在政治上昏庸无能，政事都交给宦官和宠姬，自己每日和金发碧眼的波斯女厮混。宫中宦官多达七千多人，有的身居高位，执掌军政大权。女巫在宫中设座，自称为玉皇的代言人，对皇帝颐指气使，弄得乌烟瘴气。南汉君臣的奢华，在北方人听来犹如神话。他们用黄金作宫殿的屋顶，白银铺地，梁柱也用银子和大量的珍珠、玳瑁作装饰，饰一根柱子就消耗三千两银子，殿下的水渠里布满真珠。金碧辉煌的宫殿是建立在累累白骨之上的，百姓出入城门要纳税，下海采珠有定额，刑罚非常残酷野蛮，有活烧、水煮、剥皮、抽筋、跳刀山剑树等等，甚至逼刑徒斗虎取乐。

开宝三年（970）九月，宋太祖命潘美为统帅，率军南下。南汉已五十年不打仗了，战船已毁，兵器朽烂，城墙深池已被改建成楼台庭院，老将几乎被杀光了，掌军权的都是些尖嗓子的内侍。结果可想而知，宋军以一场伏击战便击溃南汉主力，连克贺、昭、桂、连四州。南汉主得到败报，自我安慰说："这四州本是湖南土地，宋兵得此就满足了，我料他们不会南来了。"

富丽而不失雅致的居住时尚
在达官显要当中，普遍追求住宅的豪华气派。不过，和前代的雄大不同的是，宋代住宅在尽显富丽奢华的时候，更注重典雅精致的建筑风格，亭台楼阁、小桥流水的园林化样式被广泛地使用。一年四时的气候，周围的山水环境，都与住宅十分和谐地融合在一起。此图为宋代刘松年所绘《四景山水图轴》。

公元975年

> 中国大事记:开宝八年,宋灭南唐。

然而,事与愿违,宋军继续南下,进逼韶州。十二月,南汉聚兵十余万,在莲花峰下布阵,与宋军决战。阵前排列着十几头大象,每头象背上坐着十几个手执武器的士兵,想以此壮声势,恐吓北人。潘美命弩兵集中于阵前,以劲弩射象,大象转身奔逃,背上的士兵全掉了下来,反把南汉军阵冲得一塌糊涂。宋军一举攻破南汉的门户韶州。南汉主急得不知如何是好,这才下令在广州城外挖护城深壕。仓促间连一个可用的将军也找不到,只好抓个宫婢的养子充数,可这小子无谋无勇,只会每天烧香求神。

第二年二月,宋军攻克英、雄二州,汉主遣使求和,请缓兵,当然遭到拒绝。宋军直逼广州城下,汉主将珍宝、妃嫔装了十船,打算从海上逃跑,可没等汉主上船,连船带货都被内侍偷走了。汉主只得纠集残兵抵抗,依水布阵,潘美领兵烧了汉营,南汉军大败。南汉大臣龚澄枢等人商议说:"北军是为了我国的珍宝而来的,若把它们烧光了,他们必不能在空城中久驻。"于是放起火来,一个晚上就把金碧辉煌的宫殿和国库烧个精光。

现代火炮的雏形:抛石机
在宋代的大型武器系统中,已经明确形成了攻击和防守等两大类型。还有一些武器是攻防双方均可使用的,抛石机便是其中之一。这种利用杠杆动力原理而制作的抛射武器,称得上是现代火炮的雏形。

具有玳瑁花纹的瓷器
以瓷的釉彩来重现玳瑁斑驳的天然纹理,其难度是可想而知的。宋代制瓷艺术家们的精湛技艺,往往连现代人都自叹弗如。

第二天,汉主出降,潘美入城,下令把汉主与宗室、大臣一起送往东京。一群衣着华丽的内侍求见主帅,还想在新朝混口饭吃。潘美大怒,喝道:"我奉诏南征,就为了铲除你们这些败类。全给我杀了!"可怜这些内侍自投罗网,一下被杀五百多人。

> **历史文化百科**
>
> 〔义庄与家族制度〕
> 唐末五代,门阀士族遭到毁灭性打击,研究贵族血统的旧谱牒学随之衰落。宋代的政治经济制度不再承认世袭官职田产的特权,随着社会秩序的恢复,士大夫意识到必须加强家族内聚力,以作为国家统治的补充。宋仁宗时欧阳修和苏洵首倡编写新族谱。范仲淹在苏州置良田十多顷,作为族产,称为"义庄"。范仲淹亲定规矩十三条,规定各房选一名子弟共同掌管,义庄所得租米按人口分给本族男女,族人嫁娶、丧葬、赴科举考试等都可得到一定资助。以后范氏子孙又不断增补修改规章,使义庄得以延续扩大,到南宋理宗时,范氏义庄达三千多亩。两宋官员纷纷仿效,在各地建立了一些义庄,有的扩大为赈济本地穷苦百姓。与义田相类似的族产,还有义屋、义学、义冢等。新的家族制度陆续形成,其影响远及明清。

公元972年

> **世界大事记**
> 高丽遣使如宋。

刘鋹怕赏酒

太祖早就垂涎南汉的奇珍异宝，没想到却给烧光了，自然恨得牙痒痒的。刘鋹解到京城，先被献俘于太庙、社稷，侮辱够了，再问烧宫室罪。刘鋹把一切都推给龚澄枢等人，伶牙俐齿地说："我十六岁就僭位了，龚澄枢等人都是先父的旧臣，所以我什么事也作不得主。在本国时，我是臣下，龚澄枢才是国主。"一番话说得宋君臣都笑了起来。宋太祖明知他在狡辩，也乐得留下做个逗乐小丑，封了个恩赦侯养了起来，倒把龚澄枢等人推出去斩了。

刘鋹虽得以苟延残喘，但仍然每日提心吊胆的。一天，太祖到讲武池边游玩，侍从还没到齐，刘鋹先到，太祖随手赏他一杯御酒。刘鋹当年做国主时，常在酒里下毒害死大臣，所以一看皇帝赏酒便哭了起来，当即跪下哀求："当初我继承祖父基业，违抗朝廷，有劳王师远征，固然罪该万死。但陛下已许臣活命，我愿为东京城中一个布衣百姓，多看几年太平景象。臣不敢饮此酒。"太祖笑着说："我对人推心置腹，怎么会做下毒暗杀的事？"说完，伸手取过这杯酒一饮而尽，叫人另给刘鋹倒了一杯酒。刘鋹又惭愧又庆幸，这时才觉得内衣已被冷汗濡湿了。

世界领先的海盐生产

图为古代煮海为盐生产过程。煮海为盐就是把海水取上岸来，放在铁锅等设备内，用火烧，待海水烧开后，蒸发出水汽，使海水浓缩成苦卤，再使苦卤继续蒸发，蒸发到最后，食盐就会变成一颗颗像冰糖一样的晶体。世界历史学家们公认，中国是最早从海水里提取食盐的国家。据文物考证，早在5000年前，我们的祖先已经用海水煮成食盐了。此图选自宋代《重修政和本草》。

公元976年

中国大事记：太平兴国元年，宋太祖突然死亡，弟赵光义（宋太宗）夺取帝位。

〇〇八

宋太祖不滥杀

宋太祖虽为一介武夫，却不轻易开杀戒。

宋太祖赵匡胤虽为一介武夫，当上皇帝后，却轻易不开杀戒。

不忍下手

宋太祖初进皇宫时，看到宫女抱着一个小孩，便问这是谁的孩子。宫女回答说是前朝皇帝周世宗的儿子。太祖便问在一旁的范质、赵普和潘美等重臣应该如何处置。赵普等人答道："斩草除根！"潘美在一旁默默无语。太祖问他的看法，潘美不敢回答。太祖说："夺了人家的皇位，再杀人家的儿子，我有点不忍心下手。"潘美这才开口："臣与陛下当年都在周世宗手下当官，我要是劝你杀世宗的遗孤，太对不起世宗。要是劝你不杀，陛下肯定要怀疑我不忠。"太祖说："把这孩子当作你的侄子，带回家去抚养罢。"以后太祖不再过问，潘美也不提此事。

宽待酒徒

宋太祖有一次举行国宴，翰林学士王著喝醉了，借着酒兴大声喧哗。王著是前朝留下来的学士，如此狂态，旁人都有点看不下去。太祖却没有发火，吩咐手下人把王著扶出去。王著却死也不肯离开，还走到皇帝的屏风前放声痛哭。旁人只好把他硬拖出去，国宴被搅得不欢而散。第二天有人上奏道，

受人欢迎的陶枕（上图）
陶制枕头深受宋朝士大夫和城市居民的喜爱，有的陶枕夏天可注入冷水，冬天可注入温水。此磁州陶枕上面是大莲花瓣形，下面是司堂形状，门扉半开，站着一个人。

前朝遗臣王著在宫中痛哭，是因为思念周世宗，让当今皇上难堪，应加严惩！宋太祖说："王著不过是一个酒徒罢了。我当年在周世宗手下时就深知他的为人。何况一个白面书生为前朝皇帝掉几滴眼泪，又能掀起什么大浪呢？"这件事就此不了了之。王著酒醒后，有点后怕，摸摸脑袋还在，从此便死心塌地效忠当今皇上了。

密刻誓碑

宋太祖的知识分子政策也不无可圈可点之处。他曾叫人秘密地刻了一块碑，立在太朝寝殿的夹室之内，称为"誓碑"，用贴金的黄布遮盖住，门户紧闭密不示人。规定以后新天子即位后，必须来此拜读碑上的誓词。新皇帝前来拜读时，只准一个不识字的小内侍陪伴，其余的人不得靠近。新皇帝默诵誓词后，再拜退出。大臣和身边的侍从对誓词的内容都一无所知。北宋各朝皇帝均照此行事。直到靖康之变，异族入侵，皇宫大门洞开，人们才发现誓碑高七八尺，宽四尺多，上面镌刻着三条誓词。第一条：前朝柴氏子孙，有罪不得加刑，即使犯上作乱，最多让他们在牢中自杀，不可在大庭广众之处公开行刑，也不可株连他们的亲属。第二条：不得杀士大夫和上书议论国家大事

货币需求量比前代大为增加（右页图）
宋代钱币在外在形式上和前代没什么大的不同，但在数量上大大超过了以前。这都归结于宋代商品经济的空前繁荣，加快了货币的流通，加大了货币的供给。在宋代，每个皇帝都有铸新币更换前一位皇帝旧币的习惯。有的皇帝更是在自己的皇位上发行了数种不同版本的货币。

公元973年

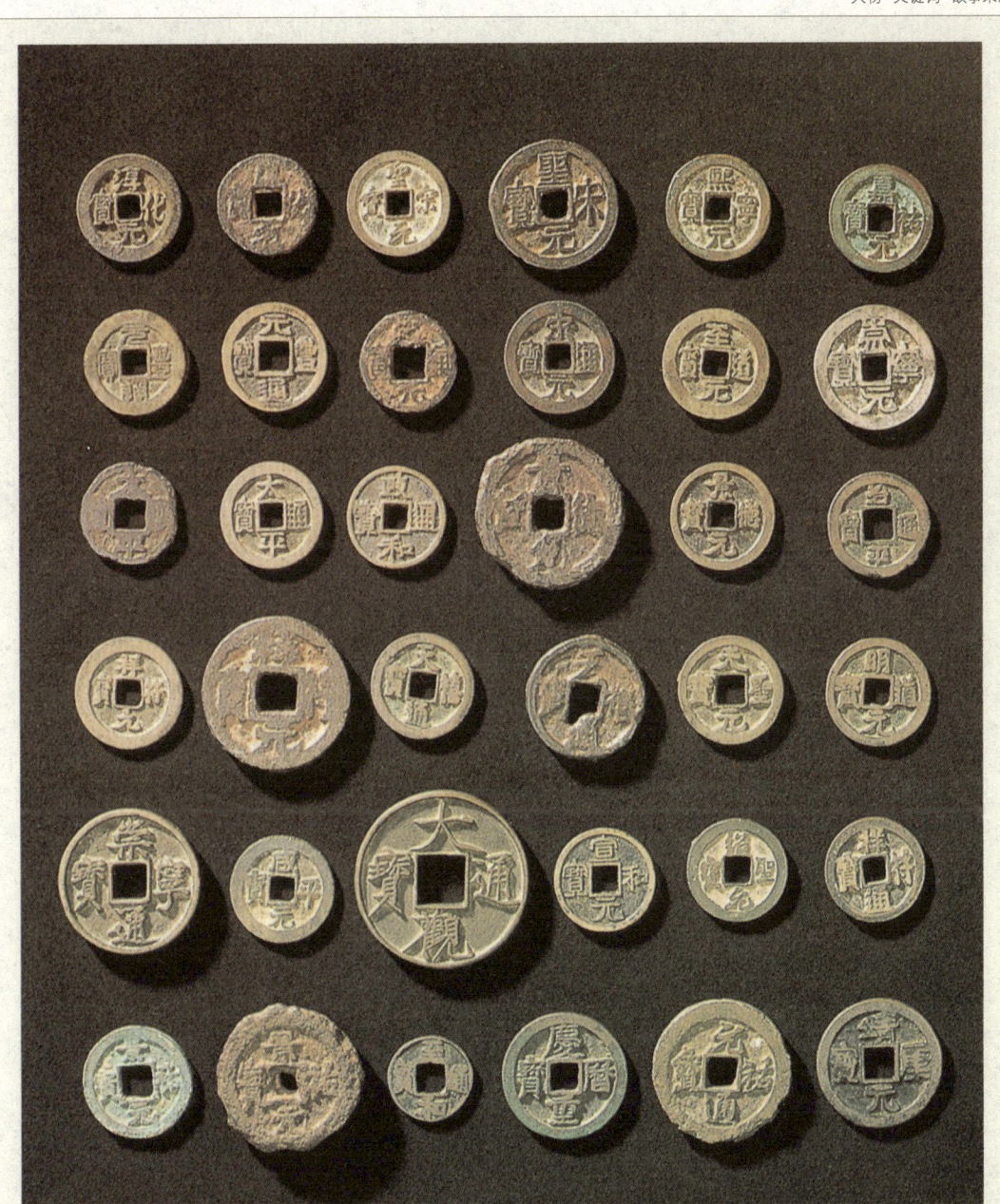

世界大事记：日本改元天延。

人物：赵匡胤　范质　潘美　王著　仁爱

故事来源：《宋人轶事汇编》

047

公元978年

> 中国大事记
>
> 太平兴国三年，割据漳、泉州的陈洪进与吴越王钱俶被迫纳土，宋基本统一南方。

画家张胜温笔下的大理国

原画三段，这是第二段"诸佛菩萨及天龙八部法会等之像"的部分图。张胜温是12世纪后半叶南宋时期的画家，擅长佛像、天王及鬼神画，以精细的笔墨及华丽的色彩而闻名。

的人。第三条：子孙如有违反这些誓词的必将遭到老天的惩罚。或许正是太祖的戒律，柴世宗的后代依旧能尽享富贵荣华，宋朝的知识分子议论国是，也不必担心会因此掉了脑袋。

对于"誓碑"的有无，史学界尚有不同的看法，但宋代政治较为宽松，却是不争的事实。不滥杀，固然反映了宋太祖本性中较为仁慈的一面，但主要还是由于他对自己统治的自信。不杀，是以料定对方不会危及自己统治为前提的，否则，决不会心慈手软。

历史文化百科

〔《百家姓》为何以赵开头〕

《百家姓》为古代小儿识字课本，不知何代何人所作。全篇472个字，由408个单姓和30个复姓组成，实不止百家之姓氏。尽管有文无义，但字不重复，句短押韵，琅琅上口，很适合儿童口味。开篇第一行为"赵钱孙李"，南宋学者王明清说：疑是宋初吴越未灭时当地老秀才所编，因吴越尊奉宋朝，吴越国主姓钱。此说颇为后人所信。然近来学者研究认为，《百家姓》出于唐人之手，宋人改国姓为第一行而已。改朝换代以后，又有改编，如朱明时的《皇明千家姓》第一句为"朱奉天运"，而《百家姓》开篇为"朱王万寿"；清国姓为爱新觉罗，众臣正伤脑筋，号称康熙编的《御制百家姓》巧妙地解决了这个难题，开篇为："孔师阙党，孟席齐梁"，不置国姓，而崇万世师表的孔孟。

公元974年

世界大事记：拜占庭帝国佐安尼斯亲自指挥与阿拉伯帝国的战争。

《宋史·南唐李氏传》《续资治通鉴长编》卷一五

卧榻之侧，岂容他人酣睡

李煜 曹彬 赵匡胤 潘美

享乐 怯懦

人物　典故　关键词　故事来源

○○九

以文失国

南唐后主李煜文采超群，但一首绝妙好词却是以三千里山河换来的。

"春花秋月何时了，往事知多少？小楼昨夜又东风，故国不堪回首月明中！

雕阑玉砌应犹在，只是朱颜改。问君能有几多愁？恰似一江春水向东流。"

一千多年来，这首哀婉动人的词万口传诵，至今读之仍使人动容。在这样一个花好月圆的春夜中，才子佳人若有愁也无非担心韶华易逝，而这位词人怨的却是这没完没了的美景，可见不是一般强说愁的人写得出的。须知这样一首好词是用四十年家国、三千里山河换来的，普通人当然写不出。

南唐后主李煜
李煜（937－978）即位后对宋称臣纳贡，以求偏安一方。宋军破后，沦为阶下囚。后由宋太祖赐牵机药毒毙。精于书画、音律、诗文，词尤为五代之冠。后期词反映亡国之痛，意境深远。有合辑《南唐二主词》。此图出于明嘉靖年间王圻父子合编的《三才图会》。

国家不幸诗人幸

在中国文学史上理所当然要给南唐主李煜留下重要一页，但在政治史里，他只能甘居配角地位。人说培养一个贵族需要几代的努力。李煜的祖父还是赳赳武夫，到其父李璟一辈已崭露了文学才能，李煜更是天才少年，喜欢读书作文，不仅工诗词，而且善于书法绘画，精通音乐，与皇后一起据古谱恢复了久绝不传的《霓裳羽衣曲》。然而，在政治才能方面，李家的确是一代不如一代。

宋太祖刚从孤儿寡母手中夺得皇位之时，南唐还是一个江南大国，但它既不像北汉那样自强谨守，也不像后蜀那样桀骜不驯，对宋一直采取低姿态。太祖一即位，唐主李璟便派使送金帛来祝贺。不久，为平定藩镇李重进叛乱，太祖亲征至扬州，唐主又派冯延

追求高尚风雅的士大夫（上图）
宋朝的士大夫，为寻求高尚风雅的精神生活，以在山林间咏诗、弹琴及下棋为乐。

公元979年

中国大事记：太平兴国四年，宋灭北汉，进而乘胜攻辽，宋军大败于高梁河。

鲁带财物来犒劳。宋太祖气势汹汹地质问南唐为何帮助叛军，冯延鲁不卑不亢地说，正因为没帮助叛军，李重进才失败的。宋太祖傲慢地说："将军们都劝我乘胜渡江，怎么样？"冯延鲁镇静地说："陛下神武，率大军压境，我们小小的唐国怎敢抗拒天威？但是，我们国主还有侍卫数万，这都是先主打江山时留下的亲兵，与国主誓同生死，陛下如能舍弃几万士兵的生命与他们血战，那也罢了。而且长江波涛汹涌，假如贵军进不能克都城，退便断了粮道，这也是贵国需要担忧的吧。"一席话使太祖泄了气，他讪讪地说："我不过和你开开玩笑，哪里在乎你的胡说呢！"当时，宋内部尚未太平，又四面受敌，宋太祖当然清楚时机未到。所以，南唐小官渡江来献平南策，反被太祖杀了，以使南唐安心。

李璟死后，李煜继位，仍然每年向宋朝贡献大量财物。宋灭南汉后，他更为恐惧，赶忙上表，主动削去唐国主称号，改称江南国主，诸王皆降为国公，中央政府都降级改名。李煜是何等聪明人，他当然明白恭顺并不能买来平安，但又明白自己根本没有能力和宋太祖相抗，只求推迟一点灭亡的时间。因此他不做任何救亡准备，日夜狂饮作乐，尽情享受眼前的一切，和南汉主不同，娱乐方式更高雅一些。但就在观赏"佳人舞点金钗溜"之时，他仍不由"触目柔肠断"，唱出"离恨恰如春草，更行更远还生"的不祥之音。

凝重的豹斑玉尊

宋时由于同辽、金互相攻伐又互通贸易，经济、文化交往十分密切，玉器艺术也在相互学习中共同繁荣。这一时期用于实用装饰的玉器占主要地位，玉器更接近现实生活。陕西咸阳武功报本寺塔地宫出土的豹斑玉尊，色彩斑斓，美观大方，是体现宋代琢玉水平的佳作。武功县文物管理委员会藏。

"卧榻之侧，岂容他人鼾睡！"

开宝七年（974）九月，宋太祖认为时机已经成熟，便以李煜不肯入朝拜见为名，发兵十万攻南唐。

宋军从荆南（今湖北）乘船顺江东下，江南守军开始以为是例行的巡逻，还奉上酒肉犒劳，但很快发现不同于往日，池州守将弃城而逃。宋军很快占据重要渡口采石矶。这之前，曾有江南文士樊若水来献策。他向宋太祖建议在长江上造浮桥，太祖力排众议，先在荆南按樊若水所量尺寸造了数千艘黄黑龙船，又准备好许多巨竹。这时，以樊若水为指导，开始造浮桥。唐主李煜听说，问大臣如何对付，博学的大臣说："有史以来，长江从未造过桥。"李煜欣慰地笑了，说："是啊，我也认为这不过是儿戏罢了。"然而，三天内浮桥就搭成了，尺寸正好，部队踏之过江如履平地。

江南屡战屡败。第二年二月，宋军开到秦淮河边，江南水陆兵十万陈于城下，宋战船还未开到。副将潘美焦急地说："我潘美带几万勇士，一路战无不

公元975年

世界大事记：高丽光宗死，景宗继位。

胜，攻无不取，难道这一衣带水能拦住我不成！"说着带头跳入水中，于是大军随他涉水过河，江南兵大乱，宋军乘风放火，江南十万主力大败而逃。这时，李煜还蒙在鼓里，每天在后宫与道士、和尚谈经论道。一天晚上，偶然出来巡城，发现城外栅栏密布，旌旗满野，方才明白金陵已成了孤城。

李煜派能言善辩的大臣徐铉去东京向太祖求情。徐铉恳切地说："李煜无罪，陛下师出无名。李煜以小国服从大国，就像儿子侍奉父亲一样恭敬，从未有过失，为什么要讨伐我国呢？"宋太祖冷冷地说："你说父子分为两家，行吗？"徐铉还大道理小道理地辩论不休，太祖按剑怒吼起来："不要废话！江南是没罪，

宋代"石泉"七弦琴

只是天下一家，卧榻之侧，岂容他人鼾睡！"徐铉只得惶恐逃归。

金陵困守了十个月，又从湖口方面调来援军，援军号称十五万，顺流而下，与宋军战于皖口，江南军模仿周瑜故技，以火助战，然而运气不佳，突然北风劲吹，反烧了自己军阵，一夕兵溃数百里。不久，金陵城破，宋军入城。

赋到沧桑句便工

李煜到军前请罪，曹彬让他带五百人入宫整理行装，说："珍宝财物，随你拿多少，明天起就收归国有，不可再拿了。"李煜遵命回宫，曹彬领人等在宫外，有人在耳边提醒他说："李煜回宫，万一自杀怎么办？"曹彬笑笑说："李煜平素懦弱，既肯投降就不会自杀。"亡国在眼前，忧愤填膺，李煜哪有心思蓄财，匆匆取了一点就出来了，走出宫门之时，宫中乐师为他奏起了凄凉的离别曲。此情此景真令他刻骨铭心，以后他曾伤心地写道："最是仓皇辞庙日，教坊犹奏别离歌，垂泪对宫娥。"

李煜被押到东京，穿白衣戴纱帽，受尽了凌辱，才得了个违命侯，被送入深宅大院软禁起来。从此贫病交加，以泪洗面，而其文学成就也因人生的艰辛而达到了顶峰。

"帘外雨潺潺，春意阑珊，罗衾不耐五更寒。梦里不知身是客，一晌贪欢。

独自莫凭阑！无限江山，别时容易见时难。流水落花春去也，天上人间！"

写下这首肝肠欲断的哀歌后不久，李煜便死去了，终年四十二岁。

> **历史文化百科**
>
> 〔古文、时文与白话文〕
>
> 宋初流行骈文，其险怪奇涩的一派号"太学体"，更形成一时风气；明白流畅的散文因上承先秦，被称为古文，虽经几代文学家提倡，仍未占上风。嘉祐二年（1057）欧阳修主持科举考试，使作"太学体"的考生全部落第，发榜后，欧阳修遭到了愤怒的士人围攻。然而，经此一役，文风终于彻底改变。后列入唐宋八大家的苏轼、苏辙和曾巩都在这一年登科，苏洵、王安石也在这前后成名，清新流畅、骈散文结合的新式古文成为时尚。一般认为"古文从此取代骈文占据了文坛的主导地位"。然而，今人朱瑞熙教授指出，束缚读书人几百年的"八股文"实际也肇始于宋代，称为时文，这种重章法不讲内容的死文体在南宋中期基本定型，为适应科举考试需要，坊间出版了不少时文汇编。而一旦登科入仕，士人转习四六文（骈文的一种），用以应付官场作文。同时，宋代也出现了口语化的文章，如著名的《朱子语类》。其实，宋文同时向各方发展，呈现出复杂的现象。

公元980年

中国大事记：太平兴国五年，宋定役法，上四等户量轻重轮差，下四等户免除。

以文得官

旧主以文失国，旧臣却凭美文在新朝步步高升。

李煜满腹文章，但既不能保国救亡，也不能解忧保身；而他的大臣却凭博识文学，在新朝步步高升。

狗为主叫

张洎年少时便以博学闻名，举止风流倜傥，文章清丽，谈起玄机禅理更无人可及，是个典型的江南才子。李煜非常赏识他，皇室于深宫开宴，往往只有张洎一个外臣得参预其中。但他人品卑琐，为正直的士大夫所不齿。当他还是个举人时，常去拜见显贵张佖，为了套近乎，名帖上总是谦恭地自称"从表侄孙"；可当他中进士后，辈分便升高为"侄子"了；待升了官，又变成"弟"了；等到成了李煜亲信后，便和张佖断绝亲戚关系，板起面孔，对他颐指气使，和其他小官一样看待了。因此，张佖对他恨之入骨。

当金陵被围时，他劝李煜抵抗到底，并和另一宰相陈乔相约，城破时自杀殉国。城破之日，陈乔对李煜说："今日国亡，我身为宰相无力救国，请施予极刑，以谢国人。"李煜长叹一声说："这是天命，你死了也无益。"陈乔痛切地说："即使陛下不杀，我又以何面目见士人呢！"最终，他还是自尽于国主之前。而张洎对李煜说："您入宋后，宋帝肯定会怪罪您早不投降，我们都死了，谁为您辩护呢？我还是随您出降吧。"

亡国君臣被审时，宋太祖拿出了张洎为国主写的求援诏书，厉声喝道："你教李煜不降，才有今日之辱！"张洎脸不变色，不慌不忙地说："这的确是我所为，臣为君效力，就像狗叫为主一样，这不过是一件小事罢了，此外还做了许多事呢，如今得为君死，是臣本分。"太祖惊奇之余也很赞赏，便温和地说："你有识见有胆量，就放了你吧。以后为我服务也要这么忠诚！"然后赏了个小官，张洎自然感激不尽。

无行文人

入宋时，李煜所带财物不多，所以在亡国君主中是最穷的，以至后来过不下去只好开口向宋帝哀求赏赐。这时，张洎是再也不会来陪旧主吟诗作词了，偶尔上门皆是来敲诈勒索的。昔日的爱卿已是新朝大臣，李煜不敢不给，把自己正在用的白金制洗脸盆都拿了出来，他还不满意，嘴里骂骂咧咧的。对此，江南士人侧目而视，北方士人更为嘲笑。但他凭借其学问和文章，又在新朝结识了

富有古典美的瓷器

宋代瓷器的外部装饰通常分两种：一是在表面涂抹釉彩的平面装饰，另一种是表面经过镂刻的立体装饰。这件瓷器是属于后一种类型的。刻工精致典雅，富有立体感的工艺让人叹为观止。

公元976年

世界大事记：拜占庭皇帝巴西尔二世即位。高丽实施"田柴科"。

人物：钱俶 李煜 赵匡胤 张洎 张泌
关键词：虚伪 谄媚
故事来源：《宋史·张洎传》《渑水纪闻卷三》

显贵，不断向上爬，太宗时，做到参知政事（副相），笑骂由你笑骂，好官他自为之。

他的前表叔爷张泌也在宋朝做了官，为人仍十分豪爽。从江南来的穷亲旧友，常来投奔，以至每天有许多人在他家吃饭。这事引起了皇帝的怀疑，问道："你家为何有这么多的宾客，每天一起议论些什么？"张泌说："我的亲友，多困居都城，穷得没饭吃，我因为有俸禄，就都来投奔，我没办法拒绝，只好每天以简略的饭食打发他们。"皇帝派人在他们开饭时突然闯进去，把食物也拿来，果然都是些粗粮蔬菜，器皿也是很粗糙的陶器。皇帝很欣赏他的诚实，也得到提升。

闲适而充满诗意的生活
绿荫笼罩，百花盛开，盛夏的庭园里充满了凉爽和惬意。在仆人的周到服侍下，达官贵人们看上几幅字画，听上几段小曲，生活优哉游哉。这是宋代充满柔情而匮乏阳刚的上层生活的典型写照。此图为宋人所绘《消夏图》。

053

公元984年

中国大事记：太平兴国九年，雍熙元年，宋夏州兵攻李继迁，获其母妻。

张佖当然看不惯张洎。太宗时，张洎奉命为死去的吴越国主钱俶作《谥议》，张佖抓住文中"居亢无悔"数字大作文章，说他把钱俶比为龙。亡国之臣若有怀念旧主之类的事，就会被新主子怀疑，这是最忌的，所以张洎十分紧张。但张洎学问到底比那位前表亲渊博，他洋洋洒洒写了篇申诉状，引经据典，论证有力，最终把皇帝说服了，反使张佖罚了一个月的薪俸。

古人说"文章憎命达"，实际达不达与文章无关，只要脸皮厚，文章也能使人达。

可爱的骑鼓瓷娃娃

骑鼓娃娃系陶质模制，施乳白釉，点褐釉纹饰，釉色光泽极好。骑鼓娃娃束双髻发形，面目姣好，造型丰满，天真无邪，憨态可掬。娃娃脖子上系一"长命锁"，赤身骑在大鼓上戏耍，滑稽有趣，逗人发笑。艺人对童子的眉眼精描细画，用笔拘谨，但对身上的装饰绸带和鼓上的装饰物，却大笔挥洒，一气呵成。

大气又精美的青釉瓷壶

此壶宽口，高颈，鼓腹，双脊把，壶嘴呈八棱管状。壶肩部饰两匝弦纹和对称的两组折枝菊花，腹部饰三组盆景牡丹，属青瓷中珍品。出土于陕西咸阳安仁瓷窑遗址，是宋代北方著名的民间瓷窑耀州窑系列。陕西旬邑县博物馆藏。

历史文化百科

【馆驿与邸店】

宋代官员因公外出，可以在馆驿住宿，公家发给"驿券"，作为免费食宿的证明。士人赴京参加科举考试，也可领到"驿券"。根据官员品级的高低，在驿馆的享受也不一样，如低级武官三班奉职的待遇是"驿券肉半斤"。邸店为私人旅馆，随着宋代商品经济的发展，邸店遍布城乡。北宋时东京州桥以东，沿着汴河散布着众多邸店。为适应各阶层的需要，邸店有不同的等级，如东京的"无比店"，原是某高官的豪宅，无疑是家高级旅馆。而为适应行商需要，有的邸店附有仓库，乡镇草市的小店甚至有关鸡猪的地方；为适应久住者的需要，有的邸店甚至提供炊具，让旅客自己做饭。

公元977年

> 世界大事记
>
> 法王罗泰尔侵入洛林。

《宋朝事实类苑》卷一
《续资治通鉴长编》卷三 卷六
赵匡胤 范质 残忍
人物 关键词 故事来源

整治骄兵

自唐末以来，皇帝怕武将，武将怕小兵，宋太祖手段毒辣，岂容骄兵横行。

自唐末以来，武将横行霸道，颠倒朝廷，成了皇帝的克星；而武将手下的兵痞也不是好惹的，往往为了钱财或女人发动兵变，杀死或赶走武将，为了讨好兵痞，武将只得放纵他们欺压百姓；为此形成了皇帝怕武将，武将怕小兵的怪圈。宋朝要长治久安，就必须跳出这个怪圈。

骄兵猖狂

宋太祖采取了循序渐进的方法。陈桥兵变时，太祖只能低声下气地与骄兵悍将商量，求他们入城不杀掠。太祖即位初期，手下亲兵还很嚣张，曾有人晚上夜巡时到宰相范质家讨酒喝，坐下就不肯走，宰相无奈，拿出了白金千两，这才呼啸而去。太祖听说此事，只悄悄把那亲兵赶走了事。春天，朝廷征民夫来疏浚都城的河流，一些民夫企图逃走，一个禁军小军官一怒之下，杀了十几个民夫小队长，并把逃亡者的左耳割去。武夫滥刑在以前是很普遍的，而兵部尚书连夜上奏，痛陈其弊，请杀了兵痞以谢天下。宋太祖非常赞赏大臣的意见，但多方考虑之后还是发配了事。

宋禁军攻蜀时，太祖还许诺将士任取财物，由于引起了大规模反抗，太祖十分后悔，以后攻战前就十分强调纪律。

卤簿玉辂图卷：规模浩大、组织严密的宫廷仪仗队

055

公元986年

> **中国大事记**
> 雍熙三年,宋大举攻辽,大败于歧沟关等地,自此对辽取守势。

收拾罢悍将,太祖也开始狠狠整治骄兵了。

铁腕治骄兵

首先从禁军中淘汰出老弱与骄兵到地方,然后把一些强壮又精通武艺的士兵作为"兵样"颁布各地,令各地照此送精兵充实禁军,禁军的待遇高于地方。又从禁军中挑一些更为精壮的作为皇帝的侍卫,称为"诸班直"。这些侍卫经过精心训练,武艺都十分了得。有一次地方献来一头猛虎,皇帝来观赏,令人喂

养马官和进贡的纯种马
西域每年有优质的纯种马进贡给宋朝的皇帝,这幅画很好地再现了纯种马高大、健硕、有力的形态特征,同时也将宫廷养马官优雅从容的气质和神态表现得淋漓尽致。优质纯种马的引进,使宋代马匹的品种质量得到了优化。此为宋画家李公麟所绘《五马图》局部。

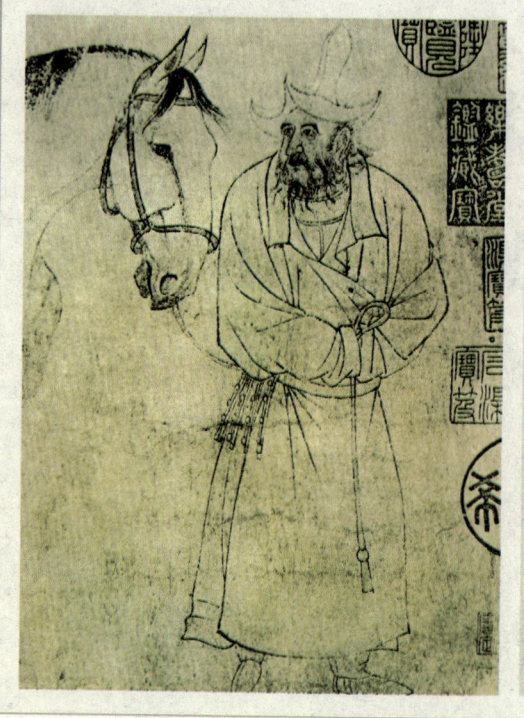

惟妙惟肖的红陶坐童
红陶因焙烧时,黏土中的铁成分氧化,故器体呈现出土红、砖红或褐红色。分为泥质红陶(红泥)和夹沙红陶(陶土中掺加细砂)两类,一般装饰简单。此宋代坐童颐满目秀,颈佩项链,臂腕饰镯,双手持球,趺坐平视,天真可爱。陕西旬邑县博物馆藏。

它一条羊腿,谁知猛虎吞咽过快,羊骨鲠在喉中。太祖对左右使了一个眼色,一个侍卫便伸手入虎口中取出羊骨,而自己一无所伤。又一次,一只漂亮的小鸟在宫中最高楼的屋顶上啼叫,太祖随口说:"有谁能为我抓到它?"便有一个侍卫应声出列,攀檐走壁抓到了这只鸟,看的人吓得魂飞魄散,而他神色自若。所以侍卫的待遇地位又在禁军之上。

公元978年

| 世界大事记 | 弗拉基米尔为基辅大公。 |

宋·张择端《清明上河图》（局部）

但是，侍卫不听话，照样严惩。平蜀后，从蜀军中挑了一些精兵作为侍卫，称为"川殿直"。不久，朝廷举行大典，按例赏钱给侍卫兵，可"川殿直"士兵要比老侍卫少五千钱。这些川兵在后蜀时都是天不怕地不怕的骄兵，谁受得了这个，便一窝蜂跑到登闻鼓院敲鼓闹起来。太祖大怒，吼道："朝廷赏赐，由我说了算，你们是什么东西！"当即下令把领头的四十人当众斩首，其余士兵发配边远地方，废除"川殿直"的编制。

其他禁军士兵要敢乱闹，更要严惩。有一年，太祖对一个禁军军官说，"你的部下是刚招来的，有的可能还没结婚，如有愿嫁士兵的妇女，就让他们成亲，公家可以为他们备些酒肉。"那军官一听，误会了太祖的意思，便纵容士兵大抢妇女，弄得整个京城骚动不安。太祖听说后十分震惊，马上派部队镇压，抓了一百多个士兵，当场斩首。并告诉地方官，以后士兵闹事要马上报告。

有时，这种严惩也是非常残酷而没有道理的。一次，内酒坊失火，太祖即命将主管军官以下数十人统统杀死，内部人员被逼无奈，供出失火士兵，便马上绑起投入火内。从此，各单位都不敢大意，再未出事。

就是用这种毒辣手段，宋太祖才治住了骄兵，正如俗话所说："不要命的，服不要脸的。"

公元987年

中国大事记：雍熙四年，宋始给百官实俸。

打架争状元

"之乎者也，助得了什么！"
打一架争个状元又有何妨。

宋太祖以一介武夫做了皇帝，却特别提倡读书，这也许鉴于唐末以来武将害国，欲转变世风，也许因为缺乏教养，便特别羡慕文雅。

即位不久，宋太祖便对大臣说："应该让武臣都去念书，让他们知道治理国家的道理。"身边的近臣都读书不多，拿起书本就头疼，便以沉默来反抗。太祖带头拿钱出来修孔庙，令手下的大官都出钱，并常去国子监看儒生讲学，地方官有招生讲学的，马上得到嘉奖，于是兴学逐渐成了风气。

但是，宋太祖所提倡的读书主要是为了学以致用，他曾对皇子的老师说："帝王之子读书，只要懂治乱大道理就行了，不必学作文章，这些东西没用。"用人也重在实际能力，而并不重用迂儒。平时他常常注意观察部下的特长，并一一记录在册，当要用人时就查本子找合适的人，哪怕是下层官吏也越级提拔，并不在乎资历。

那时科举取士还未成为选官的重要途径，每科进士不过十人左右，状元、榜眼在他眼里也没什么了不起。有一年，士人王嗣宗与赵昌言为争状元互不服气，在御座前吵了起来，太祖说："你们打一场吧，谁赢谁就是状元。"赵是秃头，帽子戴不稳，王一拳打过去，赵的帽子就掉了。王忙跑到御座前叫道："陛下，臣赢了！"太祖大笑起来，便让王做了状元，赵为第二名，但新科状元也不过到外地做个小官。士人将功名视为生命，而这种几近儿戏的做法真让士人丧气。

京城有一个朱雀门，门额上大书："朱雀之门"。一次，

宋人科举考试
科举考试及第，赐进士出身等，任以官职。宋代重视文人，相臣多出自进士。

公元979年

> 公 元 9 7 9 年

世界大事记　拜占庭封建诸侯叛乱。

《涑水纪闻》卷一、卷三

荒诞　学以致用

王嗣宗　赵匡胤

人物　关键词　故事来源

一套精美的酒具：影青温碗注子
此温碗注子1963年于安徽宿松洛土村北宋墓出土，由温碗和酒注子配套组成。由于碗内的热水可随时更换，因此使用这套酒器可以达到时刻保温的目的。

"苏门四学士"之一秦观（右图）
北宋词人秦观（1049－1100），字少游，号淮海居士，扬州高邮人。他的文词被苏轼赏识，为"苏门四学士"之一。其著名的《鹊桥仙》堪称恋情诗词中的千古绝唱。

他和赵普走到朱雀门下，指着上面的刻字问："为什么不直接写'朱雀门'，而要多一个'之'呢？"赵普说："'之'有助于语气。"宋太祖哈哈大笑起来："之乎者也，助得了什么！"

可见，宋太祖的脑子还是很清楚的，但其后代就未必了。

> 历史文化百科

〔榜下捉婿〕

宋人缔结婚姻不重世家大族，而重女婿本人，由于进士前程远大，故成为大家千金的争夺对象。每逢科举考试发榜那天，达官贵人便清晨出动"择婿车"，满城拉外地来的新科进士，这时不管阴阳八字，也不问其家世，拉到家里就是东床高婿，后连京城内的富豪大贾也为本家千金拉婿，则局面更为混乱，故一日之间，新科进士往往十之八九已有了归属。王安石诗云："却忆金明池上路，红裙争看绿衣郎。"苏轼诗曰："囊空不办行春马，眼眩行看择婿车。"有的达官贵人甚至采取强制手段，如外戚张尧佐派人将新进士冯京拖至家中，用金带捆起，假称皇帝圣意逼其就范，又搬出陪嫁财宝诱其点头，新进士只好赔笑力辞。有些女子或其父母坚持非进士不谈婚嫁，以至错过适婚年龄，因而终身不嫁。

059

公元988年

中国大事记：端拱元年，宋命李继迁为定难军节度使，赐姓名赵保忠。

半部《论语》治天下

西谚曰："只读一本书的人最可怕。"赵普却只凭半本书就成为名相，不由你不服。

宋初最出名的宰相应数赵普。

赵匡胤没发迹时，赵普就服侍在他父亲身边了，和匡胤等兄弟相称，后来成了赵匡胤的幕僚。陈桥兵变，赵普出了大力，建国初更是皇帝的左右手。那时，太祖的母亲常亲切地对他说："赵书记多费心，我儿还不会做皇帝呢！"

坚持己见

赵普的确尽心，出谋划策，顾全大局，为皇帝收兵权、平割据立下汗马功劳。由于他的身份特殊，说话较少顾忌，对朝政又敢于负责，对宋初统治的巩固起到重要作用。宋太祖很信任前朝名将符彦卿，想让他掌管军队，赵普说他名气、官职已很大，不能再掌管军队，太祖不听，赵普仍劝，太祖干脆避开他把委任状发下去，赵普听说了又中途扣了下来。太祖说："你何必苦苦怀疑彦卿呢！我对他恩情最深，他必不会辜负我。"赵普轻轻地说："周世宗也对陛下最好，为什么陛下会辜负他呢？"太祖愣住了，默默收回了成命。

有一次，赵普推荐一个人做官，太祖不喜欢他，批了不同意。第二天，赵普又上奏请求，仍被驳回。第三天，他又来了，还是坚持自己的意见，太祖大怒，把公文撕得粉碎扔在地上。赵普脸不变色地慢慢拾起来，拿回去贴好又拿了来，这回太祖不胜其烦就同意了。这个人上任后果然很称职，为太祖出了大力，对赵普的远见，皇帝也服了。

又一次，为立功者升官，其中有一人，因为皇帝平时很讨厌他，就故意不予提升，赵普又坚持要提升。太祖气呼呼地说："我就是不给他升官，你怎么办？"赵普说："刑罚用来惩恶，官爵用来赏功，古今都是如此。而且刑罚赏赐是天下的权利，并不是陛下个人的权利，怎么能凭自己的喜怒来行使呢？"皇帝大怒，拂袖而去。赵普也站起跟在后面，皇帝进宫，他就站在宫门边，久久也不离开。后来皇帝终于醒悟了，同意了他的请求。

为人如其住宅

赵普劝皇帝时很贤明，但自己处事却未必清醒。他对部下相当忌刻，为了争权暗害了不少人，而且相当贪财，曾收人贿赂，强买民宅，

宋初名相赵普

赵普（922—992），字则平，幽州蓟县（今属天津）人，迁居洛阳。原是赵匡胤的幕僚，策划陈桥兵变，助赵夺取政权。乾德二年（964）为相，参与政要。宋太宗赵光义在位时，赵普两度为相。后以老病退职，封魏国公，死后追封韩王。他读书不多，但吏治精明，相传他以"半部《论语》治天下"。

公元980年

世界大事记：越南前黎朝。

人物：赵匡胤 赵普 赵光义
典故：半部《论语》治天下
关键词：谋略 学以致用
故事来源：《宋史·赵普传》《涑水纪闻卷一》

神情毕肖的《捣练图》（上图及下图）

练是指白绢一类的丝织品。在唐代，白练都是女子手工打制的。神情专注的宫女们有的在捣练，有的在织补，有的在熨烫。还有一位宫女伏下身去透过白练扭头向光亮处看，是在检查成品中是否还有瑕疵。鲜艳华丽的衣饰，从容娴雅的神态举止，显示出盛唐人们温和、厚重、务实的心态。这幅唐画家的作品因为经过宋徽宗的反复描摹而变得更为有名。

历史文化百科

〔妾与婢女有服役年限〕

宋士大夫普遍蓄有姬妾，但买妾大多不是一次买断，而有一定的年限，有约三年或五年者。有的小妾期满后不忍离去，但如妾父母不同意，也不能留下，又被嫁于他人。妾的地位低下，往往妾婢连称，若将宠妾升为夫人，颇费一番周折。婢女的来源有罪犯家属、卖身或被拐卖者，但宋代婢女主要来自雇用，订有契约，雇主于订立契约时，很注意被雇者的来源，并要求有人担保。法律规定雇用婢女最高年限为十年，其间转雇于他人，年限也要通计。有的使女雇值是按月或按年领取的，若婢女几经转雇，其身子钱往往看涨，具有特殊才能的使女相当昂贵。法律对奴婢犯上明令严惩，但亦明令雇主不许私设公堂惩处奴婢，不许私刺其面。一般士大夫家庭也承认所谓奴婢本出良家，期满多送婢女还乡，让其及时婚嫁，但也有不少富家地主以各种方式超期或终身役使婢女，如在契约内将婢女谎称为"养女"等；或雇佣双方通过转雇等方式，隐瞒受雇年限。总之，宋婢女的地位高于唐代的奴婢。

生活奢华。曾有人向太祖告发赵普，太祖生气地吼道："大鼎还有两个耳呢，你难道没有吗？没听说赵普是我社稷之臣吗？"叫人把他拉下去，在院子里甩了几圈，过一会让他穿戴整齐上来，再对他轻声说："以后不许再说！今天放了你，不许对别人说！"太祖对赵普的不法当然清楚，只是要用他，故意不追究罢了。后来，太祖到洛阳去，看到赵普家的府第，外面是简陋的柴门和篱笆，后面却是富丽堂皇的高楼和美

061

公元992年

中国大事记：淳化三年，宋贡举考校始用糊名之制。

宋赵佶摹张萱《宫乐图》

丽的花园。太祖嘲笑说："这老头的为人就和这房子一样，总归不纯。"

赵普读书不多，有时也要闹笑话。太祖时改年号要找前代没用过的，后定为乾德，赵普在旁直吹捧说改得好。过了几年，有大臣告诉太祖，说这年号前蜀用过，太祖大惊，叫人一查，果然如此。太祖很生气，用毛笔在赵普脸上涂了几下说："宰相还是要用读书人。"赵普回去脸也不敢洗，第二天上朝皇帝也笑了起来，命他洗去，并要他以后多读书。此后，他一回家就关上门，从箱子里拿出书来，一读就是一整天，第二天上朝，处理政事非常机敏，好像从书上得了许多启发。他死后，他的家属打开那个箱子，发现其中只有半本《论语》，如此学以致用，真令人叹服。

以后，赵普又参与了太祖弟太宗夺占皇位的阴谋，太宗坐稳了江山，便不让他参与国家政事了，最后把他赶出东京了事。饯行时，皇帝赠诗两首，赵普百感交集，捧着诗痛哭流涕，说："我要把这诗刻在石上，将来和我一起葬入黄泉，希望来世再为您家效力！"

逼真的莲蕾佛手
出土于河南巩义的佛手紧握一含苞待放的莲蕾，佛手丰满，指节、甲盖刻画清晰，莲蕾刻画逼真，从中可以看出此佛像身材高大。

公元981年

世界大事记：一些诺曼人在伊利克的率领下，发现北美洲东北的格陵兰岛。

人物：曹彬　赵匡胤　潘美
关键词：仁爱
故事来源：《宋史·曹彬传》《涑水纪闻》卷二、卷三

○一四

柔弱胜刚强

不肯杀人的将军却能攻城略地，凭柔弱之术，更可在朝廷中百战百胜。

古语曰："一将功成万骨枯。"古兵法明载："古之善用兵者，能杀卒之半，其次杀十三，其下杀十一。"可见忍心杀人才是好将军。宋初肯杀人的将军不少，而宋太祖最欣赏的还是不肯杀人的曹彬。

谦和结人缘

曹家本是后周皇室的姻亲，曹彬以此显贵，但他仍很谨慎。后周末期，赵匡胤掌管了禁军，权势日盛，一班势利的官吏都忙着巴结他，而独有曹彬从不上门，公事之外也不与他交谈。赵匡胤爱喝酒，一次，叫掌管公酒的曹彬给点酒喝，曹彬一本正经地说："这是官酒，不敢私下给人。"然后到街上买了酒给他喝。赵匡胤做了皇帝后，曾问曹彬："当初我想与你亲近，你为什么总躲着我？"曹彬叩头请罪，说："我为周皇室近亲，又身负重任，谨慎守职还恐怕有过错，还怎么敢私下交结大臣呢？"赵匡胤感叹说：

北宋初年大将曹彬
曹彬（931—999）参加伐后蜀之役。统兵灭南唐，又攻下金陵，屡立战功。在征辽役中曾失利，被降职。真宗即位复任枢密使。

儒将曹彬焚香禁杀

儒将曹彬出身将门，宋太祖挥师江南，命曹彬先赴荆南，为大军开道，曹彬率战船顺流而下，连破数城，驻军采石矶，直逼金陵。眼见南唐就要被灭，曹彬突然生病了，众将纳闷，纷纷前去探望。曹彬对众将说："我的病不是药物所能治好的，只要你们发誓城破之日不妄杀一人，我的病就不治自愈了！"众将依言焚香盟誓，承诺决不妄杀生灵。第二天，曹彬的病就好了。宋军破城，果然纪律严明，百姓仍能安居乐业。此图出于清末民初马骀的《马骀画宝》。

063

公元993年
公元994年

公元 993—994 年

中国大事记：淳化四、五年，四川爆发王小波、李顺起义，一度建立大蜀政权，后被镇压。

色彩斑斓夺目的宋代瓷器

宋代制瓷技术的长足进步，改变了人们以往惯用铜器和漆器的习尚。制瓷艺人们已经很熟练地使用金属微量元素和窑变的技术来加强瓷器色泽效果。特别在南方的江西、浙江、福建等省份，出现了八个有名的瓷窑。

"看来只有曹彬一人不敢背叛君主啊！"为此，反而对他更为器重。

曹彬性格温和，待部下较为宽容。有一次，部下有个小吏犯罪，曹彬判定打二十大板，可过了一年才命令执行。属官对这种做法百思不解，曹彬解释说："听说那人刚刚结婚，如果马上执行，他家公婆就会怪新媳妇给丈夫带来恶运，必然每天打骂，那样他的婚姻就算完了，但国法又不能废，所以缓一年执行。"大家都非常佩服，被打的小吏反而对他感激不尽。

攻灭后蜀时，诸将滥杀战俘，纵容部下抢夺百姓财物，引起蜀人大规模反抗。只有曹彬不肯乱杀人，出川时，行李中只装了几本书和换洗衣服。回到都城见皇帝，诸将都争着夸功，而宋太祖板着脸说："我都知道了，你们怎么敢乱杀人！曹彬退下，不干你事。"诸将不但未得赏，反被降官处罚，独有曹彬得到提升。曹彬忙跪下推辞："征西将士都被罚，只有我受赏，恐怕不利于激励士气吧。"在朝中，他从不讲别人的坏话，即使皇帝逼问，也只是说："军政之外，非臣所知。"谦和不仅使他得到皇帝的赏识，也在大臣中广结人缘。

以柔克刚

派兵攻南唐时，宋太祖接受了教训，任命谨慎仁恕的曹彬为统帅，临行前又反复交待不可滥杀，并把一把宝剑交给他，说："副将以下，不听令者先斩后奏！"众将闻言皆大惊失色。

金陵城坚守固，为了减少伤亡，曹彬命令采取长期围困的战术，并多次放缓攻城，派人捎信给南唐主李煜说："事到如今，孤城是守不住的，我只是怜惜一城生命，你还是投降为上。"城破在即时，曹彬却突然病倒了。众将很着急，都来探望。曹彬不紧不慢地说："我这病靠吃药针灸是治不好的，只要诸位诚心发誓，入城后不乱杀一人，就肯定痊愈。"众将依言焚香起誓。第二天，曹彬便说病好了。不久，宋军攻入城，军纪严明，百姓仍能安居乐业，宋军也顺利地统一了江南。皇帝自然非常满意。

南下出师前，宋太祖曾对曹彬许愿说："平江南回来，定以节度使赏你！"走出宫门，副将潘美以下都向曹彬表示祝贺，曹彬只淡淡一笑，说："得了，此行靠皇帝天威，江南不难平，我能立什么大功。何况北汉未灭，节度使是武将最高官衔，怎么可能随便给人呢？"凯旋回京，曹彬照例递上文书，对自己的功劳只字不提，只简单地写道："奉圣旨去江南办公事回来。"拜见皇帝时，太祖大大夸奖一番后，说："如今割据一方的霸主还不少，节度使的品位已到顶了，若给了你，以后还怎么肯努力作战呢？待收拾了北汉，我一定把节度使赏你。"曹彬神色自若地叩首拜谢，而潘美等人都望着曹彬会心一笑。太祖看到了，觉得蹊跷，叫过潘美，问道："你们鬼头鬼脑地笑什么？"潘美不敢隐瞒，只好把私下的交谈都说出来了。太祖也笑了，什么也说不出，但心里觉得有几分过意不去，便暗地里叫人往曹家送去五十万钱。曹彬回到家，忽见满屋的金钱，长叹一声说："升上高官也不过多得钱罢了，何必一定要做什么节度使呢！"

就这样，凭柔弱之术，他在充满能人的朝廷中百战百胜。

公元982年

> 世界大事记：威尼斯与热那亚与东方伊斯兰教地区贸易繁荣。

《续资治通鉴长编卷一七》《涑水纪闻卷一》 故事来源
阴谋 关键词
烛影斧声 典故
赵匡胤 赵普 赵光义 人物

〇一五

烛影斧声

赵家不喜血洗京城的惨剧，而仁慈宽厚的幕布之下掩盖着恐怖的沼泽。大雪之夜，烛影摇曳，斧声铿锵，一个千古奇案发生了。

皇位只有一个，于是不得不争，争起来必定你死我活。宋皇室也一样，穷凶极恶丝毫不亚于前代，但赵家人更善阴柔的把戏，于是不见血洗京城的政变，未闻伏尸千里的战役，只留下一个个千古疑案，让人怒不得悲不得，但平淡之中充满杀机，虽千年之后仍能感受到这种令人窒息的气氛。"烛影斧声"便是这疑案之一。

手足之情

中国正统的皇位传承顺序应是父死子继，而宋朝第二个皇帝是宋太祖的弟弟赵光义，兄终弟及是不正常的。于是，出现种种传说。

赵光义也是武将出身，但后周时地位比老兄低多了。那时兄弟俩感情很好，闲时常常一起喝酒聊天，哥哥武艺较强，而弟弟喜欢读书，取长补短，一起策划搅动天下，英雄气概溢于言表。一次，弟弟生病了，哥哥为他烧艾条灸穴

皇后骂殿

据传，当年太祖病重时，赵光义入宫探视，并屏退座宦、宫女。太祖身边近臣在远处望见，烛影之下，赵光义不断离开座位，好像有所躲避。一会儿，太祖一边拿着柱斧戳地板，一边大声对赵光义说："好自为之。"当夜，太祖死于万岁殿。这就是流传甚广的"烛影斧声"之谜。太祖病故后，其弟光义即位，贺后不服。命长子德昭上殿讨还皇位，光义不与，欲斩德昭，德昭不屈撞死金殿，贺后闻知，带次子德芳上殿，大骂昏王篡位。赵光义赐嫂方宝剑，执掌昭阳宫，风波始平。这是小说戏曲的演义，清代杨家埠年画《皇后骂殿》就是表现这个故事。

065

公元997年

中国大事记：至道三年，宋太宗死，太子恒嗣位，是为真宗。

位，弟弟熬不住大叫"痛死我了！"哥哥心疼地说："忍着点，老弟。来，哥和你共苦痛！"说着，在弟弟身上烧一下，也在自己身上烧一下，直至治疗完毕。手足之情使光义感动得热泪盈眶。从人情的角度说，那时真是黄金时代。

赵匡胤在陈桥驿披上黄袍，老弟也出了力，又有卓越的政治才干，因此一直身负重任，当过开封尹，被封为晋王，位在皇帝之下、宰相之上，这种信任是不同寻常的。宋太祖领兵亲征李筠、李重进时，命他为大内都点检，把京城留守的重任交给了他。赵匡胤当初就是以都点检的身份因政变而坐上皇位的，所以京城出现了谣传："点检做天子，又要出新天子了吗？"

京城疑案

开宝九年（976）春，南方割据势力只剩下名存实亡的吴越，太祖踌躇满志，盘算迁都于洛阳，便入关巡视了一番，不久便回到开封。阴历十月，开封已经很冷了，而太祖仍兴致勃勃地到校场上看部队练兵，众将都说皇帝这么精神，也许不久又要领兵亲征太原了呢。没过几天，开封下起了大雪，一清早，官员们上朝时却传来噩耗，说昨天太祖已死于急病，而皇弟赵光义已稳坐在龙床上了。

有的内侍说，那天晚上太祖生了急病，道士说活不过今晚了，所以马上派人叫来皇弟光义，把身边的侍从都赶开了，远远看见烛光下两个身影，一会分，一会离，好像皇弟跪了下来，后来听见太祖把斧子狠狠摔在地上，大声说："好好干！"后来听见皇弟叫我们，进去发现太祖已驾崩了。

有的内侍说：不对，不对！太祖病重了，皇弟以为他睡着了，调戏了太祖的女人，太祖看见，把斧子掷了过去，皇弟就逃出宫去。不久，太祖就气死了。

有的内侍说：不对！不对！四更时太祖病逝，皇弟并未在身旁。皇后叫我把皇子德芳叫来，我想太祖一直想传位给皇弟，就没去叫皇子，一直跑到皇弟晋王府上。晋王还犹豫了半天，不肯马上就走。我说："再拖下去位子就是人家的了。"这才赶进宫，我们走进太祖寝殿时，皇后说："是德芳吧？"我说："晋王到！"皇后当时呆住了，过一会，醒了过来，跪下哭着说："官家，我们母子的性命都在您手里了！"晋王也哭了，说："共保富贵，不必担忧！"

宋太宗赵光义
一名匡义，是宋太祖赵匡胤的弟弟。976－997年在位。登位之初，锐意夺取幽云地区，出兵北汉，对辽开战。对内加强专制主义中央集权，进一步重视科举，增加进士名额。执政期间，多用文人，更加形成重文风气。太平兴国二年（977）下诏，由翰林院学士李昉等人历经六年多，编成超越前代的大规模类书。宋太宗每天看阅三卷，一年内读遍全书，赐名《太平御览》。

公元983年

> **世界大事记**　神圣罗马帝国鄂图二世卒，其子嗣位称鄂图三世。

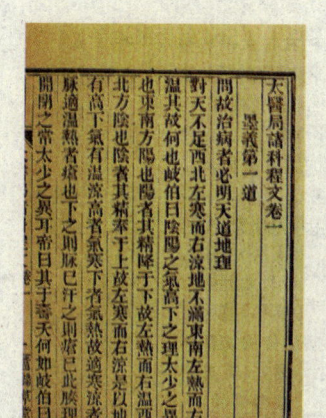

太医局诸科程文

宋代对中医教育比较重视，朝廷专门设立"太医局"作为培养中医人才的最高机构。学生所学课程包括《素问》、《难经》、《伤寒论》和《诸病源候论》等。考试方法完全仿照太学的办法，每月一次初试，成绩的评定分为"优、平、否"三等，学习成绩优良者补升内舍。图为太医局的考试试题及其标准答案。

其他还有许多更离奇的传说，只不过没人敢说是皇弟砍了哥哥。那晚究竟发生了什么事？也许只有他们兄弟两个人知道了。总之，有两点是明确的，一是太祖死得很突然，终年只有五十岁。二是皇弟赵光义在天亮之前坐上了皇位，后来历史上就称他作太宗。太宗一即位，就让皇弟廷美顶了自己过去的位子，即做开封尹兼中书令，上朝时位在宰相之上，并封为齐王；太祖的两个儿子德昭、德芳仍称作皇子。

杀人不见血

太宗即位后第四年，带兵亲征北汉，出发前按太祖时的惯例任命齐王廷美留守东京。有聪明人教齐王说："你身为皇室至亲，留守反而遭怀疑，你还是请求出征吧！"齐王依计而行，皇帝果然顺水推舟地同意了。

皇帝神武，出师不久便灭了北汉，得意之余，决定立即北上攻辽，然而，英勇善战的辽兵可不是好惹的，打得宋军大败。皇帝坐驴车逃走了，军中却传说皇帝已死，太祖儿子德昭也在军中，有人主张立皇子为新帝，正好传来皇帝的消息才中止了。太宗听说此事，面有怒色，但什么也没说。回京后，因为打了败仗，太宗很不高兴，连灭北汉的功臣也不赏了。众臣都说不应该，德昭就傻乎乎地到皇帝跟前提这事，皇帝没好气地说："等你做了皇帝再赏他们吧！"这是什么话！德昭当时就变了脸色。传说他走出来就问："带刀了吗？"左右的人说："宫中怎么敢带？"只见他走进吃茶点的小房间，关上门，过一会就听说他用削水果的刀子自杀了。皇帝这时跑出来抱着他的尸体大哭道："傻孩子，你怎么倔到这种地步呢！"

过了两年，太祖另一个儿子德芳也突然死了。传说他是个贪吃的家伙，是肥猪肉吃得太多胀死的。

又过了一年，有人告发说皇弟齐王廷美阴谋加害于皇帝，于是他的官职给解除了，被送到西京闲住。不久又有人告发齐王，说他在西京怨愤不已，恐怕又会制造阴谋。因此又把他的王位去掉，迁到房州安置。传说他到房州后惊吓成疾，不久就病死了。而告发他的人不久也被流放，死在边远地方。

传说太宗也曾想传位于廷美，可赵普说："太祖已错，陛下不能再错了。"都是赵普那小子不好，所以廷美死后，赵普也给赶出了中央。

廷美被搞掉后不久，太宗的儿子便顶了廷美原来的位子，到太宗晚年，被立为太子。

宋代的史书就是这样，每到关键时候就没有话了，只剩下笔记中的种种传说，而传说又那么可笑。还不如玄武门之变，尽管唐太宗弄得一身血污，但到底痛快地承认杀了哥哥。宋朝自夸的仁慈宽厚就像一个软绵绵、混沌沌的大沼泽，使人慢慢沉下去，却连一点声音也没有。

浑朴而充满古意的宋代铁剑

这柄铁剑造型浑朴，线条简洁，具有秦汉的古风。在当时宋代的官僚阶层中，刀剑是一种具有收藏价值的装饰物，好的刀剑往往价格不菲。刀剑的武器功能在丧失。

公元1000年

中国大事记：咸平三年，宋益州发生兵变，奉王均为主，号大蜀。

〇一六

钱俶纳土

对宋最恭顺的吴越，也不过晚死几天而已。

在南方诸国中，吴越对宋最恭顺，灭亡也最晚。

马善被人骑

吴越最后一任国主叫钱俶，和一般亡国之君不同，他生活相当俭朴，衣着食物都很简单，喜欢读书，善作草书，雅好吟诗，曾自编了一本诗集。他为人谦和，不肯滥杀。本来王位是他哥哥的，大臣废了他哥哥，转而拥立他。即位后，大臣都劝他把废王杀了，以免后患，可他哭着说："要杀哥哥，我绝对于心不忍，如果他有异谋，我让位让给他好了。"大臣要暗害废王，钱俶甚至派兵保护他，使他又平安活了二十年。后来国舅企图搞政变，钱俶也不忍杀害，使母亲一族得以保全。

吴越是个小国，创立者钱镠临终就嘱咐说："以后子子孙孙都要事奉中原的朝廷，即使中原朝廷换了姓也不能改变。"钱家的确世守这一基本国策。宋初，钱俶便派使致贺，以后每年都遣使贡物问安，一直非常恭敬。但即便如此仍不能逃脱灭亡的命运。

宋太祖伐南唐前，命钱俶出兵相助，并警告他说："要是别人说'皮之不存，毛将焉附'之类，你都

宋代登封嵩阳书院

不要听。正因为南唐倔强不服，我才收拾它的。"钱俶很害怕，赶忙点兵出征。吴越丞相劝道："南唐是我国的屏障，大王自己动手毁掉屏障，将来靠什么保卫社稷呢！"可钱俶不听，派兵攻下南唐重镇，使南唐腹背受敌。南唐主李煜给他捎信说："今日无我，明日岂有君？将来宋帝最多赏你做个开封平民罢了！"钱俶无话可说，只把信转给宋太祖一阅。

南唐亡后，宋太祖三番五次派人催钱俶进京，并信誓旦旦地保证一定让他回国。万般无奈，钱俶只好带着妻子、儿子上京。太祖很高兴，为他举办盛大宴会，让亡国君主都来作陪，为表示特别恩宠，叫诸位皇弟与钱俶兄弟相称，钱俶哪里敢受，又磕头又哭泣才免去此礼。酒过数巡，太祖叫出艺妓，弹琵琶助兴。钱俶献上新词，艺妓唱道："金凤欲飞遭掣搦，情脉脉，行即玉楼云雨隔。"太祖一听，这不是在担心回不去吗？他站起身抚着钱俶的背说："誓不杀钱王！"钱俶又是一番哭哭啼啼的谢恩。看着这一番表演，李煜真是百感交集。

过了两个月，太祖对钱俶说："南方热得早，你就早点回去吧。"钱俶表示以后三年一朝，太祖说："不必了，以后听圣旨再来吧。"临行，赏给他许多珍宝，又交给他一个密密封着的黄包，叫他在路上看。钱俶在途中打开一看，里面有几百份宋大臣的奏书，内容全是要求不放吴越王回国。钱俶又恨又怕，可还得对皇帝表示感谢。

任人宰割

宋太宗即位后，又叫钱俶来朝。太平兴国三年（978）三月，钱俶来到东京，太宗仍摆盛宴招待，可这回总也不提让他回去的话题。钱俶在东京如坐针

公元984年

> 世界大事记：越南攻陷占婆首都。

人物：李煜、钱俶
关键词：赵匡胤、赵光义、怯懦
故事来源：《宋史·吴越钱氏传》、《宋史纪事本末》卷一一

汝窑青瓷盘

俶，四月，割据泉州的陈洪进献上二州图籍，表示归附，钱俶更为惊惧。吴越大臣崔仁冀说："宋朝的意思很明确了，大王若不赶快交出国土，大祸就临头了。"左右随从七嘴八舌地说不行，崔仁冀厉声说："如今我们已在人家掌心，本国在千里之外，只有生出翅膀才能飞回去！"五月，钱俶作出最后决定，上表献出吴越十三州一军八十六县。退朝后，跟随他进京的将吏才得知亡国的消息，大家失声痛哭："我王再也回不去了！"

历史文化百科

〔北宋四大书〕

宋太宗、真宗时，朝臣编撰了四部大书，号称"北宋四大书"。一是《太平广记》五百卷，是一本小说类书，所谓类书，便是摘录各种书上的有关资料再分门别类地编排，太平兴国三年（978）撰成，收录了汉至宋初的野史、小说、佛道藏等四百多种书的资料，内容主要是神仙鬼怪故事，以后戏曲、小说家多以此为素材进行再创作。二是《太平御览》一千卷，为百科全书式的类书，太平兴国八年（983）编成，学者一般认为它是在前代几部类书的基础上编成的，引用的资料并非从当时存世的书籍中直接引用的。三是《文苑英华》一千卷，为文学总集，雍熙三年（987）编成，收上自萧梁下迄五代的近二万篇作品，主要是唐人诗文。四是《册府元龟》一千卷，为史学类书，成于大中祥符六年（1013），主要是历代君臣事迹，采取编年体与纪传体相结合的方法，尤其唐五代的史事是全书的精华。

第二年，太宗要率军亲征北汉，临行在宫中举行宴会，亡国君主们都垂头陪坐。席间，最无耻的前南汉主刘鋹跳出来插科打诨："朝廷威服远方，今日四方僭伪君主都在座，不久平了北汉，刘继元又将来此。我最早来，请皇帝让我做个诸国降王队长吧！"太宗哈哈大笑。然而，仅过了一年，马屁精刘鋹不明不白地死了。

吴越亡后十年，钱俶过生日，太宗派使者赐宴，当晚钱俶便暴死了。

这之前，诸降王都死光了，各国旧臣私下颇有怨言。太宗便让他们在文馆编些大部头书，如《文苑英华》、《太平广记》之类，用优厚的俸禄塞其嘴，用满屋的诗书苦其心，从此天下太平。

古代小说总集《太平广记》

《太平广记》为我国古代著名的大型小说总集，北宋李昉等编辑。因为它编成于太平兴国三年（978），所以定名为《太平广记》。全书五百卷，目录十卷，专收从汉至宋初野史传记和以小说家为主的杂著，按性质分为九十二大类，从而保留了大量的古小说资料。图为清武英殿本《太平广记》。

> 公元 1001 年

中国大事记：咸平四年，宋分川、峡为益、利、梓、夔四路。

〇一七

杀丐疑案

草菅人命，官府岂有公道可言；
可怜蚁民，皇帝曾无仁爱挂念。

太宗初即位时，由于太祖死得不明不白，市井中颇有些流言，但皇家的事谁敢管，没多久朝廷内外便恢复了往日的平静。但由于习惯于太祖的英明，大臣小吏对新皇帝还是有几分不服帖。

这一天，东京的繁华街市人来车往，熙熙攘攘。有一个乞丐沿街乞讨，讨到一个小店门口，店主刚从外地来京，不知此地规矩，一时不肯施予，那乞丐便靠在门上大骂，店主见势不对，加倍给钱，又施礼又道歉，那强讨饭的还不依不饶。原来东京的乞丐成帮，类似黑社会，入帮者多是无赖，一般人可惹不起。围观的人越来越多，忽然人丛中跳出一名大汉，一刀刺死了恶丐，扔下刀就逃走了。人们吓得一哄而散，待官兵来到，凶手早不知去向。

第二天，这件大案吵到了朝廷上。太宗大怒，严令道："竟有人敢在都城白日行凶，这是五代的乱世习气，绝不能放纵！必须严加搜索，限在五日之内破案，否则惩治有关官员！"开封尹（东京最高行政长官）诚惶诚恐，催逼下面办案，不久便破了案，说是因那恶丐欺人太甚，店主的家人按捺不住愤恨而杀的，凶手已捉拿在案。

案子审理清楚，报给皇帝过目。太宗微微一笑，说："你们能这样用心，不错。但是，还要复查一下，不要冤枉人啊。而且下次把凶器带给我过目。"过了几天，开封尹再次求见，把复核的案卷和刀一道呈上。太宗扫了一眼案卷，紧盯着开封尹问道："肯定审

吉州窑黑釉贴花瓷碗
从这件贴花瓷碗看，聪明的永和窑匠师对路旁脚下俯拾即是的片片落叶发生了兴趣。于是，他们开始实验了，直接将树叶贴在坯体上，施釉后，将叶子揭去入窑烧。当人们捧起这只黑釉瓷碗饮茶时，就会看见有一片活灵活现的叶子沉在碗底。

历史文化百科

〔宋代的泼皮无赖〕

城乡衣食无着的贫民沦为游民，大批老实正直的游民，无路求食，只得饿死路旁。迫于生计，游民往往成为城中丑恶一族，开封及临安的泼皮无赖皆以万计。或沦为富人的玩物，成为男妓，涂脂抹粉，盛装打扮，善做女红，称呼亦如同妇人，以之求食，其为首者，号"师巫行头"。或以乞讨为生，甚至结帮成团，其团头得以致富。或成为盗贼，以城市的下水道为窟，自称为"无忧洞"，甚至偷藏骗来的妇人，自称为"鬼樊楼"（樊楼是东京有名的大酒楼兼娱乐中心）。或依傍富人做走狗，成为无赖流氓，凶恶者结成黑帮，与官员勾结，成为不可一世的黑势力。或以坑蒙拐骗为生，设置骗局，邀人至其家喝酒，妻妾满堂，财宝堆床，屋宇华丽，然后假说钱物丢失，逼来者赔偿，或诱其赌博，将其财物骗光，受害者再访其处则已封门走光。就是能干的府尹对这种丑恶现象也无可奈何。

070

公元985年

世界大事记：日本改元宽和。

人物：赵光义
关键词：怯懦
故事来源：《铁围山丛谈》

以市井小人物作为主人公的宋代杂剧
宋代杂剧往往取材于民间，以市井小人物，如周身挂满眼睛招幌的卖眼药的走方郎中、手臂刺青的走街游民等，作为剧中主人公。这种演出形式虽偶尔也在正式宴饮的场合里被召来助兴，但绝大多数情况下，它是在街头的棚子里受到市民们的追捧的。此为宋人所绘《眼药酸图》。

清了？"开封尹自信地说："肯定审清了。"这时，太宗对身后的小内侍使了个眼色，说："把我的刀鞘拿来！"小内侍拿来刀鞘，再把凶器往鞘内一塞，竟正好吻合，开封尹一下惊呆了。太宗拂袖而起："你们如此办案，平日又怎能避免妄杀无辜！"

原来这是皇帝亲自导演的一出戏。大小官员平日欺上瞒下，只会严刑逼供，屈打成招，没想到今日上了皇帝的当。太宗借恶丐区区小命，在朝廷树立了威望，而官员办事不得不更加仔细小心。

071

公元1002年

中国大事记：咸平五年，李继迁攻陷灵州。

〇一八 太宗雅兴

皇帝爱书迷棋，总强于沉溺声色

宋太宗是个相当负责的皇帝，不但审阅全国各地的公文，还不辞辛劳地亲自审理京城的大案，近臣们劝他不要过于劳累，他只付之一笑。为了使宋朝长治久安，他常常和儒臣们探讨历史经验，由于很喜欢读书，他似乎比太祖更能和书生交流。他叫人把前朝历史及天文地理等百科知识编成一千卷，这本书后来定名为《太平御览》。书还在编纂中，太宗便命令每天送进三卷，说是打算在一年内读完。宰相劝他不必太劳累，他说："我天性喜欢读书，若不喜欢，也读不进的。"

宋蜀刻大字本《春秋经传集解》

太宗不但认真读书，还喜欢思索，注意吸取历史经验教训。有一次，谈到后唐历史，他感慨地说："治理天下，最要紧的是要耐烦。"唐庄宗百战方得天下，却不懂如何保住。当了皇帝他

竟日观书

宋太宗爱读书，每天从上午巳时开始在看书，直到下午申时才放下书卷。太宗命翰林学士李昉编洋洋一千卷大型类书，定名为《太平御览》。书还在编纂中，太宗命人给他每天进呈三卷，供他阅读。右谏议大夫宋琪劝他注意休息，太宗说："天下古今的义理，全都记载在书中，只要开卷阅读，就能有所收益。我要争取在一年之内读完这部书。"结果，宋太宗果然读完了这部巨著，并把原先书名《太平总类》改为《太平御览》。此图出于《帝鉴图说》。

公元986年

> **世界大事记**　日本花山天皇让位于一条天皇（六十六代）。

人物：赵光义、赵普
关键词：谋略
故事来源：《宋朝事实类苑》卷二

每日喝得烂醉，与戏子鬼混，又喜欢打猎，半月不归，所以国家政事都荒废了。看来皇帝不能有嗜好，尤其不能让臣子利用这些嗜好。"因此太宗很注意收敛自己的欲望，食不过量，色不过度。没当皇帝以前，太宗喜欢放鹰牵狗去打猎。夏国主听说了，便派人送来当地的名鹰"海东青"。太宗回信说："我已久不打猎，鹰犬都放归自然，这只鹰还是你自己饲养吧。"

除了读书之外，太宗有时也弹弹琴、练练书法，嗜好也是有的，那便是痴迷于围棋。他常常研习古棋谱，叫国手来陪他下棋，下完又自己复盘记谱，入迷时也会忘了国家大事，当时的著名文士作诗曰："太宗多才复多艺，万机余暇翻棋势。"因此，曾有些多嘴的谏臣上书，请求把他最喜欢的国手流放到南方去，太宗恼怒地说："我并不傻，下下棋不过是想躲开六宫粉黛的诱惑，你们不要多说了。"下棋到底比沉溺于声色好，于是大臣不再啰嗦了。

但是，因为要做好皇帝，有时也就不得不忍痛割爱。有个内侍玩得一手好魔术，因此颇得皇帝青睐，便不知天高地厚，在外胆大妄为。赵普把他的罪状——调查清楚后，请求杀了他，皇帝不同意，赵普仍纠缠不休。太宗生气地说："我身为万乘之主，还庇护不了一个人吗？"赵普坚决地说："不杀他就乱了天下大法，国法重要，一个小小的仆人又有什么可惜的！"太宗没办法，只好同意。

即便如此，太宗仍觉得自己做得不够。一天，他颇为自得地问大臣："我能和唐太宗相比了吧？"一个大臣只是轻轻念起白居易的诗句："怨女三千放出宫，死囚四百来归狱。"太宗一听，立刻站起身，严肃地说："我不如他，我不如他，你的话提醒了我！"皇帝能这样谦虚，也算少有了。

梅妻鹤子的林逋
林逋（967—1028）字君复，钱塘（今浙江杭州）人，是北宋初著名的隐逸诗人。林逋一生跟梅花结下了不解之缘，又喜爱养鹤，故人称"梅妻鹤子"。他的诗以擅咏梅著称，尤以"疏影横斜水清浅，暗香浮动月黄昏"（《山园小梅》）两句被视作千古绝唱。著有《和靖集》，存词三首。此图出自《历代名臣像解》。

暗香疏影图（明·盛茂烨绘）（上图）
林逋有《山园小梅》云："众芳摇落独喧妍，占尽风情向小园。疏影横斜水清浅，暗香浮动月黄昏。霜禽欲下先偷眼，粉蝶如知合断魂。幸有微吟可相狎，不须檀板共金樽。"其中尤以"疏影"和"暗香"两句为咏梅之千古绝唱。此画画的正是"疏影"和"暗香"两句的意境。

公元1004年

中国大事记：景德元年，契丹（辽）大举攻宋，宋真宗御驾亲征，双方订立"澶渊之盟"。

〇一九 苦战灭汉

两代亲征，太原一朝灰飞烟灭。

在诸国之中，雄踞北方的北汉最为倔强，一直是宋初皇帝的一块心病。

宋太祖受挫

周太祖郭威灭了后汉，汉皇弟在太原拥兵自立，建立了北汉，北汉受辽的册封，与辽互为援助。宋太祖初即位，节度使李筠反叛，北汉主刘钧曾带兵支援。宋太祖恨之入骨，但北汉易守难攻，便派人捎信去说："周主和你是世仇，不屈于周还有道理，我和你前世无仇，何必与我过去呢？你若有志于中国，就该走下太行山与我决一胜负！"刘钧复信说："我们河东物产军队是比不过中原，但我家本是皇室出身，守此区区小国，不过了为保存汉国的香火不灭而已。"宋太祖知道自己还无力收拾他，只好顺水推舟地对使者说："你告诉刘钧，就说我放他一条生路！"

开宝元年（968）北汉主刘钧死，养子继恩立。宋太祖认为时机已到，便派大军伐北汉。汉禁军中有个叫侯霸荣的小军吏，有百步穿杨的本事，奔跑如飞，能追快马，但得不到重用，心里怨恨，便带十几个人冲进王宫，杀了汉主。汉宰相郭无为派人杀了侯霸荣等，立刘钧的另一养子继元为主。辽主得报，派兵入援，宋军退回。

第二年，宋太祖率军亲征。宋军在城外筑了一圈长墙，又引汾水灌城，日夜围攻。北汉一边坚守一边向辽求援。

北宋著名将领潘美

潘美（925—991）曾率兵平南汉，又随宋太宗伐北汉，在北伐征辽时兵败而归。一生南征北战，在北宋消灭十国的过程中起了积极作用。

用于城门防守作战的刀车

攻和守是一对互为依存的矛盾。在城门被攻开的时候，如何及时封堵，拒敌于门外呢？宋朝军人发明的这种刀车，在防守的同时带有进攻性，特别是对付骑兵的进攻更为有效。

公元987年

世界大事记：法兰西加洛林王朝告终，加佩王朝开始。

人物：赵匡胤 潘美 赵光义 曹彬 刘继元
关键词：勇敢
故事来源：《续资治通鉴长编》卷一〇、卷二〇

机动灵活的云梯
这个用于攻城攀爬的云梯设计是颇有创意的。底座装有轮子，是便于机动。阶梯折叠式的设计，也是出于机动性的考虑，便于调节高度、便于移动。不过，面对以游牧为特征的北方骑兵，这样的装置似乎作用不大。

太原久攻不下，连日大暑之后，又连降暴雨，宋军在草地上露宿了两个月，将士都腹泻不止，战斗力大减。宋太祖身边的侍从都是武艺高强的武士，这时愤恨不已，围在太祖身边跪了下来，要求做敢死队，带军攻城。太祖摇摇头说："你们都是我亲自训练的精锐，无不以一当百，可你们要保卫腹心，应和我同生死。我宁愿不得太原，也不忍驱你们入必死之地。"侍卫感动得流下热泪，更要求死战。赵普等眼见军中情绪不对，又听说辽援兵再度来犯，都劝太祖撤兵，太祖无奈，只得同意。宋军退师时十分仓促，丢弃许多军粮兵器，被北汉拾得，残破的太原靠此得以复苏。七年后，太祖又命潘美等分五路北征，仍无功而返。

太宗得逞

宋太宗一即位，便雄心勃勃地宣称："我必取太原！"文臣武将都说北汉打不得，太宗也是武将出身，哪里吓得住。一天，他叫来枢密使曹彬，问道："周世宗与太祖都曾亲征太原，皆无功而返，为什么呢？难道太原城墙果然坚不可摧吗？"曹彬说："世宗时是因为辽援兵打进来，全军恐惧才撤兵的；而太祖时是因为士兵多生病而中止的；并非太原城坚不能接近。"太宗又问："我将举兵，你以为如何？"曹彬说："如今国家兵强马壮，攻北汉如摧枯拉朽，有何不可！"太宗便下定决心了。

历史文化百科

【禁军：宋代的国家正规军】

《水浒传》中林冲"八十万禁军教头"的头衔给人以十分了得的印象，实际宋代的禁军已没有皇帝近卫军的含义，不过是国家正规军的代称而已。宋初，为了架空节度使，便不断扩大禁军，削弱地方军。朝廷不仅使禁军获得最好的装备，而且到地方军中挑选武艺精良的士兵编入禁军，为了获得最强壮的兵员，甚至将一根根粗长的木棒颁于各地，这木棒称为"兵样"，要求新兵的身高起码达到这一尺寸。禁军挑剩的老弱及武艺不合格者组成厢军，承担运输、建筑等劳役，而禁军驻扎各地，成为主要的军事力量。就在这期间，汉族从尚武走向崇文，以后宋禁军便成为汉文明有史以来最弱的王朝军队，其战斗力甚至不如地方临时招来的民兵，以至接战时，契丹人一听对手是禁军，便以手加额表示庆幸。

075

公元1006年

> **中国大事记**
> 景德三年，赵德明进誓表于宋，命为定难军节度使。

太平兴国四年（979），新年刚过，宋太宗便领兵亲征了，潘美等分四路直指太原。大军正要渡黄河，忽有一个小官拦在路中，前排士兵赶也赶不走，直叫要见皇帝。太宗命人取下他手中的奏书，一看署名是"临河县主簿宋捷"，太宗大喜，认为"宋捷"二字是吉兆，奏书内容也不看了，马上赏他高官。宋捷靠名字骗得爵禄，得意而去。

三月，宋军于北边大败辽军，辽兵龟缩不敢出战。北汉主频频派人求援，信使都被宋军截获，宋军把信使的头拿到太原城下示威，城内守军顿时泄气了。四月，宋太宗领兵团团包围了太原，北汉援兵不到，粮道又绝，军心动摇。在开封时，宋太宗下令从各营挑选了几百壮汉，集中练习剑舞，人人都学会了各种绝技，最绝的是把剑高高

开封繁塔散乐雕砖

开封繁塔散乐雕砖二十方，1983年在修复繁塔时在二层塔心室被发现。此塔创建于北宋太祖开宝七年，宋时称兴慈寺塔。这二十方佛装伎乐雕砖皆呈方形，边长约34厘米。正面挖作佛龛状，每砖龛内雕佛伎一人。均头戴宝冠，颈戴多串璎珞，左右衣袖做成二十五金刚结的臂钏，结跏趺坐于莲花座上，手持乐器演奏，形象十分生动传神。

抛起，然后人跃起以身体左右接剑，而人体无伤。攻城前，太宗先进行心理战，让这些剑士在城下表演杂技般的剑术。数百勇士光着身子，大呼小叫，各逞其能，只见一片刀光剑影，虽是花拳绣腿，可也颇为壮观。北汉士兵都登城观看，不知深浅，心里已有几分惧怕。

宋各路军齐集城下，太宗冒着箭雨，日夜到城下督战，宋将士人人感奋，皆拼死攻城。太原几次险被攻破，城墙都残破不堪，上用木板、草垛临时修补，每次攻城前，宋军总是集中弓手蹲在阵前，用阵阵箭雨作掩护，以至城墙上端密密麻麻扎满了箭，好似刺猬一般。城内出来的降兵说，北汉主募人取箭，以十钱换一支，已收集了几百万支。宋太宗自信地说："他在为我收集，待我入了城全是我的。"

五月，北汉的将士纷纷出城投降，北汉主的亲信大臣几乎都逃光了。太宗一边送信进城催促北汉主投降，一边下令暂缓攻势，而急于立功的将士群情激奋，更加拼命攻城，太宗一看势头不对，凭经验这种失去控制的军队一下涌入城内必然滥杀无辜，于是严令各军后撤，聚兵于二里之外。当夜，北汉主刘继元派人来请降，宋军一片欢声，皇帝举行宴会慰劳众将。

第二天，举行受降仪式，刘继元献上十州一军四十一县的图籍，北汉宣告灭亡。宋太宗踌躇满志地作了一首《平晋诗》，随从文臣少不了搜索枯肠作和诗，武将们半懂不懂只会跟着叫好。

两代皇帝亲征，好不容易攻陷这太原城，宋人深恐留下后患，便急急忙忙毁去城墙，把老百姓赶往新城，又一把火把太原烧得精光，来不及出城的老幼被烧死不少。然而，以后在面对辽兵时，失去坚城的河东成了砧上之肉，宋人后悔莫及。

公元988年

公元988年

世界大事记：基辅罗斯定希腊正教为国教。

《续资治通鉴长编》卷二○
《宋史纪事本末》卷二三

赵光义　杨业　屈辱

人物　关键词　故事来源

皇帝乘驴而逃

恢复旧疆，本太宗之志，宋辽初次交锋，皇帝却乘驴车狼狈而逃。

唐末五代时，乘中原大乱，北方的契丹族逐渐兴起，建立了辽国，自从后晋石敬瑭把燕云十六州拱手相让之后，中原更失去了雄关屏障，随时受到契丹骑兵的威胁。宋太祖虽制定了"先南后北"政策，但时刻未忘记这睡在他身边的猛虎。他专门设了封桩库，将每年节省的金银收入其中。他对身边亲信说："石敬瑭这小子为自己私利，把燕云卖给契丹，实在可恨。等这库里存满四五百万银绢，我就派使与契丹谈，用这些钱买回燕云，若他不肯，我就用这钱为军费，以二十匹买一胡人头，他的精兵不过十万，只用去二百万匹，就可消灭光了。"起初，太祖也曾想先收回燕云再打北汉，可经不住大臣的苦劝，决定还是先打北汉，终于北汉未灭身先死。后代一些事后诸葛亮啧啧叹息，说这一战略转变导致了宋代的积弱。

出师不利

太平兴国四年（979），宋太宗灭了北汉之后，就考虑继续北伐。而宋军已苦战数月，将士皆疲惫不堪，好不容易打下太原城，人人指望重赏，可偏偏碰上太宗这小气鬼，说什么收回燕云再赏，将军们都泄了气，议论纷纷，有的说给养跟不上，有的说士气不济，如强弩之末等等，都不想再战。有一文官跳出来说："由此攻取燕云势在必得，就好比

在烧热的铁板上翻饼一样。"一个武将反唇相讥："书生之言不足信，此饼没这么好翻！"武将崔翰看看皇帝的脸色不对，忙站出说："取燕云与灭汉本是一件事，不必分两次做。大胜之后我军势如破竹，乘势攻之如囊中取物，机不可失啊！"太宗这才满意地点点头，再不听他人废话，下令继续北进。

太宗披上战袍，亲自率大军北上，一时声势颇壮，辽军的一些汉人守将开城投降，宋军很快占据了易州、涿州，太宗以为燕云指日可下，中途便派人到北岳恒山祷告上苍去了。六月，太宗领大军包围了辽南京（今北京）。和攻太原时一样，太宗仍亲临前线督战，但城坚守固，将士又无昔日锐气，苦攻半月一无进展。名将曹翰奉命带兵攻城东南。一天，士兵挖土时抓到一个小螃蟹，大家感到很稀罕，都围在一起看。曹翰对身边的副将说："怪了，蟹是水中生物，怎么到土里去了，看来我军驻地不合适。而且蟹脚特多，也许是敌人援

宋代石刻代表杰作：石客使头像
北宋永泰陵石客使头像，头戴高桶帽，两侧为凤翅幞头，两角上曲而作云头状，两旁覆以两金凤翅，菊花形额花。耳垂上戴大大的圆形耳环，粗眉微皱，大眼，圆脸，厚唇，高鼻稍残，表情严肃，神态虔诚，雕刻精美，刀法细腻，是宋代石刻的代表作之一。

077

公元1008年

中国大事记：大中祥符元年，宋诈谓天书降，因改元，宋帝封泰山。

兵要来的预兆。'蟹'谐音'解'，看来不久要解围班师了。"古人多迷信，但曹翰之语说出了当时将士的心情。不久，听说辽名将耶律休哥引大兵将来，太宗果然下令班师。

归师如溃，将士皆垂头丧气，不复成阵。到高梁河宋主力与辽兵打起了遭遇战，太宗亲自督战，众将奋战，眼看敌军将退，辽将耶律休哥引一支生力军赶到，两下合击，宋军留下上万尸体，大败而逃。辽军紧追不舍，在涿州追上了宋太宗，太宗大腿中了两箭，在一班精壮侍卫的拼死保护下才杀出重围，而龙

骆驼和牛、马一样，成为陆上运输业的主要工具
随着商品经济的繁荣，宋代的运输业也获得了发展。在当时，骆驼已经和牛、马等牲口一样，成为陆上运输业的主要工具。和其他牲口相比，骆驼更加适合长途跋涉和恶劣多变的气候。这是宋人朱锐所绘的《闸口盘车图轴》。

旗御车、随从宫嫔皆陷于敌手，在当地只找到两匹毛驴，套了老乡的大车，靠宋军主力吸引辽兵，自己单车从小路直逃入京。宋军主力被辽军追杀，全军溃散，丢弃兵器粮草不计其数。仓皇间无人知道皇帝所在，以为皇帝已死或被俘，有的大臣主张另立新帝，待逃入宋境，才得知皇帝的消息，立新帝的议论自然无人敢再提。宋太宗狼狈回京，恼羞成怒，不但不赏灭北汉的战功，反处罚了一批将军。

再战再败

前方吃了败仗，宋朝廷内主和派更神气了，逐渐占了上风。可宋太宗哪里咽得下这口恶气，跟这班酸儒没什么说头，太宗便在武将中寻求支持。他叫来曹翰说："我看到你的诗，十分喜欢，最欣赏其中两句：'曾因国难披金甲，耻为家贫卖宝刀。他日燕山摩峭壁，定应先勒大名曹。'真是太妙了！"曹翰忙叩头拜谢，表示愿为皇帝死战。一天，太宗对宰相宋琪说："我读史书，看到石敬瑭一段最气不过，他称契丹为父，还将燕云拱手奉送，真是太屈辱了！"宋琪是幽蓟一带人，熟悉北方地理与风俗人情，虽是文臣，却也主战，他冷静地说："是要图谋恢复，只要等待时机！"

雍熙三年（986）宋再度发兵北伐。上次败仗心有余悸，故皇帝不亲临前线，但又不放心，便授以详细的阵图，派监军遥控。曹彬率主力进展神

公元989年

世界大事记 高丽置东、西、北兵马使，遣使如宋。

宋代科技发明大事表

天文	宋代五次大规模的天文观测，制成星图。1247年所作星图刻为石碑保存至今，共收有1434颗恒星，还刻有黄道、白道与银河的界线。苏颂等制成"水运仪象台"，集观测天体、演示天象、标示时间于一体。
造纸	谢景初造十色信笺，称为谢公笺，是宋代生产的名纸。此外还有海盐县金粟寺藏经纸。苏易简著《纸谱》，是世界上最早有关造纸的著作。宋代造纸技术更加成熟。纸品除书写绘画外，大量用于书籍印刷。
印刷	毕昇在1041－1048年间发明活字印刷术，用胶泥做单体活字模，刻反字烧制成陶，然后用以排版。这是印刷史上的一次革命。雕版印刷刻工精美，工艺精美。《太平御览》《册府元龟》《资治通鉴》等官刻本之外，还普遍出现了专业的坊刻本、家刻本。全国形成五大刻书业中心（汴梁、浙江、四川、福建、江西）。
指南针	宋代开始用人工磁体代替天然磁石，用磁针代替磁勺。用缕悬法、水浮法等发展了磁性指南工具。沈括发现地磁偏角现象，为科学地使用指南针奠定了基础。南宋时的盘针装置增至四十八方位，更有助于航海。
火药	宋代兵书《武经总要》中首次使用"火药"一词，并记载三种不同效用的火药方。人们对火药制造及使用技术有很大提高，产生霹雳火球、震天雷、火炮及突火枪（管状射击火器）。
农业	宋代出现水力九转连磨，用水碓加工粮食。
陶瓷	宋代形成五大名窑：钧窑、汝窑、哥窑、官窑、定窑。另外还有龙泉、景德镇、耀州、建阳、德化、磁州、潮州等窑。工匠熟练掌握配釉技术和窑炉内的火焰变化，成功地烧制各种色彩的瓷器。还有"窑变"、"开片"等特殊工艺。
纺织	缂丝工艺进一步发展，一块织物上可有百种以上颜色，图案精致。南宋朱克柔《莲塘乳鸭图》、沈子蕃《梅鹊图》是缂丝杰作。
机械	宋代制造出走马灯，是世界最早利用热气流产生机械运动的装置。
医学	王惟一（约987－1067）精医药，擅长针灸，主持设计铸造针灸经络腧穴铜人像，是世界上最早的立体生理模型。针灸铜人的创制使针灸经络腧穴有了统一规范，对针灸学发展作出重要贡献。
数学	南宋秦九韶《数学九章》发明正负开方术。

杏坛

杏坛相传为孔子讲学的地方。《庄子·渔父》载："孔子游乎淄帷之林，休坐乎杏坛之上，弟子读书，孔子歌鼓琴。"至宋代，人们按此记载在曲阜孔庙大成殿前甬道的正中建造了一座杏坛。后来杏坛成为讲学之处的代名词。

速，而辽将耶律休哥不正面应战，只是夜出游击袭扰，昼出精锐断其粮道，没几天宋军便断了粮，只好后退接应辎重。辽军趁机大举出击，一路追杀，宋军人马相踏，死者无数，尸体堆积使沙河水都倒流了。其他两路也大败，名将杨业兵败被俘，宋军全线崩溃。

此后，宋人主守，无险可守，便在边境大开塘泊，想以此限制敌骑，可北方冬天结冰，可长驱直入，秋天水大时，敌以土铺路，根本不能阻挡敌人，只是白白淹了自己的田地。于是，主守又变成主和，一帮文官力劝太宗"忍一朝之忿"，说燕云不过是"穷荒之地"，得之无用。可太宗坚定地说："恢复旧疆，此朕之志！"然而，后代皇帝再无锐气主动进攻，大臣主战主和争吵不休，直吵至宋亡。

公元1012年

> **中国大事记**　大中祥符七年，宋就福建取占城稻种给江南、淮南、两浙三路种植。

○二一

杨家将名传千古

可怜杨家一门忠义，到头仍报国无门。

杨家本是麟州（今属陕西神木）的土豪，为众多的草头王之一，后接受了后周的封号。杨业便是小说中的杨老令公。杨业自幼就好舞枪弄棒，武艺精湛，弟兄们成群结队出去打猎，杨业所得猎获物总比别人多一倍。他常自信地说："将来我当了将军，带兵打仗，也像今天用鹰犬逐野兔一样所向披靡。"杨业后来投了北汉，成为北汉主的养孙，改名为刘继业。他在北汉当了二十年将军，屡立战功，人称无敌。

忠心耿耿为大宋

宋太宗亲征北汉，苦战之后北汉主出降，杨业仍在城中坚持巷战。太宗早就听说了他的英名，想把他收罗帐下，可杨业不肯，直到北汉主出面，他才痛哭一场放下了武器。投宋后，宋太宗命他复姓杨，名业，特别给予赏赐与勉励，仍命他在代州为宋守边。从此，杨业又忠心耿耿为宋而战。代州的冬天十分寒冷，将军一般穿着毡衣皮裘，还要躲在帐中烤火取暖。而杨业每日穿着单衣坐在露天督促士兵练武，旁边也不设火炉，身后的侍卫常常冻僵倒地，而他却照样谈笑自若，仅此一点就令士兵敬佩不已了。

太宗亲征辽国大败后，辽兵十分轻视宋军。第二年，辽发兵十万来攻雁门，杨业领几千精兵，绕到敌军背后发动突然袭击，大败辽兵，从此辽兵一见杨业的旌旗便望风而逃。为此杨业得到皇帝的特别嘉奖。

一门忠义杨家将
杨家一门忠义，男女老少个个能征善战，杨家将的故事千古流传，传统戏曲、年画多有表现，清代杨家埠年画《杨家将》绘佘太君点兵、新帅点名、穆家寨伐行、双挂印四个情节。

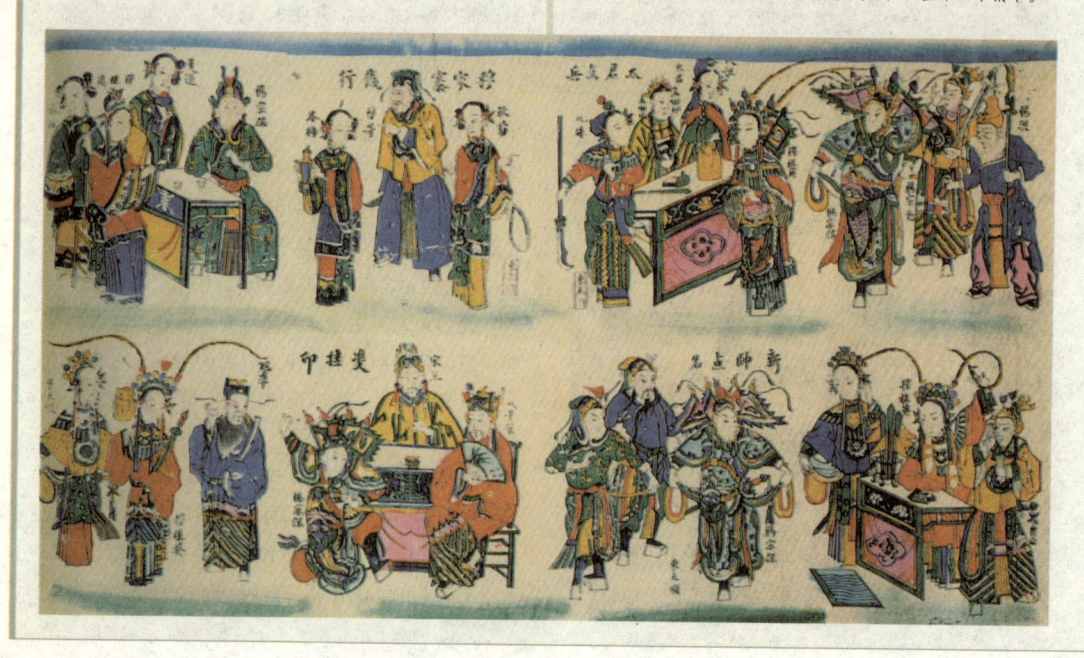

080

公元990年

公元990年

世界大事记：日本藤原兼家死，藤原道隆摄政。改元正历。

《续资治通鉴》卷二七
《宋史·杨业传》

人物：赵光义、赵恒、杨业、潘美
关键词：勇敢、爱国
故事来源

而这时原来的嫡系宋将几乎是屡战屡败，所以对杨业又嫉又恨，便常常向皇帝打小报告说杨业的坏话。皇帝看了这些奏书一概不问，只是把它们封好又转送给杨业，杨业自然感恩戴德，对皇帝更为忠心了。

杨延昭在河北雄县的地下藏兵洞遗址

四郎探母

此年画画的是《杨家将演义》里的故事：宋辽交战，杨家将因潘仁美暗中作梗，损失惨重，杨四郎被辽兵所擒，幸喜未被认出，遂隐姓埋名，后又与辽国的铁镜公主成婚。15年后，四郎闻听老母亲佘太君押粮至雁门关，因思母心切，向铁镜公主吐露实情，铁镜公主十分同情，便盗得出城令箭，使得四郎顺利出关，母子遂得重见。

出师未捷身先死

雍熙三年（986），宋第二次大举攻辽。宋军分三路，宋太宗原布置东路与中路缓慢进军，牵制辽军的主力，而潘美、杨业的西路出雁门，迅速插入敌后。杨业的儿子杨延昭为先锋，作战非常勇敢，攻城时臂上中箭，仍猛如狮虎，把辽军打得落花流水。宋西路军很快攻占了云、应、寰、朔四州，东、中路却沉不住气了，也迅速进军抢功，可很快大败。宋太宗得知

081

公元1022年

中国大事记: 乾兴元年,宋真宗死,太子祯嗣位,是为仁宗,太后刘氏同听政。

幽州城内南北合好

此年画画的是《杨家将演义》里的故事:辽国萧太后与杨六郎于雁门关交战,难分胜负,佘老太君奉旨助战,大败辽军。萧太后无奈,递表乞降。萧、杨两家骨肉团圆,宋辽两国亦归和好。

主力大败,急令西路军后撤,并命令他们把四州百姓迁入内地。杨业对潘美等人说:"现敌军势大,不能正面迎击。让百姓先走,我军派三千弓手在谷口阻击,再以骑兵在中途袭击,军民必能平安撤回。"众将早就对杨业嫉恨在心,都撇着嘴冷笑。监军王侁仗着钦差的身份,阴阳怪气地说:"带着数万精兵还如此怯懦吗?只要鸣鼓正面迎击就行了!"几个将军都跟着附和。杨业着急地说:"万万使不得,这是必败之策!"王侁瞪起了眼珠:"你号称无敌,如今遇敌不战,是不是有什么企图啊?"杨业脸涨得血红,吼道:"我杨业不是怕死,而是如今时势对我军不利,虽白白牺牲士兵生命也不会成功!我不过是太原降将,本该死,而皇帝不但不杀,还授我军权,我立功都是为了投答皇上。今天你责备我不肯死战,我就先于诸位去死吧!"临行,他哭着对潘美说:"请诸位在陈家谷口设伏等候,待我转战至此,便两面夹攻救我。否则,便无一人能生还了。"

杨业领军拂晓出发,不久便遇上敌军,全军奋战,且战且退。潘美等直等到中午仍未见杨业来,王侁说:"肯定是杨业打败了辽军,不能让这小子一人抢了头功啊!"诸将一听,带兵就往谷外跑,潘美三令五申也制止不住,只好随着奔过去。可只跑出二十来里,就遇上了前方的败兵,全军顿时大乱,再也不听指挥,转身就往关内逃去。杨业转战至谷口,已空无一人,杨业禁不住抚胸痛哭。这时杨家旗下只剩下百余名亲兵,杨业说:"你们都有父母妻子,与我一

公元991年

公元 991 年

世界大事记 英格兰东撒克逊人为丹人所败。

致使全军大败。我还有什么脸在异邦苟活下去！"于是绝食三天而死。

一门忠义

杨业妻子佘太君，本是能征善战的一员女将，曾助杨业立过战功，这时毅然上书提出控诉。宋太宗十分痛惜，特地下诏褒奖杨业，潘美因见死不救降级，王侁等革职，并录用杨家其他几个儿子为将。

史载，杨业有七个儿子，除延玉与父同死之外，其他诸子都曾为国戍边，其中最著名的是杨延昭，以智勇双全著称，在北方守边二十多年，契丹人称他为"杨六郎"，不敢轻易来犯。延昭虽得到真宗的当面褒奖，但仍是朝中嫉恨者多，为此得不到提拔。延昭的儿子文广也是一员猛将，曾精心制定了夺取燕云的计划和阵图，但报上朝廷如石沉大海，空怀壮志而卒。杨文广的妻子姓慕容，也是一名善战女将，后被小说演义成穆桂英。杨业的弟弟杨重勋和重勋的曾孙杨畋也都做过宋朝的武将。

杨家的确可称为"一门忠义"。而杨家将的故事之所以感人至深，并不是因其能征善战，而主要是因其"报国无门"。

杨延昭注水冰城
公元999年，契丹入侵，杨延昭当时在遂城，城小兵少，形势万分紧急。杨延昭临危不乱，有一天夜里，天气非常寒冷，杨延昭灵机一动，命令军士搬来一桶桶水，从墙头上向外墙泼下，水泼在城墙上，马上结成一层冰，水越泼得多冰也结得越厚，等到第二天天亮，遂城已变成一座冰城，有了这层冰，契丹兵再也无法攻城，只得退兵。从此，便有了"铁遂城"之说。杨延昭智勇双全，深沉刚毅，治军有方，号令严明，与士卒同甘苦，深得士卒拥戴。守边二十年，辽兵对他十分敬畏，称之为"杨六郎"。此图出于清末民初马骀的《马骀画宝》。

起死也没用，你们快奔回去报告天子吧！"亲兵痛哭流涕，无一人肯去，跟随杨业返身再战。七十三岁的老将王贵亲手射杀了数十人，箭打光了，还举着空弓肉搏至死。百余人皆奋战至死，无一人生还，儿子杨延玉也倒在血泊之中，杨业受伤数十处，被辽兵俘虏。杨业仰天长叹说："皇上待我恩重如山，本想破敌立功作为报答，谁知被奸臣嫉恨，逼我走上绝路，

可作升降和移动的瞭望塔
登高远望，侦察城楼内的敌情，这种瞭望装置的优越之处在于：一是观测点的高度能用绳子控制，随时调整；二是底座有轮子，机动性能好；三是观测小窗的设置，便于观察和保护。

083

公元1023年

中国大事记：天圣元年，宋置益州交子务。

○二二

将军愚不可及

党进愚蠢得可爱，虽难得下民拥戴，却总讨皇帝欢心。

宋朝与战争相始终，但与其惨淡的战绩相应，三百年间罕见扭转乾坤的猛将，也罕见决胜于千里之外的智者，即使是北宋初的杨家将与南宋初的岳武穆，也主要以其受气包的形象，被后人抬上忠义祭台的，余下多是连平庸也算不上的蠢才。

傻有傻福

北宋初的武将党进很早就得到节度使的称号，爬到了侍卫步军都指挥使（全国步兵统帅）的高位。太祖征太原时，还效力于北汉的杨业带轻骑偷袭，党进曾率军赶走了杨业的游击队。这便是史书上明载的党将军赫赫战功，其余便是些趣闻佚事了。

党进行伍出身，以力大闻名，后周时逐渐得到升迁，入宋后很快升到高层。高级武官常将自己所带的兵数与武器装备记在木棍上，以备上朝皇帝询问时能对答如流。党进的侍从也帮他写好一串数目字，但他目不识丁，还是不能读。一天，偏偏皇帝问起党进部队的情况，党进举起木棍，大声说："陛下请看，都写在这儿呢！"朝臣都在下面暗笑，而皇帝认为他很忠厚，从此更喜欢他了。一年秋天，朝廷分派武将到边境上防守，按惯例，临行前都要面见皇帝致词辞行，考虑到党进不善言词，皇帝特地派人吩咐："你是守边武臣就不必拘礼了。"可党进生性倔强，大吵大闹非要当众致词不可。管朝见礼仪的官员没办法，只好在他的笏板上写了两句套话，又教他念会背熟了。第二天，文武分列上朝，官员一个个出班奏事，遣词皆文雅得体，堂上庄严肃穆。轮到党进了，他抱着笏板跪在当中，却半天说不出一个字，管礼仪的官员正急得不行，忽见他抬起头直视着皇帝，朗声说道："臣听说上古的人都很厚道，我只愿皇帝好好睡觉！"顿时，堂上好一场哄堂大笑，平时像木头人似的仪仗士兵，这时也东倒西歪，捂着嘴还不敢放肆，把肚子憋得生疼。下朝后，左右的人问党进："您为何突然说这两句怪话？"他憨厚地笑着说："我见那些酸秀才常在朝上说什么'上古上古'的，所以我也掉掉书袋，好让官家知道我也读书来！"

这一天，党进下朝归来，见街市上人们围聚听书，便勒马停住，叫来说书人，问道："你嘴里嘟嘟哝哝地瞎念什么呢？"说书人恭恭敬

宋初大将党进

党进（928－978）是宋初赵匡胤手下的一员猛将。党进没什么文化，性子又憨直，所以经常会闹些滑稽的笑话。有一次，党进让画工为自己画像。画完后，他看了大怒，叱责画工说："前几天见你画老虎，还用金箔贴眼睛，为什么画本将军时却不用，难道我还消受不起一副金眼睛吗？"党进镇守许昌时，有说书人想为他说书，党进便问说的是什么故事，回答说："说韩信。"结果说书人被赶走了。党进的手下人不解，问他为什么要赶走说书人，党进说："他对我说韩信，对韩信也会说我的。"他的手下人一听，都大笑起来。此图出自《历代名臣像解》。

公元992年

公元 992 年

世界大事记：波利斯拉夫一世即位，为波兰国家真正组织者。

《宋史·党进传》

党进 杨业 赵匡胤 赵光义 愚蠢

人物　关键词　故事来源

敬地说："小人正在说韩信。"党进顿时大怒："你对我说韩信，见韩信就该说我了吧，好一个两面三刀的小人！"可怜那穷艺人为一千年前的韩将军挨了一顿板子。

傻人自有乖巧处

党进身材魁梧，但平时并不威严，在熟人间常笑嘻嘻的，可一旦披上战袍，便目光如电，毛发尽竖，显出一副拼命三郎的架势。朝廷派画师画功臣，党进也排进座次。可看了画稿，党大将军并不满意，他大怒道："我看人家画老虎还用金箔贴眼呢，我就消不得一对金眼？"画师只好把他画成凶神一般，也不管像不像了。以后年久，朝廷重新向各家征集开国功臣像，党家人说："我家没有祖宗像，城南仓库前的土地像就是党进像。"

这样的人自然战时不动脑子，而平时也养尊处优。当时流传着这样一个笑话：这一天边境上大雪纷飞，党将军在帐中喝酒烤火，不一会便大汗淋漓了，他摸着圆鼓鼓的肚子感叹说："大雪天这么热，这天气不正呀！"门外站岗的小兵探头说："报告大人，小人此处天气很正。"这和杨业那种与士兵同甘共苦的作风适成对照，作战时自然得不到部下的拥戴。

党进显得傻乎乎的，可处事自有乖巧之时。太祖时，他曾奉诏巡视东京街市。都城的市井闲人喜欢蓄养各种鸟类，提着鸟笼在街上溜达，党进看见了，二话不说就把鸟都放了，嘴里骂道："买肉不供养父母，倒拿来喂鸟吗？"一天，他在市上看到一个小兵臂上举着一只鹰雏招摇过市，便气冲冲地走过去，一边教训人一边抬手就要放，身边的小吏说了一声："这是晋王的鹰。"他的手马上缩了回来。晋王可不得了，那是皇帝的亲弟弟，就是后来第二代皇帝太宗。党进的脸上立刻堆满了可爱的笑容，认真地说："你可要买

作为休闲娱乐活动的狩猎生活

穿着考究的皮装，周身挂满各式佩件，带着满足愉快的神情踏上归程。没有看到猎获物，是因为这些东西早已由随从仆人收起了。这种怡然的样子，不管把狩猎看作是一场轻松休闲的游戏而已。这幅《猎归图》是宋画家赵伯骕所绘。

点鲜肉好好养啊！"一时市井中人传为笑谈。

这样的人得到重用，并不是因为宋时缺乏将才，而和皇帝制订的基本国策密切相关。唐末以来武将权重，往往能颠覆朝廷，宋太祖常说：一个英明武将的祸害比一百个贪污的文臣还厉害，因此能干的武将被杯酒释兵权后，党进这样憨厚可爱的武将便得到了提升，以后更用略知兵事的文臣替换武将，于是像党将军这样不要命的猛张飞也少见了，宋朝的阳刚之气更如江河日下。

而在这种时代，党进能稳坐高位，真是其愚不可及了。

085

公元1033年

中国大事记：明道二年，宋皇太后刘氏死，仁宗亲政。

○二三

刺字报国

将军不以战绩名世，却以刺字表忠彪炳史册。

宋初还有一位猛张飞式的将军，叫呼延赞，其地位虽不高，却以其怪癖为世人所知。

有勇无谋

呼延赞出身于行伍世家，从骑兵干起，因英勇善战，被选入侍卫皇帝的亲兵部队。太祖时，参加了攻灭后蜀的战斗，充当前锋，虽几处负伤仍奋战不已；太宗时，参加了攻太原的战役，充当敢死队，四次冲上城墙又被打下来，因作战拼命而逐渐得到升迁，但终身只做到刺史、都军头。

呼延赞把唐初名将尉迟敬德作为榜样，自称"小尉迟"。太宗时，为建立盖世功名，他坚决要求去守边防。太宗接见了他，问："久不作战，你还行吗？当场表演一下吧。"呼延赞心中大喜，忙穿戴上场，只见他身披金甲，头裹绛红的帕布，打扮颇为怪异。他骑一匹白花战马，手持铁鞭、枣槊，在皇宫院子里舞了四圈，舞得正欢，手一挥，他的四个儿子手持剑刀枪槊也舞了上来，只见一片刀光剑影，五人舞得如旋风一般，赢得众人阵阵喝彩。皇帝看得高兴，赏给他们衣服和几百两黄金，但知道呼延赞缺乏指挥才能，对他的请求仍不肯答应。

自我炒作

呼延赞不死心，反复上书，表示自己受国深恩，誓与契丹血战到底。一天，

宋代武士的形象
神态沉稳温和，双目炯炯有神，在重文轻武的宋代，武士的形象也显得敦厚有余而勇武不足。

寓意富贵相连的宋代男子锦袍
此袍为宋代男袍。袍里衬驼黄色素绢，有蓝绿白黑等色，色彩和谐，纹样活泼，织工精致，衣物保存完好，在出土丝织衣物中尚属上乘之品。图案风格和公元10—13世纪的波斯、拜占廷的织物风格相似。连钱纹、龟背纹与联珠纹寓意富贵相连。

公元994年

公元 9 9 4 年

世界大事记：越南黎氏改元应天，遣使如宋。

《宋史·呼延赞传》

人物：呼延赞 赵光义
关键词：浅薄
故事来源

他叫来一个会刺字的小兵，叫他在自己身上刺下"赤心杀贼"的字样，和别人不同，他要求墨色深黑，全身都刺满，连嘴唇也不空着。小兵惊呆了，可在他的喝令下，只好从命。呼延赞忍着剧痛刺完字，又叫来四个儿子和家里的仆人，命他们都在身上刺字，儿子另在耳后刺上"出门忘家为国，临阵忘死为主"的字样。这边刚忙完，他又叫来娇妻美妾，大声喝道："我受国重禄，全家得福，但你们总无法报国，应当在脸上刺字以表示对皇帝感恩。今天若不从命，立即斩首！"全家老小都跪了下来，痛哭哀求，呼延赞哪里肯听。呼延夫人深知这老头的怪癖，当初儿子还小时，大冬天让他们冲凉水，说什么锻炼御寒能力；四儿才满百日，又把他从城楼上丢下去，幸而未死，还说什么试试他的命硬不硬；今天不依着他定不能过关。呼延夫人哭着说："妇道人家脸上刺字，像判刑的淫妇，总归不好，我愿刺字于臂。"呼延赞这才同意。家里女人都刺上字，又在兵器马鞍上都刻上字，这才算完。

宫中内侍都知道这呼延将军有趣，每当他入宫值班，内侍们常围着他找乐子。一天，他拔出佩刀刺胸出血，然后令从官蘸血写奏书，坚决要求守边杀敌。内侍戏弄他说："为何不剖心明志呢？"呼延赞苦笑一下，说："我并不是怕死，只是辽贼未灭，不能白扔生命罢了。"

皇帝为他的一片赤诚所感动，终于同意了他的请求。辞行时，他又请求说："我的服饰怪异，一路上定会引来众人围观，请陛下命各州县派兵为我清道。"太宗笑笑没同意。

呼延赞一路招摇到了北方前线，人们笑过看过很快就把他忘了。而他也没立下什么盖世功劳，没多久就因指挥无方而调至地方，后又因没有行政才能而调回东京，不久就默默无闻地死了。至今彪炳于史册的仍是那段刺字报国的奇事。

缠足女子的银鞋

宋代女子缠足风盛行，此浙江衢州南宋墓出土的小脚银鞋，鞋底刻有墓主之妻名"罗双双"。鞋全长14厘米，宽4.5厘米。宋时1尺约为30.66厘米，故此鞋可谓"四寸金莲"。若穿袜，则可适合于"三寸"足穿。通常陪葬之鞋多为锦帛麻等制作，而银制的与真鞋一样大小的鞋则较为罕见。

▷ **历史文化百科**

〔缠足的流行〕

缠足出现于五代，但在北宋时并不普遍。大致由内宫传至教坊，再由教坊传至京城，京城再传至全国城乡，大约在北宋末，缠足风俗及于民间。南宋初人张邦基曰："妇人之缠足，起于近世，前世书传皆无所自。"随着宋室南迁，缠足风习渐由北方传向南方。为适应小脚女人需要，流行起尖底鞋。徽宗宣和末年，妇人鞋底尖，以二色合成，名"错到底"。尽管南宋妇女缠足更流行，但时有士大夫愤而抨击。如车若水曰："妇人缠脚，不知起于何时。小儿未四五岁，无罪无辜，而使之受无限之苦，缠得小来，不知何用！"直到宋末，如理学家程颐之后裔等世家名族，仍坚持不让女人缠足，其族聚居池阳，妇人不缠足，不贯耳，至元代仍坚守这一家规。直到元代，缠足方才普及，民间反以不缠足为耻。

087

公元1038年

中国大事记：宝元元年，党项首领元昊称帝，国号大夏，定都兴庆府，成为宋西面劲敌。

○二四

秀才豪气

秀才健胃，惊呆众好汉；名相机智，一言服王公。

宋朝以名相辈出著称，其中又多是文雅深沉之士，像张齐贤这样豪放不羁的文臣实在少见。

强盗服秀才

张齐贤生于乱世，家世贫寒，但自幼胸怀大志，发愤读书，十几岁便四处求学，到处流浪。一天，在乡村野店投宿，突然闯入十多个打家劫舍的强盗，进门便大呼小叫地讨酒要肉，旅客和本村人都慌忙逃走。可张齐贤走上前作了个揖，不慌不忙地说："小生贫贱，从未吃过一顿饱饭，想求诸位大王让我大吃一顿，行不行？"强盗们都笑起来，说："既然秀才不嫌弃，有何不可？只是我们都很粗鲁，秀才不要见笑罢了。"张齐贤一屁股坐下，满不在乎地说："所谓强盗，都是世间英雄，肮脏下贱的小人可做不了。我也是慷慨之士，诸位何必见外呢！"说着，只见他手拿一个大海碗，倒满浊酒，一饮而尽，连喝三大碗之后，又用指爪撕开一个大猪腿，如狼似虎地啃起来。众好汉都看呆了，啧啧赞叹："秀才真有宰相气派，要不然，怎能如此不拘小节？将来治理天下，可别忘了我们都是不得已当强盗的。今日得识先生，真乃三生有幸。"说着纷纷拿出金银财宝送给他，张齐贤也不推辞，背了一大包回家了。

好食未必是饭桶

宋太祖西巡到洛阳，张齐贤拦在马前，自称有十条奇策。太祖也是豪爽人，当即带他回住处，叫人拿出一大盆卫士的饭菜，张齐贤伸手抓着大吃起来。太祖用随身带的柱斧敲敲他的脑袋，厉声喝道："说！你那十条奇策是什么？"张齐

翰林医官王怀隐

王怀隐，宋朝睢阳（今河南商丘）人，初为开封建隆观的道士，精通岐黄之术，医理精深，医术精湛。978年奉诏还俗，任"尚药奉御"，后来升为"翰林医官使"。宋太宗即位后，诏集翰林医官，献出家传的验方秘方，并在民间收集有效的方子，令医者在民间使用这些方剂，以试其效验。最后，征得效验良方一万余方，命王怀隐和他的副使王光佑、陈昭遇等共同类编医书，终于992年编成了《太平圣惠方》这一部大型的方药著作。

公元995年

公元995年

世界大事记　日本改元长德。

人物：张齐贤　赵光义　赵恒　潘美
关键词：敏捷
故事来源：《宋史·张齐贤传》《涑水纪闻卷七》

贤面不改色，一边大口吃喝，一边把十条计策说得明明白白。太祖认为其中只有四条可行，可张齐贤坚持十条皆妙，太祖大怒，命士兵把他拖了出去。回到东京，太祖对太宗谈起了张齐贤，说西行的收获只是发现了一个宰相之才。

太宗即位后，一直惦记着张齐贤。这一年，张齐贤来考进士，太宗本想让他高中前三名，可主考官未领会圣旨，只把他排在末等，太宗很不高兴，于是连状元一起赶出去做小官。不久，张齐贤便充分显露出政治才能，很快显贵起来。做了大官，口福自然不浅，可张齐贤仍以食量著称。他在荆湖山区一个小州当知州时，当地人从没见过这么特别的人，单是他的食量就成了一州的新闻。有一次，张齐贤设宴待客，掌厨的小吏想测量一下他的食量，便在屋角放了一个金漆大桶，他吃下多少酒食，就把同样的食物倒入桶中，酒席未散，大桶已装满，酒水溢了一地。当地人都惊叹说："这样的人必享大富贵。"

张齐贤能吃一大桶，为官从政可不是饭桶。他精明干练，敢作敢为，在地方上，纠正了许多冤狱，提议取消许多苛税弊政，有时部下抓到一些强盗，他却下令放了，可所治之处十分太平。在朝廷上，他处事得当，知人善任，议论慷慨，提出许多高明的建议。太宗时伐辽失败，名将杨业战死，边防吃紧。已经在中央当上大官的张齐贤请求守边，太宗大喜，派他到代州当知州，与潘美共守北边。张齐贤果然称职，一次，辽兵攻到城下，武将畏惧，缩在堡垒中固守，张齐贤亲自点兵，慷慨誓师，率军出战，以一当百，辽兵狼狈而逃。又一次，张齐贤约潘美带太原的大军前来会战，可信使中途被辽军截获。张齐贤正担心潘美

文人们注重生活质量和生活细节的表征：鎏金八角夹层银杯
这只杯盏装饰奢华，外层的浮雕图案和内部的诗词都表现了同样的主题，即文人获得最高荣誉（高中状元）时飘飘欲仙的场面。它表现了宋代文人注重生活享乐和追求名利的心态。

军队遭伏击，可潘美带信来说，由于东路宋军一败，太原大军中途退回。这时辽军已铺天盖地向代州而来。张齐贤说："辽兵知道潘美大军要来，但不知道退军的消息，我有办法了。"半夜时分，他派二百士兵出城，每人手持一面旗帜，背负一捆柴禾，在城西南三十里处散开，点起篝火。辽兵遥见火光闪烁，旗帜飘扬，以为潘美的大军已经赶到，便急忙退军。张齐贤在中途设有二千伏兵，乘乱攻击，大胜而归。以后，他又守卫西部边陲，对防备西夏提过许多高明的建议。

巧断家务事

宋真宗时，他再度为相。不久，两家皇亲国戚因分家产吵得不可开交，各级衙门改判了十几次都不服，一直告到皇帝面前。张齐贤说："看样子下面都解决不了，还是我自己来审理吧。"皇帝只好同意。张齐贤高高坐在堂上，把双方召到相府，高声说："你们都认为自己得到的财产太少，都认为对方得到的太多吧？"双方齐声说："是的！"于是，命双方都把这个意思写下来，并要他们签字画押，保证不反悔。然后叫来两个小吏，命他俩作监督，催促甲家搬入乙家，乙家搬入甲家，而财产一毫不许动，于是两家再也吵不起来了。第二天，办案结果报上，真宗高兴地说："我就知道，这件事只有你来办才行。"

行事如此旷达，绝不是寻章摘句所能学到的。

089

公元1041年

中国大事记：庆历元年，西夏大举进攻，宋军惨败于好水川。

〇二五

宰相肚量

吕蒙正出身贫寒，终身不忘拾瓜之耻，容人纳谏，方成一代名相。

宋初有两个三次当宰相的名臣，一个是赵普，另一个便是吕蒙正，而赵普狭隘刻忌，吕蒙正方可称为"宰相肚里能撑船"。

艰难困苦，玉汝于成

吕蒙正出身非常贫寒。本来吕氏也是官宦人家，可吕父好色荒唐，家里养了不少姨太太，夫人刘氏颇为不满，便被休回娘家，蒙正为刘氏的亲生儿，便被一道扫地出门。母子借住寺院，生活十分困苦，常常连饭都吃不上。在洛阳求学时，有一天，骄阳似火，吕蒙正忍着干渴赶路，路边正好有一个瓜摊，望着那翠皮红瓤的西瓜，他真想吃一片，可身上一文不名，这时小贩挑出一片坏瓜扔掉，吕蒙正如获至宝，忙拾起吃掉了。可这件事使他深受刺激，难以忘怀。然而，艰难困苦，玉汝于成，贫穷使他更为发愤，终于在太宗初年高中状元，并很快进入朝廷最高层。发迹后，他把生父也接到府中供养，因为父母誓不肯和好，所以异室而居，两人终生都未相见。实际上，吕蒙正的宽容，正是对父亲最好的报复。

三居相位的吕蒙正

吕蒙正（944－1011），洛阳人（今属河南），幼贫苦，孜孜好学。宋太宗太平兴国二年，荣擢进士第一，为将作监丞通判升州，不数年迁为翰林学士拜左谏议大夫参知政事。吕蒙正为人正直，遇事敢言。太宗曾夸咤京城繁盛，他则当面指出郊外因饥寒而死者甚多，不惧犯颜。太宗、真宗两朝，他曾三居相位。后累封至同平章事、昭文馆大学士、加司空、太子太师，封许国公。辛后谥文穆。此图出自《历代名臣像解》。

君子坦荡荡

吕蒙正年纪轻轻便当上了参知政事（副相），许多大臣颇为不服。第一天上朝，就在众臣列队等候时，有人在帘后指手画脚地说："哼！这小子居然也当上参知政事呢！"吕蒙正身边的从官大怒，喝道："你是何官，敢如此无礼！有胆量报上姓名来！"说着就要冲进帘内，吕蒙正一把拦住了他。下朝后，从官还在后悔没查到那无礼的家伙，吕蒙正却悠然一笑，说："要是知道了他的姓名，以后就终身不忘了，还不如不知道的好。而且不去追究这种闲话，对我也没有丝毫损害。"此事传出，众臣都非常佩服，他的威信一下树立起来。

吕蒙正破窑风雪（明·谢时臣画）（上图）

公元996年

> 公元996年

世界大事记：神圣罗马帝国鄂图三世入意大利，立布卢诺为教皇，称格累戈里五世。

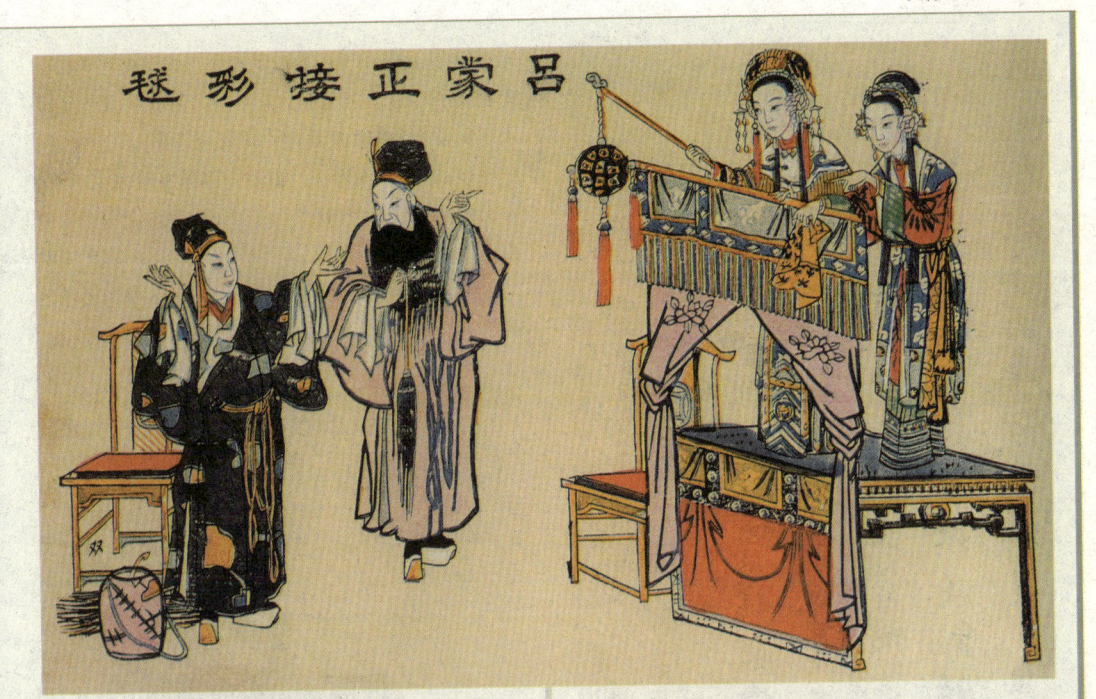

人物：吕蒙正　赵光义
关键词：宽容
故事来源：《宋史·吕蒙正传》《涑水纪闻》卷二

吕蒙正接彩球（清末年画）

洛阳城里的刘翠屏是相国的千金，她用彩楼抛球的方式选择佳婿。彩楼下前往选的少年自然是人头攒动，有王孙公子、富商子弟、风流阔少……但这些刘翠屏都不中意，却偏偏看上了一个寒酸书生吕蒙正，终因触怒了相国父亲而被双双逐出家门。在风雪破窑里，夫妻相濡以沫，吕蒙正则励志苦读，终于青云平步，得中高第。

吕蒙正当上宰相后不久，便以贪赃罪罢免了知州张绅。有人告发说："张绅家十分富有，不可能贪赃。肯定是吕蒙正贫寒时张绅不肯接济，现在借故报复。"太宗听信谗言，让张绅复官。吕蒙正对此不置一词，根本不加辩解。不久，负责监察的官员再次查出张绅贪污的证据，还是把他罢免了。太宗十分后悔，让吕蒙正回到相位，对他说："张绅果然有罪！"可吕蒙正还是既不为自己辩解，也不追究说坏话的人。他这种作风深得人心，连一向妒贤嫉能的赵普也说他是难得的好宰相。吕蒙正为相后，果然敢作敢为，太宗朝实现清明政治，他起着重要作用。

官高不忘落魄时

吕蒙正显贵之后，拍马巴结的人也围了上来。有一个朝官家藏一面古镜，据说神乎其神，能照见二百里，他托蒙正的弟弟说情，想借献镜结识吕相。一天，两兄弟谈得正高兴，弟弟乘机提起此事，吕蒙正微微一笑，说："我的脸不过碟子大小，哪用得着照二百里的镜子呢？"弟弟便不敢多说了。按惯例，宰相的儿子可以沾光得高官，吕蒙正说："我当初状元及第也要从九品小官做起，何况天下还有许多才子连进士也中不了，我家小儿何德何能，不该居此高位。"从此，规定宰相的儿子也得从九品官做起。

公元1043年

> **中国大事记**：庆历三年，范仲淹试行改革，不久"庆历新政"失败。

的？"身边的老仆说："每日为相公杀鸡，鸡毛堆在这里就成了小山。"吕蒙正大吃一惊，问道："我吃了多少鸡？居然鸡毛堆成山了？"老仆摇了摇头，反问道："一只鸡不过一只舌头，相公一碗汤要用多少鸡舌？你又喝了多少鸡舌汤呢？"吕蒙正默默走回房，从此再不喝鸡舌汤了。

王公贵族总要喝百姓血肉，他一人不喝鸡舌汤也无济于事，但身为宰相而为此惭愧，实在难能可贵。

宋代砖雕艺术的杰作：繁塔
原名兴慈塔。因建筑在繁台上，俗称繁塔。位于河南开封市东南郊。建于北宋太平兴国二年（977），为开封市内现存最早的建筑物。平面呈六角形，为楼阁式砖塔，现只残留三层塔身，据文献记载原为九层。壁面上嵌砌有数十种佛像雕砖，刻工精美，姿态各异，堪称宋代砖雕艺术的的佳作。

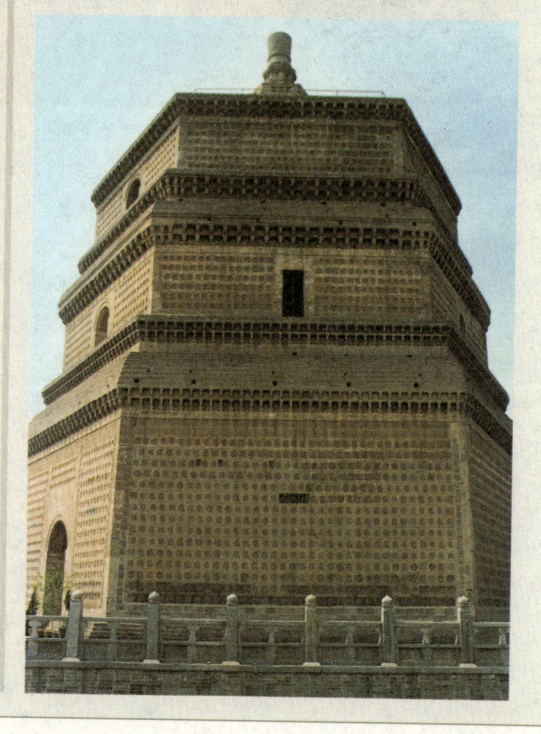

翁氏家族五代珍藏的北宋刻本《长短经》
宋代是我国雕版印刷的兴盛时期，其雕印数量之多，内容范围之广，产品质量之精，不仅是空前的，甚至在某些方面明、清两代亦有所不及。宋刻本流传至今已属星凤之珍，且大都是南宋本，北宋刻本可谓绝无仅有。宋刻孤本《长短经》，经考证刻于北宋，系翁同龢家族五世所藏，它反映了北宋雕版印刷的高超水准。

富贵之后，吕蒙正在洛阳买下一块瓜地，又在当年拾瓜处造了一个亭子，以示不忘落魄之时。然而，随着时光的推移，相府的生活也日渐豪奢了。吕蒙正口味挺怪，尤其喜欢喝鸡舌汤，每天早上都要喝一碗。有天傍晚，他到花园游玩，远远看到墙角处有个小山，便随口问道："前些时还没看到这小山，谁堆

公元997年

世界大事记：诺曼底农民起义。

姚坦　赵光义　忠义　《宋史·姚坦传》《涑水纪闻卷二》
人物　关键词　故事来源

皇子惧严师

伴君如伴虎，衙内的老师最难当。

太宗有九个儿子，为使王朝后继有人，他费尽了心血。皇子日渐成人，太宗便下令为儿子选老师，要找品行正直的五十岁以上老臣，还要求精通儒经，文笔优美。太平兴国八年（983），皇子正式出阁封王，所选老臣便作为王宫的侍从官。太宗对这些老臣恳切地说："诸子都生长于深宫，不知世道艰辛，诸位都是我精心挑选的，一定要好好教导他们。"

严师的架势

在王宫当官可不是美差，一方面不可避免地要受到宫廷斗争的连累，另一方面这些少爷都不是好惹的，往往左右为难，所以一般人并不愿当真管教皇子，只是混混罢了。其中有一位叫姚坦的老先生，为太宗的一番话所感动，居然真的摆出了严师的架势。

姚坦担当太宗第五子益王元杰的王府翊善。元杰聪明好学，喜欢读书作词，但到底是世家子弟，在府中大造亭台楼阁，招来一帮纨绔子弟，变着花样游玩。姚坦哪里看得惯这种公子哥派头，当面直谏不听，又一次再次地到皇帝跟前告状，弄得这小王恨之入骨，皇帝也烦不过。于是，皇帝训斥姚坦说："元杰知书好学，也算得上贤王了。他年少不懂事，是要管教，但也要言词婉转一些，何况他也没什么大错，这么过分地说他坏话，恐怕也达不到教诲帮助的目的吧？"而姚坦生性固执木讷，一点也不知趣，仍直言不止。

皇帝还算明白

这一日，王府又新造了假山，耗资数百万钱，年轻的益王有心显摆，在府中大摆宴席，招来一群公子哥儿，一边喝酒一边玩赏。举座欢笑之时，唯有姚坦低头喝闷酒，益王气不过，命人把姚坦的头拎起强迫他看。姚坦倔强地说："我只看见一座血山，哪有什么假山！"益王眉毛一挑，问道："什么意思？"姚坦大声说："我是农家出身，在乡下时，常见州县官催租，官兵抓住农家父子兄弟，就

汴京宣德楼前演象活动（局部）

公元1044年

中国大事记：庆历四年，宋夏和议成，元昊取消帝号，宋以钱帛换取册封"夏国主"名义。

送往县衙门鞭打，往往打得血流满身。这假山都是用百姓交来的租税造的，不是血山又是什么？"益王大丢面子，宴会不欢而散。太宗听说了这件事，颇为赞赏，悄悄把自己宫内的假山也毁掉了。

姚坦是皇帝派来的，益王也奈何不得，左右的走狗便教他装病不上朝。听说宝贝儿子生病了，皇帝便每天都派人去看望，可一个多月过去了，仍说不见好转。太宗十分担忧，这一天，召来小王的奶妈仔细询问。奶妈一边哭一边说："王儿本来很健康，就因为姚坦管得太苛刻，王儿起居不便，心里又不快活，所以忧惧成疾了。"太宗一听大怒，喝道："我选正直士人为儿子近臣，就为了教他学好。他不听劝谏，反倒装病骗我，想让我去掉姚坦，以后自己好胡作非为。而且益王年轻不懂事，还想不出这种花招，定是你们教的！"说完，叫人把那老太婆带下去，拉到后苑痛打了几十大板。然后，太宗召来姚坦，温和地说："你在王府做事，往往遭到众多小人嫉恨，实在不容易。以后还要好好干，不要怕那些小人说坏话，我必定不听。"姚坦自然感激涕零，从此更加忠于职守了。

太宗死后，益王的哥哥当上了皇帝，不久，益王生暴病死了。召见王府旧官时，姚坦仍直言不已。但新皇帝也是公子哥儿出身，老早就听说这老头可恶，物伤其类，哪还会欣赏他。姚坦走后，皇帝愤愤地说："这老头当初不正面劝导，益王有点小过错便大肆张扬，只不过炫耀正直来买名声罢了。"因此，姚坦并未得到提拔，被赶出京做地方官去了。

值得庆幸的是，益王没当上皇帝，否则姚坦定会死无葬身之地。

见义勇为的济公

济公是南宋僧人，法号原为"道济"，因其不守戒律，嗜好酒肉，举止如疯如狂，又被称为"济癫僧"。有关他的大量传说中，济公总是以嬉笑幽默的方式方法见义勇为，打抱不平，成为一个神通广大的传奇人物。此为明代画家王震所绘《济公图》。

公元998年

世界大事记：高丽改西京为镐京。

《宋史·寇准传》

人物：寇准、赵光义、赵恒
关键词：正直
故事来源

宋太宗知人善任，所以朝廷多能臣。名相寇准也是太宗发现的。

宰相才具

寇准小时候十分浪荡，尽管家中贫困，仍终日玩狗斗鸡，和一帮市井浪子鬼混。母亲非常严厉，百般劝阻，可寇准仍是难改恶习，一天，母亲越说越气，随手抓起一个秤砣扔了过去，谁知正中儿子的脚背，当下打得血流满地。从此，寇准痛改前非，发愤读书，年仅十九岁便中了进士，并很快名显当世。可在这之前，母亲已经死去。寇准第一次拿到薪俸，把成堆的钱财堆在堂屋的桌上，得意洋洋地向家人炫耀。家里的老婶娘哭着说："葬你母亲时，家里穷得无法给她做一件新衣陪葬。她可没等到今天啊！"寇准摸着脚上的伤疤也伤心地哭了。此后，尽管他待客一掷千金，十分奢华，可自己平日起居仍很简朴。

由于治事敏捷，寇准很快得到升迁。进入朝廷之后，他又敢言国事，并以其远见卓识得到太宗器重。有一次，寇准在御座前请示，一句话惹恼了皇帝，太宗当即拂袖而起，而寇准伸手拽住皇帝的衣服不放，皇帝只好重新坐下，听他说完。为此，太宗更为赏识

少年得志

寇准十九岁中进士，以聪明得皇帝赏识，可太宗说："鼠雀还会看人脸色，何况人呢？"

抗辽名臣：寇准

寇准（961—1023），字平仲，华州下邽（今陕西渭南）人。太平兴国四年（979）进士，太宗朝曾在巴东、成安、郓州任地方官，后入朝任枢密直学士、枢密副使等职。寇准为官刚正不阿，敢犯颜直谏，曾一度被排挤出朝。宋真宗即位，又入朝任官。景德元年（1004），升同中书门下平章事。当年冬天，辽承天太后和辽圣宗亲统大军攻宋，他力排众议，劝真宗亲征，遂与辽订立澶渊之盟。次年，遭参知政事王钦若谗言所害，被罢知陕州。天禧三年（1019）再相，不久又罢相，封莱国公。后因副相丁谓陷害，被贬为道州司马、雷州司户参军，死于雷州贬所。著有《寇莱公集》。此图出自《历代名臣像解》。

历史文化百科

〔宋代官员的待遇〕

相对来说，宋朝对士大夫特别优待，虽待遇因品级而迥异，但总的来说较为优厚。宋初承五代弊端，官员俸禄往往打折扣，或将官员俸钱折成实物，摊给商人发卖，再征钱给官员，这种扰民制度于太宗初年被废。真宗时，大幅度增加了文武职官的俸钱；仁宗时制定《禄令》，进一步拉开了官员的俸禄差距。中高官员俸禄的名目多于前代，数额较大。以宰相为例：北宋前期料钱每月三百贯（时每石米价六七百文至一贯），禄粟每月一百石，春、冬各发绫二十匹，绢三十匹，冬增绵百两，还有其他名目，如发给七十个随从的衣食，发柴禾，发炭，发盐等。担任实际工作，有的还另支职钱，增发饭钱等。地方官大多分有职田，朝廷另给地方官以"公使钱"，用作官员往来供应酒食之费，但往往为官员私用。朝廷的各种临时赏赐，也是官员的重要经济来源。如此待遇，虽未可轻言"养廉"，而的确算高薪了。

公元1047年

> **中国大事记**
> 庆历七年,宋贝州军卒王则据城起事,国号安阳。

文人们的聚会休闲活动

在一个晴明的日子里,苏轼和他的一班文友们在一个叫西园的地方聚会。他们在仆人的服侍下,吟诗作画,饮酒弹琴,过着富足而又浪漫的生活,无拘无束,不拘小节。在宋代文人中间,这种聚会宴饮之风十分盛行,而且宴会规模大,持续时间长,至少是一整天,有时长达数天。此为宋画家马远所绘的反映这场聚会活动的《西园雅集图》。

他,说:"我得到寇准,就和唐太宗得到魏徵一样。"一年春天,北方大旱。古人认为天气与人事有关,所以太宗召来近臣,讨论政事得失,众臣都唯唯诺诺,只讲好话,只有寇准朗声说:"天大旱是由于朝廷处事不公!"太宗气坏了,转身就回宫去了。过些时,太宗气消了,又把寇准叫来,要他说清楚。寇准说:"要高官都在场,我才说。"太宗又把高官都叫来。寇准说:"前些时祖吉、王淮两人都贪赃犯罪,祖吉受贿较少被判了死刑,而王淮因为是参知政事的弟弟,只打了几下就复职了。这不是处事不公是什么?"事后,太宗感叹说:"寇准真是宰相才,可惜太年轻了。"

得理不让人

太宗很欣赏寇准,但由于他少年气盛,在朝廷中有不少政敌。一天,寇准骑马上朝,路边冲出一个疯子,拦在马前狂呼"万岁"。有人抓住这一点大作文章,寇准不服气,当下和对方在御座前吵起来,太宗一怒之下,就把双方都贬到地方去了。寇准走后,太宗很想念他,常闷闷不乐地问左右的人:"寇准在青州快活吗?"左右的人都不喜欢寇准,说:"寇准在青州每天喝酒作乐,不知会不会想念陛下。"太宗就沉默了。第二年,还是把寇准召回来,让他当了参知政事(副相)。

太宗年高,身体日渐衰弱,攻辽时腿上中箭留下的老伤时时发作。大臣们很担心,有人上书请求选定继位的储君,可老人最忌说后事,大怒之下把这多嘴的家伙发配到最远的边疆,从此谁也不敢提这话了。寇准回京便来见皇帝。太宗伤感地说:"你怎么这么晚才来看我啊!我老了。"说着,揭开衣服让他看自己的伤腿。寇准说:"没有圣旨我怎么能上京呢?"太宗:"我的儿子当中,谁可以担当国家大事呢?"寇准说:"陛下应为天下选君主,不可与女人、内侍商量,也不可与近臣商量,只能挑符合天下期望的人。"太宗低头沉思了半晌,挥手叫其他人退下,悄悄问寇准:"襄王行不行?"寇准说:"知子莫如父,如陛下认为可以,就该赶快定下来。"不久,襄王赵恒便被立

公元999年 | **世界大事记**：日本改元长保。颁新制11条。

为太子。太子祭庙完毕回城，东京的市民都拥在路边看，纷纷赞叹道："好一个少年天子啊！"老皇帝听到，又不高兴了，对寇准说："人心都向着太子，把我置于何地？"寇准再拜表示庆贺，说："这是您赵宋家的福气啊！"太宗脸色这才多云转晴，当即吩咐摆下酒宴，和寇准喝得一醉方休。

不久，为了提拔官员的事，寇准又和同事争吵起来。太宗想息事宁人了事，说："你身为执政，在朝廷上争辩，太失礼了。"可寇准性格刚烈，不肯服输，又找对证，又翻文件，还是论辩不休。皇帝更不高兴了，感叹道："鼠雀还会看人脸色，何况人呢？"于是又把他赶到外地去了。

对于宋代官僚机构的设置，宋太祖强调一个"分"字。宋代宰相称为同中书门下平章事，主管国家政事，而国家的军权和财权则由枢密院和三司使主管，三权分立，而不是像前朝那样由宰相一人独揽。同时又设参知政事、枢密副使和三司副使，作为宰相、枢密使和三司使的副手，又相互牵制。御史台是管监察百官的，谏院是管劝谏皇上和大官的。宋代官制还有官、职、差遣之分，官表示官位和俸禄的高低，职为荣誉衔头，差遣才是实际管事的职务。宋初的这一系列措施，被宋代人奉为"祖宗之法"，它的直接意义是使宋朝政权稳定，少了许多刀光剑影的故事，失去了上演英雄史诗的舞台。

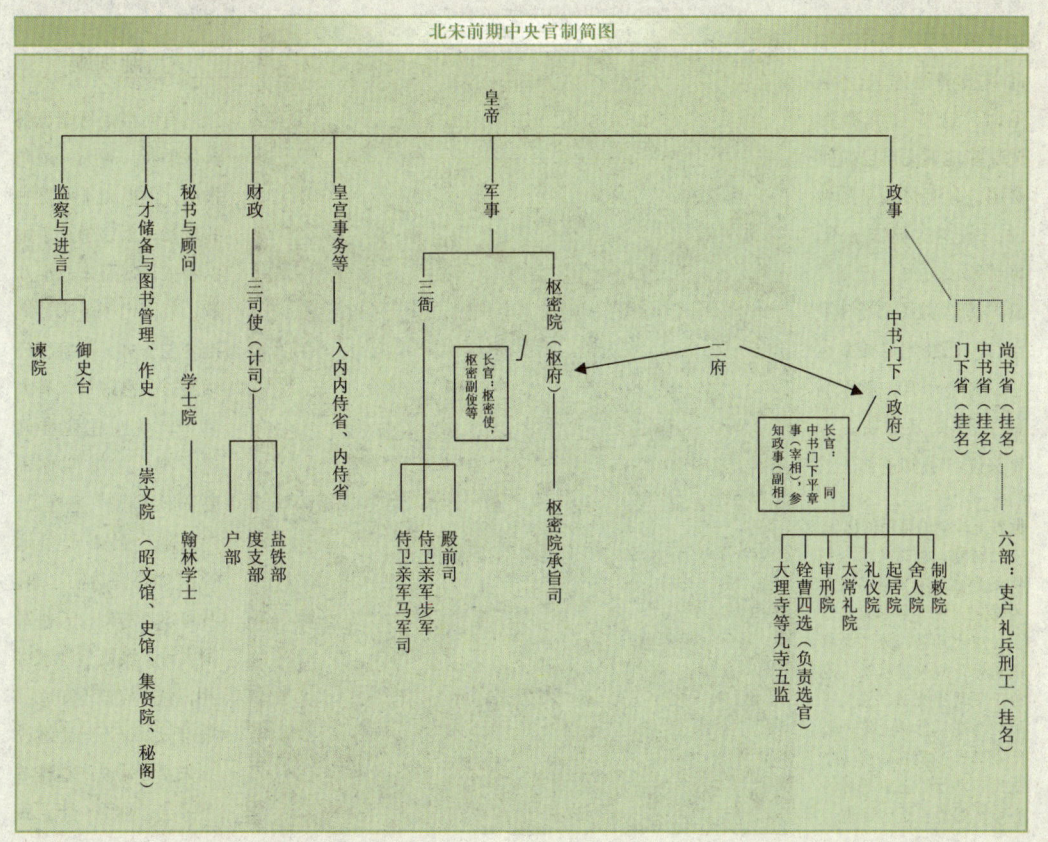

北宋前期中央官制简图

```
                              皇帝
   ┌────┬─────┬─────┬─────┬─────┬──────────────┬──────────────┐
监察  人才  秘书  财政  皇宫  军事                政事
与进言 储备  与顾问      事务等
      与图书
      管理、
      作史
 │     │    │    │    │   ┌──┴──┐         ┌────┬──┴──┬────┐
 │   学士院 三司  │    │  三衙  枢密院      │   中书门下  │
 │         （计司）│  入内           二府→（政府）     │
 │                │  内侍省              ↑              │
 │                │  、内侍省      长官：枢密使      长官：同中书
 │                │               枢密副使等         门下平章事
 │                │                                  （宰相）、参
 │                │                                  知政事（副相）
谏御 崇翰 盐度户   殿侍侍      枢         大铨审太礼起制舍   尚中门  六部：
院史 文林 铁支部   前卫卫      密         理曹刑仪居敕人    书书下  吏户
   台 院学 部部    司亲亲      院         寺四院院院院院院   省省省  礼兵
      （士  军军              承         等选                      （（挂）  刑工
      昭        步马           旨         九（                      挂名    （挂名）
      文     军军              司         寺负                       名）
      馆、   司司                          五责                        ）
      史馆、                               监选
      集贤院、                             ）官
      秘阁）
```

公元1052年

中国大事记：皇祐四年，侬智高聚众起事，建大南国。

○二八

吕端大事不糊涂

吕端晚年方贵，与寇准同朝，显得笨拙迟钝，可太宗说："吕端小事糊涂，大事不糊涂。"

寇准少年得志，刚烈敢为；而吕端晚年方贵，宽厚寡言，性格相反，却同样受到太宗的青睐。

能柔则柔

吕氏是世代官宦人家，靠父辈的恩荫，吕端在宋朝未建之前就当了官。太祖时，他不过做做地方官，升迁很慢。太宗初，他先后给皇弟、皇子当过王府从官，但运气不好，两王都卷入宫廷斗争，吕端也受到连累，几次被降级。有一年考核官员，皇帝亲自询问被降级的人，拜见时，这些官员都哭哭啼啼地诉说自己如何贫困，只有吕端平静地说："我两次辅佐王爷，事情都没办好，陛下并没严厉惩罚我，还让我当官，已经觉得很幸运了，做个小官，就很满意了。"太宗一听，点点头说："我知道你了。"

世界上最早的纸币的出现
宋代初期，流通货币以铜铁钱为主。随着商品经济的发展，货币需求量比前代猛增十几倍。为了缓解铜铁资源短缺的状况，也为了更便于流通，在川蜀地区出现了世界上第一张纸币交子，又在临安（今杭州）发行了全国通行的会子。图为会子的印版。

不久，吕端就官复原职，才过一个月，又当上参知政事（副相）。

寇准当上参知政事时，只有三十多岁，不免年轻气盛；而吕端已六十多岁了，却常常谦让，主动请求排在寇准之下，皇帝却偏偏任他为宰相。当时在朝廷议事，大臣都议论风发，显得才望横溢，只有吕端很少与人争论，许多事往往让寇准等出风头。一天，有人议论说："吕端为人太糊涂。"太宗说："吕端小事糊涂，大事不糊涂。"

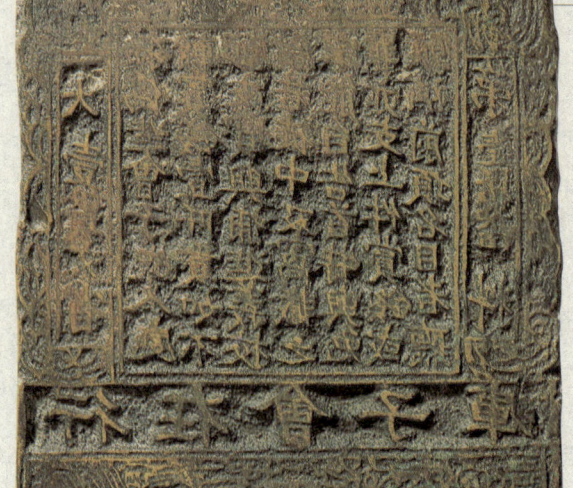

当刚则刚

有时候，吕端也很刚强果断。一天，边防报信，说抓到了西夏主的母亲。太宗想杀了她以示威，便召来寇准商量。事情定了下来，寇准匆匆去办，从宰相门前经过，吕端估计有大事情，便叫住寇准问道："皇上刚才叫你不要告诉我吗？"寇准说："没有。"吕端严肃地说："如果是边防小事，我可以不过问，若是军国大计，我既然做了宰相，就不应该不知道！"寇准只好一五一十地说出来。吕端说："这样做不妥当，你等一下，我

公元1000年

世界大事记：匈牙利阿尔帕德王朝建立。塞尔柱突厥部落兴起。

人物：吕端、赵光义、赵恒、寇准
关键词：忠言
故事来源：《宋史·吕端传》

进去再和皇帝说说。"吕端急忙进宫，一见皇帝，他劈头就问："陛下今日杀夏国母，明日就能抓到夏国主吗？"太宗低头不语。吕端又侃侃而言："陛下喜欢读史书，还记得项羽抓到刘邦父亲的事吗？项羽扬言要把太公放在鼎中煮熟，刘邦说'煮好了，只求你分我一碗汤。'做大事的人不顾亲人，何况那种叛逆之人呢？杀了夏国母，不过结下怨仇，使他的叛逆之心更坚定罢了。"太宗说："那么怎么办好呢？"吕端说："依我的愚见，不如把她好好供养在延州，这样也许能招来夏国主，即使他不肯投降，也能使他挂心，而这老太婆的生死不是还在我们手中吗？"太宗抚胸叹道："妙啊，要不是你，我几乎误了大事。"

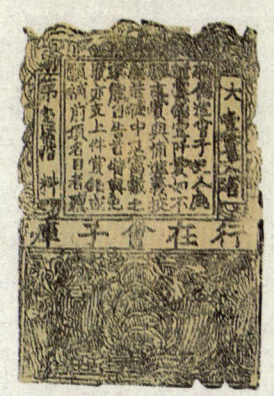

太宗病重时，后宫又不安静了。吕端每天陪着太宗到皇帝病床前请安。李皇后觉得太子精明，难以控制，就勾结一些大臣和内侍，想另立有精神病的长子元佐为帝。太宗一驾崩，内侍王继恩就来请吕端进宫，吕端知道事情有变，突然把王继恩锁在房内，又叫人看着他，然后自己进宫。吕端一进房，皇后抢先说："皇上已经驾崩，长子继位才符合道理，怎么样？"吕端不卑不亢地说："先帝立太子就为了今天，如今遗体未寒，怎么能就违背先帝的遗命，另起异议呢？"然后不由分说，立刻派人去接太子。不一会，在灵柩前举行即位典礼，新皇帝坐在房内，门前垂着竹帘，只能隐隐约约看到一个影子。诸臣都跪下了，只有吕端不肯跪，大声请求卷帘，然后又上去看清楚确是太子，这才走下台阶，率群臣跪下高呼万岁。新皇帝以后庙号真宗。

事实证明，太宗看人的确很准。

南宋的纸币"会子"

南宋初曾发行"关子"，后又发行"交子"，但最通行的是"会子"。"会子"具有较完备的纸币性质，不但可以流通，并可用于缴纳税赋。"会子"有"二百文"、"三百文"、"五百文"、"一贯"等面值。

世界上最早的纸币"交子"

"交子"是世界上最早的纸币，比欧洲钞票早六百多年，在宋太宗淳化年间开始于四川流通。当时，四川使用铁钱，体大值小，流通不便，商人发行一种纸币，称为"交子"，可以兑现，用它来代替铁钱流通。后改由十六家富商发行，因富商破产，由政府发行。北宋崇宁、大观年间作过一次纸币改革，"交子"改为钱引。"钱引"即兑换券的意思。"交子"是四川地方俗话，也是票证、票券的概称，有交合之意即"合券取钱"。

> **历史文化百科**
>
> **〔纸币的通行〕**
>
> 商品经济的发展，使货币流通量大为增加，北宋的货币以铜钱为主，铁钱为辅，北宋铜钱年铸造量已为唐朝的一二十倍，仍不能满足需要，由于各种原因，宋钱不断流出境外，更加剧了"钱荒"的现象。于是，纸币应运而生。北宋真宗初年，益州（今四川成都）十六户富商发行一种交换券，称"交子"，仁宗天圣元年（1023）官府在益州设交子务，将发行交子的权力收归国有，储备铁钱为本位，两年为一界（期），每界有一定的发行额，界满制新交子，商民持旧换新，还要交纳纸墨费。交子原在川峡流通，后扩大到陕西、河东等路，故官府又在开封设交子务。南宋时，纸币成为主要的货币。南宋纸币主要有四川钱引、湖广会子、两淮交子和东南会子，前三者都以铁钱为本位，东南会子以铜钱作本位，各种纸币都有换界的期限和一定的发行额，各有规定的流通地域，相互间有一定的兑换率。官府为了弥补财政空虚，往往滥发纸币，还有人私造假币，造成严重的通货膨胀。

公元1053年

> 中国大事记：皇祐五年，狄青率宋军破侬智高。

〇二九 澶渊之盟

契丹大举南下，君臣惶惶，只有逃跑一策，寇准孤注一掷，迫御驾亲征。

临危受命

自宋太宗两败于辽之后，宋军一直采取守势，而辽军不时在边境挑起战斗。至真宗时，辽圣宗英武善战，治国有方，辽国日渐强盛，便开始大规模入侵。

咸平二年（999）秋，辽兵大举进攻，渡河直入内地，真宗离京亲征，辽军大肆抢掠之后退军。

第二年十月，辽军再度南侵，被宋军阻击，无功而返。

辽军攻势凌厉，宋君臣十分忧虑。这时有人向真宗推荐寇准是个人才，真宗有些犹豫，说："听说他过于刚强，好耍脾气。"这个大臣说："寇准忘身殉国，正直不阿，所以小人不喜欢他。如今辽兵嚣张，边患不止，像他这样能断大事的人正用得着。"真宗终于同意了，命寇准为相。

景德元年（1004）九月，辽圣宗率大军入侵，辽兵号称二十万，直趋黄河边上的澶州，威胁东京。

宋朝廷乱成一团，参知政事王钦若等人极力主张放弃东京，迁都金陵（今南京）或成都。皇帝也动了心，问寇准怎么样，寇准气愤地说："谁出的馊主意？"真宗说："先别管谁出的主意，你先说是否能行？"寇准斩钉截铁地说："要我说，我就斩下这些人的脑袋祭旗，然后发兵北伐！"真宗低头不语，王钦若等脸色都发白了。寇准放缓了语气，说："如今我军尚强，如皇帝亲征，敌军必仓皇而逃，即使一时不走，敌孤军深入，我以奇兵袭扰其后，待其师乏力疲惫，必能获胜。何况陛下抛弃都城，必然全国人心崩溃，这样天下还能保得住吗？"真宗点点头，说："待我回宫再想想。"寇准大叫起来："陛下不能入宫，进去就不会出来了。"说着便下令备驾亲征，皇帝只好同意，但同时派人与辽议和。辽军在内地屡战受挫，也有意讲和，提出割地赔款，宋人不能接受。

临危不惧

澶州有南北两城，夹黄河而立，中有浮桥相连，城坚守固，听说御驾亲征，宋军更士气大振。辽军包围了北城，苦攻不下，辽悍将萧挞览中箭身亡。宋真宗出京前，命王旦留守东京。王旦逼问："若十天之内不胜，怎么办？"真宗沉默了半天，低声说："立太子！"宋君臣似乎决心死战了。可是，走到澶州南城，看到铺天盖地的辽军，真宗害怕了，又想逃往金陵。寇准急切地说："如今只能进尺，不能退寸，您只要回车几步，就万众瓦解，敌军在后乘势一冲，陛下能走到金陵吗？"真宗还在犹豫，大将高琼也站出说："寇准说得有理。请陛下进北城！"

具有耀斑纹理的茶碗（上图）

像饮酒一样，宋人饮茶不用杯而喜好用碗。这只出自名窑的瓷碗具有不规则的耀斑纹理，在黑色背景的映衬之下，乍一看就像天上神灵在黑夜中张开天眼一样，所以宋人给了它一个"天目"的名称。茶碗的创意令人称奇。

公元1001年

公元1001年

世界大事记：阿富汗伽色尼朝苏丹马穆德侵袭印度。

人物：高琼、寇准、王旦、赵恒、王钦若、曹利用

关键词：盟誓

故事来源：《宋史纪事本末》卷二二、《宋史·寇准传》

一个文臣在旁呵斥道："高琼休得无礼！"高琼怒吼道："如今敌军逼近，还说什么有礼无礼，君以文章得做大臣，为何不赋一首诗吓退敌军？"真宗无奈，只得下令开往北城。但到浮桥前，他又犹豫了，高琼举起手中的鞭子，猛抽轿夫的背，喝道："还不快走！到这里了还犹豫什么？"皇帝只得下令前进，直至北城。城门上黄灿灿的龙旗一打开，城下宋将士眼睛一亮，流着热泪齐呼"万岁"，欢呼声如山呼海啸，一直传到二十里外，辽军顿时气馁了。

住在围城之中，皇帝不免心惊肉跳，晚上睡不着，便不时叫人去看看身负前敌指挥的寇准在干什么。一个内侍回来报告说："相公在听小曲喝酒呢。"第二个内侍回来说："相公在和人赌博呢。"第三个内侍说："相公睡着了，鼾声如雷。"真宗这才放心睡了。

火药的发明和广泛使用

作为中国"四大发明"之一的火药，在公元10世纪初被用作具有杀伤性的武器。宋代是火药武器被广泛使用的时期，主要有火箭、霹雳火球、火蒺藜等品种。火药武器在宋朝对金朝的战事中起到重要作用。

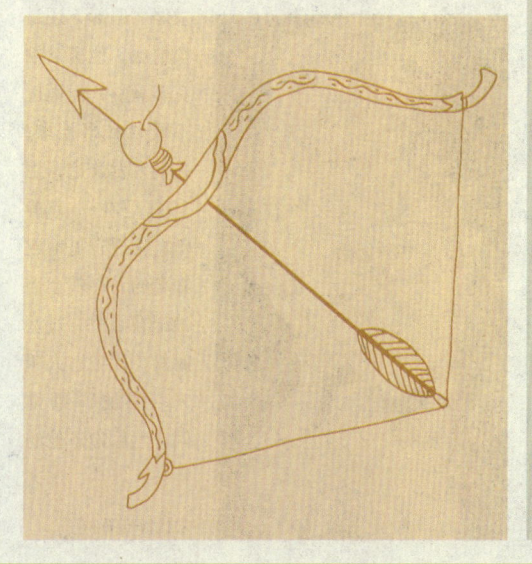

议和

由于皇帝在此，几十万宋军迅速开来。辽军害怕了，派人来议和，打算体面撤退。真宗急欲休战，说只要不割地，赔点钱财不在话下。寇准不但不肯赔钱，还想借机逼辽称臣，并退还燕云故地。他制定出详细的计策，对真宗说："这样能保证百年太平，不然，几十年后，辽人还会卷土重来。"真宗不耐烦地说："几十年后，一定有能人阻挡辽军，我只要管目前！"寇准还要争论不休。有人对皇帝说，寇准主战是为了抓兵权，其中恐怕有阴谋。自宋开国以来，这一点是最忌讳的，寇准只好不作声了。真宗下令派曹利用去议和。临行前，曹利用问最多能许多少银绢，真宗不假思索地说："逼不得已，百万也行。"曹利用刚走出来，就被寇准叫住，他瞪着眼睛说："虽然皇帝发了话，可你要敢超过三十万，我就杀你的头！"经过一番讨价还价，和议终于达成，宋每年给辽三十万银绢，辽宋君主以兄弟相称。

曹利用回到澶州，立刻来见皇帝，真宗正在吃饭，曹利用只好等在门外。内侍急切地问："许了多少银子？"曹利用伸出三个指头。内侍飞奔入内，告诉皇帝："已许了三百万呢！"皇帝大吃一惊，叫起来："啊！可是只要了结此事，三百万也行啊！"面见时，皇帝才知道刚才搞错了，真是大喜过望，认为曹利用有功，对他好一番夸奖，还赏赐了不少财物。于是辽宋都宣称大胜回朝。

中国最早的军事教科书：《武经七书》

公元11世纪，宋朝政府编订了中国最早的一部军事教科书，这部书汇集了中国古代七位最有才能的军事家的经典著作，所以称作《武经七书》。宋朝军队虽在与北方军队的作战中，屡战屡北，但在军事理论和实践上还是有所成就的。

公元1055年

中国大事记

至和二年，宋改封孔子后裔为衍圣公。

慢性子宰相

王旦一食三搁箸，仍不愠不怒，为政宽厚，故成一代名相。

真宗朝，寇准几起几落，而王旦在相位上一坐就是二十年。

谁能伤害他呢？

自后汉以来，王家便世代为官，王旦虽是世家子弟，仍勤奋读书，考得进士功名。王旦从小性格内向，沉默寡言，老成的样子令家人十分吃惊，祖父因此预言说："这小子能当上宰相。"真宗即位不久，他进入朝廷上层，因为稳重谦让，受到皇帝注意，大臣们也交口称赞。一天，他奏完事，恭恭敬敬地退下，皇帝望着他的背影说："只有他，能为我达到太平啊！"不久，王旦便当上了宰相。

志得意满、放浪无羁的宋代学者

宽敞的书房，精致的桌椅几榻，巨幅屏风画环绕四周，前有书童殷勤服侍。正在书几前校勘书册的学者一手挖耳，一目微闭，袒胸赤足，一副无拘无束、悠闲自得的神情。随着科举的风行，印刷术的不断改良，从事书籍编校出版的书坊从业者获得的利润也是十分的可观。此为宋人所画《勘书图》。

即使在家中，王旦也喜怒不形于色。一次，皇帝赐给他家十坛御酒，王旦的哥哥看见了，马上要搬走两坛，夫人不同意，说："这是皇帝赐的，总得等相公看过再说吧。"哥哥大怒，把十坛酒全砸碎了，夫人很生气，不许人收拾。王旦回来，看到满地酒浆碎陶，仆人七嘴八舌地诉说了一番，他只心平气和地说："人生能有几年光景？何必这么计较呢？"王旦总是不发脾气，连家里人都很奇怪，想试试他，就故意招惹他生气。一天，在菜里放点墨粉，可他什么也不说，只吃白饭。家里人问起，他只说："我今天偶然不想吃肉。"过一会，又在饭里放上墨粉，王旦放下碗，说："我今天不喜欢吃饭，给我做点粥吧。"这样的人，谁还能伤害他呢？

识人

仕途一帆风顺，王旦仍是不骄不躁。尽管他从不发怒，但部下还是很怕他。他家常常宾客满堂，但谁也不敢以私事相求。人们大发议论，王旦只是在一旁静听，发现有见地或知名的人，就会悄悄记在心里，过些时候，便把这人叫来，向他详细询问，然后记下他的特长，以后，这人

宋代辟邪石狮

公元1002年

> **公元1002年**

世界大事记：亨利二世被选为日耳曼王。

《宋史·王旦传》

人物：王旦 寇准 赵恒
关键词：宽容
故事来源：《宋史·王旦传》

再来登门，也绝不相见。待到要用人了，同僚都急不可待地引荐亲朋好友，而王旦总是根据平日的调查给皇帝提出参考意见，所以他所引荐的人总得到皇帝赞同，同僚很嫉妒，但也无可奈何。许多人得到他的推荐，自己还不知道。为此，皇帝十分满意。

君臣之间往往有些忌讳，如果有人因某件小事触及这种忌讳，便会有一场杀人灭族的大祸，明清的"文字狱"便是这样。王旦到底厚道，总是设法化解这种小事。一次，一个算命先生上书，妄谈皇室的未来，皇帝大怒，下令杀头示众，可抄家时却发现许多当朝大臣找他算命的文书，真宗气坏了，要追查这些大臣。王旦劝解说："求人算命，也是人之常情，这些文书并没有诽谤朝廷，就凭这些不能判大臣的罪。"皇帝的脸色缓解一些，王旦又拿出自己过去求神算命的文书，说："我年轻时也做过这种蠢事，一定要判罪，就连我一起抓起来吧。"皇帝感到有点理亏，摆了摆手，

宋代白釉黑彩梅瓶

说："那你去处理吧。"王旦马上到办公处，把这些文书都烧了。过一会，皇帝后悔了，又派人跑来取这些文书，可已经来不及了，只好不了了之。

装糊涂

但王旦也有懦弱的一面，明知皇帝不对，也不敢坚持。真宗后期，王钦若鼓动皇帝造天书拜神仙，真宗很想借神道树威，但一时犹豫不决，低头想了很久，说："宰相王旦该不会反对吧？"王钦若拍拍胸膛说："陛下放心好了，这事包在我身上。"王钦若找机会和王旦谈起此事，把皇帝的意思都挑明了，王旦本不是刚直之人，哪敢反对，嘴里咕咕噜噜，不置可否。这一天，皇帝叫王旦来喝酒，席间君臣无间，十分融洽。喝得正高兴时，皇帝叫人抬来一个大坛，亲热地对王旦说："这是好酒，你拿回去和妻子儿女共享吧。"王旦回家打开一看，里面装着满满一坛珍珠，他什么都明白了，便收下皇帝的贿赂，从此装起糊涂来了。

从此，闹剧开幕，大小官员忙着找祥瑞，僧人、道士、妖人纷纷作怪，民间谣言四起，怪物越来越多，东京盛传出现席帽精，白日出来吃人，百姓人心惶惶，更加迷信，一片乌烟瘴气。而每次盛典都由王旦捧着天书行礼，王旦明知不对，又不敢说，因此常常郁郁不乐。临终时，他对儿子说："我一生别无过错，只不劝止天书一事，罪不可赎。我死之后，你要剃光我的头发，让我穿僧衣入敛。"

宋代男子夏季便服（上图）
这件对襟袖单衫，衣料为盘绦纹纱，盘绦纹又称双矩纹，纹样如两"山"字相对而连，有聚财如山之意。此衫织造精细，衣质轻薄，穿着舒适，可见当时丝织技术的精湛。

蕉阴击球图（宋·无名氏绘）

公元1003年

世界大事记：丹麦王斯旺入侵英格兰。

○三一

人物：张咏　赵光义　赵恒
关键词：果断
故事来源：《宋史·张咏传》

急性子州官

张咏脾气急躁，性急吃不成热馄饨；但他思路敏捷，快刀斩乱麻，不愧能干州官。

北宋初，两川一直不太平。灭后蜀时，由于宋军的残暴，引发蜀兵反抗；太宗淳化年间，由于赋税繁重，引发王小波、李顺起义；真宗咸平年间，又爆发了兵变。当时许多地方官十分贪婪，百姓十分愤恨，农民起义时曾剖开一个县官的肚子，在里面塞满铜钱。因此，皇帝不得不认真选择能干的官员派往两川，其中，张咏两度入川，不但受到皇帝嘉奖，而且深得民心。

饮酒使气

张咏虽以进士出身，但以好侠刚强著称，年轻时曾学剑习武，饮酒使气，不拘小节，甚至路见不平，拔刀相助。贫贱时周游各地，他从不肯低声下气；当了大官，也不耐烦跪拜，往往叫接待的小吏事先向客人打好招呼，如果客人执意跪拜，他就叉开两腿仰坐着大骂，或者不停地回拜，直弄得客人手足无措为止。一天早晨，张咏穿戴好准备到官府去，出门前赶着吃热馄饨，可他一低头吃，帽带就滑下来掉到碗里，他伸手甩到肩后，再低头吃，帽带又滑下来了，两次一来，无名火就拱到脑门，只见他一把扯下帽子，把它扔进汤里，气呼呼地说："你吃！你吃！"他的脾气就这么急躁怪僻，自己也知道难以得到士人的赞赏，便干脆自号"乖崖"。他曾感叹说："幸好我读书识理，又生于太平时代，否则真不知会变成什么样的人呢！"

宋建刻本《巨宋广韵》（上图）
蕉阴击球图（宋·无名氏绘）（左页图）
图中庭院芭蕉青翠，湖石奇立，两个小儿正在玩槌球游戏，他们的母亲和姐姐在一旁观看。画面清新秀丽，具有浓郁的生活气息。

恩威并用

张咏当官执政，也带有刚强威猛的个性。各地州县衙门都有些老奸巨猾的恶吏，他们不但欺压百姓，甚至敢玩弄顶撞没经验的年轻长官。张咏初当县令时，看到一个小吏从仓库中出来，帽带上吊着一个铜钱，便质问从何而来。这种官仓老鼠平日是拿惯了的，便理直气壮地说："当然是仓里的钱。"张咏大怒，命拖下去打板子。那恶吏不服气地嘟哝："拿一个钱有什么了不起，最多打我屁股，总不能杀我吧！"张咏哪吃得了这个，立刻拿笔"唰唰唰"地写起来："一日一钱，千日一千，绳锯木断，水滴石穿。"写完笔一扔，操起剑便杀了他，然后自己到上司面前自首。从此一县肃然，贪官恶吏再不敢嚣张了。

理事治民，若一味威严，必流为酷吏，而张咏还是懂得恩威并用的。在杭州时，部下捕得许多卖私盐的贩子，张咏往往加以轻罚就放掉了。部下十分不满，张咏说："眼下发生饥荒，百姓不过靠贩盐苟活，若不让他们有活路，必然揭竿而起，那时就不好收拾了。"他到两川后，打击贪官污吏，政事简明，也注意减轻赋税，让农民归乡耕田，因此深得当地人拥戴。真宗曾赞叹说："只要你在两川，我便无西顾之忧了。"

明断

古代的州县官便是当地法官，处理民事诉讼也是繁难的政务之一。张咏十分精明干练，往往一眼洞察真伪，当地人心悦诚服，所以他办的案子往往传为佳话。有一次，公堂上来了一家人，两姐弟吵吵嚷嚷地

公元1063年

> **中国大事记**
> 嘉祐八年，宋仁宗病逝，太宗曾孙赵曙继位，是为英宗。

雄伟壮观的宋陵石雕

河南巩义宋陵，葬有北宋九个皇帝中的七个，加上宋太祖赵匡胤之父的陵墓由开封迁至此，共八座大型帝陵。此外，尚有皇后、大臣（如寇准、包拯）等陪葬墓三百多座，形成庞大的陵墓群。当初陵墓四周建有神墙、角楼，现多已倾塌，只有墓南神道两侧的石雕群仍威武壮观地屹立着。图为宋陵前的部分石雕。

争家产。姐夫说："我岳父死时，内弟才三岁，临终前他写有遗书，让我掌管家产，内弟长大后，把家产的十分之三给他，十分之七给我。"而弟弟说，儿子应享有全部继承权。张咏叫人拿来一杯酒，洒在地下，说："死者有知，本官尽知你意！"然后又对那姐夫说："你岳父真是聪明人，正因为孩子幼小才托付于你的。假如当初写好以十分之七给儿子的话，这孩子早死在你手中了。"当即判决把财产的十分之七给弟弟，十分之三给姐夫。

当时，奉命出京办事的内侍十分嚣张，地方官都很害怕。一天半夜，一群内侍叫开北门，闯进成都。张咏立刻接见，质问道："朝廷还知道张某

宋李公麟《五马图》（局部）

在西川吗？此地经历两次兵乱，所以叫我来治理。你们半夜进城，惊扰一城民众，不知有什么紧急公务？"这帮骄横的太岁内侍只好低下头，说："奉命往峨眉山烧香。"张咏冷冷地说："是要先斩后奏呢？还是要先奏后斩？你们挑吧！"这下，内侍们都吓瘫了，纷纷叩头求饶："念在小人初办公事，不知州府规矩，请大人饶命。"张咏手一挥，把他们赶出门外露宿。第二天，这帮人就灰溜溜地走了。

> 历史文化百科

〔宋代的吏胥〕

所谓吏胥即官员下面打杂的人，其名目极多，中央及地方的吏胥皆有定额，但各地往往以各种名目超额录用，以致人满为患。吏胥来源可分为差役、招募与下级官员充当三大类，北宋前期，相当多的吏并无工资，神宗时改行雇募制，此后基本不变，有验明身份、取保、考试等程序。神宗首先给仓吏高薪，并以重罚防止贪污盗窃，但乡吏仍行差役，州县吏虽行募役，也不一定领工资；当财政困难时，地方官又以各种借口拖欠或不支有禄吏胥的工资，候补试用的吏胥更拿不到钱。由于官场的文牍主义及官员的昏庸无能，也由于官有任期，且有不能任于本乡的限制，尤其在朝政昏暗时，奸吏往往能玩弄权柄，上下其手，欺压百姓，转嫁赋税，贪污敲诈，在某些地方甚至形成吏强官弱的局面。故能治恶吏的官员往往得到士林称赞，但在整个统治阶级之中，吏胥是被蔑视的低贱一族，受到士大夫的极力压制。

公元1004年

世界大事记：波兰公爵波利斯拉夫占领波希米亚。

《宋史·王旦传》故事来源
寇准 王旦 人物
赵恒 张咏
宽容 关键词

〇三二

宽容与敬佩

王旦大器，使寇准惭愧；而寇准敢为，亦使张咏敬佩。

王公器量

寇准在朝时常常批评王旦，可王旦还是在皇帝面前称赞寇准。一天，皇帝忍不住了，说："你老说寇准好，可寇准总在我面前说你的缺点。"王旦平静地说："这是理所当然的，我当宰相久了，处理政事一定有许多错误，寇准对陛下什么都不隐瞒，说明他很忠诚正直，我就是因此器重他的。"皇帝为此更佩服王旦了。

澶渊之役后，真宗更器重寇准了，王钦若又嫉又恨。一天，皇帝目送着寇准退朝，王钦若轻声说："陛下这么尊敬寇准，是因为他有大功吗？"真宗说："是的。"王钦若又说："澶渊之役，陛下不以为耻，还认为寇准有功吗？"真宗惊奇地问："这话怎么说？"王钦若微微一笑，说："城下之盟，自古以来引以为耻。陛下以万乘之尊，和辽订立城下之盟，还不是莫大的耻辱吗？"真宗垂下头，不说话了。王钦若又在皇帝耳边说："陛下听说过赌博吗？赌输的人到最后往往拿出所有的家产拼命一搏，这就叫'孤注'。陛下不过是寇准的'孤注'罢了，这太危险了。"从此，真宗便不再欣赏寇准，第二年，寇准被罢相，到外地做官去了。

宋代宰相被罢时，如果皇帝还想用他，往往送一个节度使的虚衔，以示礼遇，称为"使相"。寇准知道自己将被罢，也想得一个使相的头衔，便托人求王旦帮忙说句话。王旦严肃地说："将相头衔，怎么能求得呢？我绝不接受私下的请托。"寇准气得够呛。在朝廷商量时，皇帝想把寇准贬为小官，王旦慢悠悠地说："寇准有才气名望，给他一个使相的头衔，其风采定能使朝廷增光。"这才定了下来。第二天，当堂宣布后，寇准捧着文书跪在皇帝面前，谢道："要不是陛下知臣，我怎么能得到这个光荣头衔。"皇帝冷冷地说："是王旦知你。"寇准顿时愣住了，惭愧地说："王公器量这么大，我可远远不及。"

寇准生性豪爽，出京以后常常与人聚会痛饮，有人便来告诉皇帝，说他摆生日宴会，非常奢华，排场超过了皇帝。真宗非常生气，对王旦说："寇准什么事都模仿我的排场，像话吗？"王旦只是微笑着说："寇准是个贤明的人，只是就那么呆，拿他怎么办呢？"皇帝也笑了，说："可不是，他也不过有点呆罢了。"

宋代抄手砚，苏轼作砚铭（上图及下图）
此砚长15.9厘米，宽9厘米，高5.6厘米，系宋代抄手式样。墨池中央有一圆形石柱，柱面的碧眶黄睛石眼，象征明月。砚背有参差不一的六十余条石柱，每柱都有石眼，犹如群星闪烁。苏轼为王定国所藏此砚作砚铭："月之从星时，则风雨汪洋，翰墨ితౖ此，是似黑云浮空，漫不见天，风起云移，星月凛然，轼。"这方端砚因而名作"从星砚"。

107

公元1067年

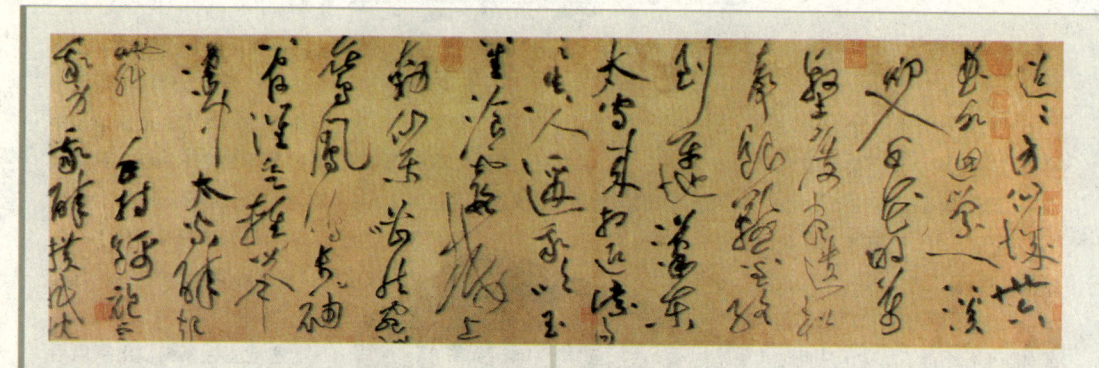

公元1067年

中国大事记：治平四年，宋英宗卒，子赵顼继位，是为神宗。

临终荐贤

王旦晚年多病，皇帝还是不许他辞职。一天，真宗命人把他抬入宫中，亲切地说："我正要托你大事，你怎么就病成这样呢？万一不行了，我把天下事交给谁好呢？"王旦说："知臣莫如君，请陛下自己考虑吧。"真宗问了几次，王旦仍不肯说，真宗只好念出身边大臣的名字，一个个问："这人如何？"王旦还是不吭声。真宗没办法，恳求道："您就试说说心里的想法吧。"王旦挣扎着爬起来，气喘吁吁地说："按臣的愚见，谁都比不过寇准。"真宗生气地说："寇准刚强狭隘，请您说说看其次还有谁？"王旦轻声说："别的人，我就不知道了。"说完，他再也不开口了。

当天书闹剧正盛时，有人对皇帝说，如今寇准最不相信神异，若得他报告发现天书，就可取信于天下了。于是皇帝派人去见寇准，威胁利诱双管齐下，寇准官迷心窍，居然答应同流合污，也上书说发现天书，不久皇帝便召他回京，重登相位。他的门生劝说道："您一进相府，一生英名就毁于一旦了，还不如留在外地做个小官呢。"寇准哪里听得进，高高兴兴进京骗皇帝去了。

回到东京，寇准便去王旦灵前祭奠，痛哭了一场。

惺惺相惜

张咏性格刚烈，自然难得和人相容，可最佩服敢作敢为的寇准。他说："让寇公治蜀，也未必比得

历史文化百科

〔翰林学士坐禁闭〕

宋代的高官由皇帝选定，但陈述升迁或罢黜理由的"制词"要找人代笔，为此翰林学士每晚都要轮流在学士院值班，以备皇帝召唤。通常晚间宦官到来，学士以客礼相见，宦官取出封好的皇帝手书，上写有用某人作某官的"词头"，然后学士被关在院中写制词草稿，宦官走时要点蜡烛仔细查看门户铁锁。五更未到，宦官带来两个书吏将制词抄成两份，以备送皇帝过目及交门下省宣布，学士校对后封好交给宦官。等到早朝宣布后学士才恢复自由。如是任命宰相，就更为神秘了。学士被召入宫中，皇帝穿便服见学士，御座旁设有笔砚，侍卫退下后，皇帝才轻声告知任某人，学士就在皇帝身边疾书制词，写完后，皇帝立即塞进袖中，然后才赐学士坐下喝茶。事毕，学士仍被宦官押回学士院，锁于院中，待第二天宣布后方才放出。

笔势豪放的黄庭坚书法（上图）

在书法艺术家云集的宋代，黄庭坚仍然处于其中顶尖的位置。黄庭坚的字笔力苍劲、恣意豪放，这似乎和他自己提倡的"无一字无来处"的细腻保守的诗风有点不协调。

公元1005年

公元1005年

世界大事记

波兰公爵波利斯拉夫为亨利二世所败，被迫退出波希米亚。

上我张咏；可在澶渊孤注一掷，我也不敢干。"张咏第二次守成都时，正值兵变之后，军内人心惶惶，骚动不安。一天，检阅当地驻军，张咏刚到校场，全体士兵突然齐声高呼"万岁！万岁！"从官吓得脸色刷白。按规矩，人们只能向皇帝高呼万岁，如今乱呼不是要兵变，便是要使张咏为难，此事传进京去，就是杀头之祸。再看那张咏，临危不乱，马上跳下马，转过身，也面朝东北，和众人一道高呼"万岁"，于是，造反的象征就变成了官兵共同效忠于皇上的举动，捣乱的士兵顿时不敢响了。寇准上朝时也曾路遇狂人对他乱叫"万岁"，此事甚至成了被人攻击的把柄。听说张咏此事后，寇准佩服得五体投地。

寇准后为小人所害，死于远方。张咏始则大哭，继则大骂，然后赌博买房置地，再也不肯诚心从政了。

对世界文明作出重要贡献的活字印刷术

在公元1040年代，平民毕昇用胶泥刻字，做成单个的字模。在印制书籍时，将单个的字模排列成书的版样。其优点是字模可以反复使用，灵活简便，所以称作"活字"，以别于此前惯用的雕版印刷的"死字"。尽管当时的活字印刷只用于民间印刷品，如佛经宣传品等，士大夫们仍习惯于富有书法艺术的手抄书卷，毕昇的这一发明从今天的人们看来，无疑是世界科学技术史最重要的发明之一，世界文明的进程都将永记这个名字。

公元1069年

中国大事记：熙宁二年王安石任参知政事，在神宗的支持下，开始进行变法。

○三三

和尚借宿成巧祸

若非向敏中明智，则和尚沉冤难雪。

太宗时，还有一位精明能干的地方官，与张咏齐名，名叫向敏中。真宗时，向敏中一度升为宰相，后在官场斗争中失败，被贬到地方当官。当时，宰相贬至外地，大都心怀不满，如张齐贤、寇准等人都不肯尽心尽力，往往终日喝酒作乐，只有向敏中努力治理地方，所以很快被委以西京留守的重任。

寒夜借宿

这时，西京洛阳发生了一桩奇案。

宋代和尚很多，有的和尚不甘寂寞，便云游四方。一天，一个和尚游到河南，看看天色已晚，正在发愁，忽见路边有一座独立民居，真是喜出望外，忙上前叩门求宿。和尚敲了半天，才有一个男人打开一条门缝，一看是个又脏又臭的游方僧，他便厌恶地皱起眉头。和尚低声下气地说："施主，外面又冷又暗，请让我在此借宿一晚如何？"男主人不耐烦地说："走走走，我家不留讨饭的和尚。"和尚再三哀求，男主人也不肯放他入内，"砰"的一声关上了大门。和尚只好在门外的破车厢里和衣躺下。

深秋的夜晚，寒风阵阵，野地上一层白霜，和尚怎么也睡不着。时至半夜，忽见一个人影一闪，翻进那家农舍院墙。和尚不敢动弹，定睛偷看。过一会，一个男人扶着一个妇人从墙上爬出来，手里还拿着一个包裹，不久便消失在黑暗之中。和尚心想：主人不肯让我留宿，我却硬要睡在这里，明天主人发现少了钱财和女人，一定会怀疑我，把我抓到县里去的。三十六计，走为上计。和尚跳起身，连夜离开这是非之地，因为恐怕被人追上，不敢走大路，便落荒而逃。黎明前天特别黑，和尚在荒草中高一脚低一脚地乱跑，突然一脚踏空，掉进一个干井，他一下昏死过去。待和尚醒来，天已微明，他睁眼一看，"哇"地一声大叫起来，原来井里还有一具血淋淋的女尸。井深壁陡，他想尽办法也爬不出去。

有口难辩

早晨，那家农户的男主人醒来，才发现女人和家里的钱财全都失踪了，便叫了一帮亲戚朋友分头寻找。不久，有人发现了那干井里的和尚，便七手八脚把他捆得结结实实，抬出女尸，送到县衙门报案。和尚大叫"冤枉"，县官哪里肯听，喝道："这秃头，铁证如山，还敢狡辩，不打如何肯招，给我狠狠打！"两种刑具还没用完，和尚已熬不住痛楚，只求速死，大叫道："我招，我招。"县官叫人放开

赵州陀罗尼经幢

赵州陀罗尼经幢位于河北省赵县城内南大街与石塔路交叉口，原是开元寺遗物，现寺已毁，只存经幢。该经幢建于北宋景祐五年(1038)，由礼部副史、知赵州王德成等督办，赵州人何兴、李玉等人建造，因幢体刻有陀罗尼经文而得名。幢高18米，分7级，造型雄伟俊秀，是我国现存最高大的石刻经幢。经幢的方形台基上刻有"妇女掩门"、各种伎乐、神佛、菩萨、蟠龙、莲花等图案和花纹，线条圆润、飘逸，人物造型栩栩如生，充分体现了当时高超的雕刻艺术。

公元1006年

世界大事记：拜占庭舰队与阿拉伯海军大战于累佐海面，取得胜利。

人物：赵恒 寇准 赵光义 向敏中
关键词：冤狱
故事来源：《渌水纪闻》卷七

面向普通百姓的绘画艺术

一位老和尚手里捉着一只鲜活的虾子，开心得哈哈大笑。像这种以老百姓的生活以及他们的喜怒哀乐为题材的绘画作品，在整个宋代的绘画中占有较大的比例。这是宋画家牧溪所绘《虾子和尚图》。

他，他只好信口胡说："小僧本与这家妇人通奸，便和她一起私奔。女人走不快，我怕主人追上，便杀了她，扔在井内，手忙脚乱之中，我也掉入井中，赃物掉在井旁，不知被什么人拿走了。"县官满意地笑了，让他在供词上按了手印，给他定了死罪，便上报洛阳。

明察秋毫

河南府的官员都认为证据确凿，可以定案了，只有向敏中不相信，认为不见赃物是很奇怪的。向敏中四次提审那和尚，他都低头认罪，只是说："还有什么好说的，总归我前世欠那人一条命罢了。"向敏中更怀疑了，再反复询问，和尚才说了实话。

向敏中公开扬言和尚罪大恶极，私下却派出许多便衣四处查访。一天，一个小吏在一家小店吃饭，店主是一个老妇。老妇问道："客官从哪里来？"小吏说："从西京来。"老妇眉毛一抖，问道："你听说那和尚杀人案了吗？结果怎么样？"小吏随口撒谎说："哦，那和尚昨天已在市口被处决了。"老妇长叹一声，又问："那和尚真冤枉，如果现在发现真凶怎么办？"小吏说："当官的就会屈打成招，一旦误判，就是后来发现真凶，也不敢再追究了。"老妇说："那么我现在说出也不要紧了吧。其实，那女人是本村的年轻人张三杀的。"小吏心中大喜，脸上还作出一副漫不经心的样子，问道："这人现在何处？"老妇抬手指了指近处一幢农舍。那小吏拔腿就跑，冲进屋内，抓住了张三，并在床下搜出了赃物。张三被送到府中，马上就低头认罪了。和尚奇冤得雪，哭哭啼啼地对知府大人拜了又拜，谢了又谢。

这桩奇案很快传遍全府，传言中不免有人添油加醋，向大人成了料事如神的小诸葛。由于到处是草菅人命的昏官，向敏中便成了穷百姓心中的偶像。

历史文化百科

〔和尚要有执照〕

《水浒传》中鲁智深、武松皆有度牒，这的确是宋代社会真实写照。宋朝规定：凡兴建佛寺、道观，须由朝廷赐给敕额，方才合法，剃度新的僧徒也有定额，一般须经考试，考试一年一度，严禁私相剃度。合法僧道的凭证称为度牒，要交纳一定的费用。高级僧道也有紫衣和师号作为凭证，师号有二字、四字、六字之分。度牒最初用黄纸，后改用绫纸。太宗太平兴国时度牒一度免费，到神宗时卖度牒成为政府重要收入来源，甚至成为高价货币在世间流行，南宋时一道度牒竟值八百贯，故当国家财政紧缺时就增发度牒，当要压缩僧道人数时就减发或停发度牒。各朝虽注意控制其人数，而总数仍膨胀起来。御前寺观及王公贵族荫庇下的寺观往往享受蠲税免役的待遇，拥有称号的高级僧道，在法律上享有特权。做佛事道场仍是僧尼道冠的无限财源，同时他们拥有大量田产，经商也相当普遍，有的甚至获得免税权。僧道地主勾结官府、富豪，有的成为地方一霸，欺压百姓，无恶不作。

公元1070年

中国大事记：熙宁三年，宋以王安石为相。

〇三四

皇帝伪造天书

伪造天书，并非小妖专利，为求长生，真宗封禅学道，一片乌烟瘴气。

《西游记》中妖怪为了赶走孙悟空，造了份天书，从天抛下，便骗过了唐僧。为了骗天下人，宋真宗也干过这种小妖勾当。

以神怪压天下人

澶渊之盟后，因参知政事王钦若说了几句，真宗终于明白这种城下之盟没什么好得意的，便赶走了寇准，但还是闷闷不乐。善于察颜观色的王钦若又凑了上来，说："陛下要雪耻，只有去泰山封禅，向外国夸耀宋朝的财富，这样才能镇服四方。"古人认为泰山是天下名山，在泰山上祭上帝，就证明这个皇帝已得到统治天下的天命，所以秦始皇、汉武帝都急于封禅。封禅虽是盛典，但劳民伤财，并不多行。真宗有些疑惑，问道："实行封禅一般都先有吉祥的先兆，比如黄龙出现，灵芝生于宫中等等，如今并没有看到这种祥瑞，又怎么能行呢？"王钦若说："传说伏羲时有龙马从黄河中钻出来，背上带有八卦图形；夏禹时有神龟从洛水中钻出，背上有怪异的文字。您以为这些都是真有其事吗？其实都是当时人假造的，而君主公布于天下，表示坚信不疑，不过是以神怪压天下人罢了。"皇帝点头不语。

怪异迭现

一天早朝，真宗当众宣称，昨天半夜宫中突然发出一片异光，一个身穿红袍、头戴星冠的仙人从天而降，他说："要在宫中建一个道场，皇帝诚心祈祷一个月，到正月就会有三篇天书从天而降。"此后，宫中便忙起来了，皇帝穿上道袍，每天斋戒烧香。第二年正月，果然有官吏来报告，在承天门最高的屋角上发现一条两丈多长的黄绸。宰相王旦等率众官来祝贺，说这一定是天书了。真宗一直走到城门下，向天拜了又拜，然后叫两个内侍爬上去取了下来，恭恭敬敬地迎入宫内。据说里面确有三篇文章，内容类似于老子的《道德经》。这一年便改为大中祥符元年（1008）。从此，各地更热闹了，今天说发现苍龙，明天说泰山冒出一股仙泉，到处都有官员进献灵芝，没多久便达到上万支，一茎两穗的稻子叫嘉禾，生得古怪的树叫瑞木，真真假假，弄得拍马屁的史官都来不及一一记录，举国若狂，许多小人以妖术得宠。只有一个不识时务的儒生说："从未听说过天说话，怎么会有天书呢？"真宗无言以对，将他赶走了事。

自欺欺人

王旦率百官及和尚、道士三万人联名上表，请真宗到泰山封禅。真宗召来管财政的丁谓问国家收支情况，丁谓说："如今国库都满出来了，每年收支相抵还

宋真宗封禅玉册（下图及右页图）
古时候帝王登泰山祭天，称为"封"；在泰山旁的小丘祭地，称为"禅"。宋真宗曾封禅泰山，规模空前。祭典时的祝祷文，刻在玉册上秘不示人。1931年出土的宋真宗玉册，有十六简，用金线串连，简上刻楷体文字，涂以金漆，富有帝王气派。盛装玉册的容器是玉匮，玉匮上的嵌片，正中刻有生动的飞龙，四周为对称的云水纹，图案精美，令人赞叹。

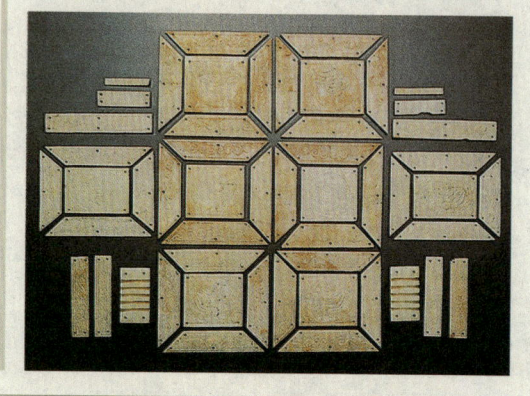

公元1007年

世界大事记：越南黎氏遣使献白犀于宋，求大藏经。

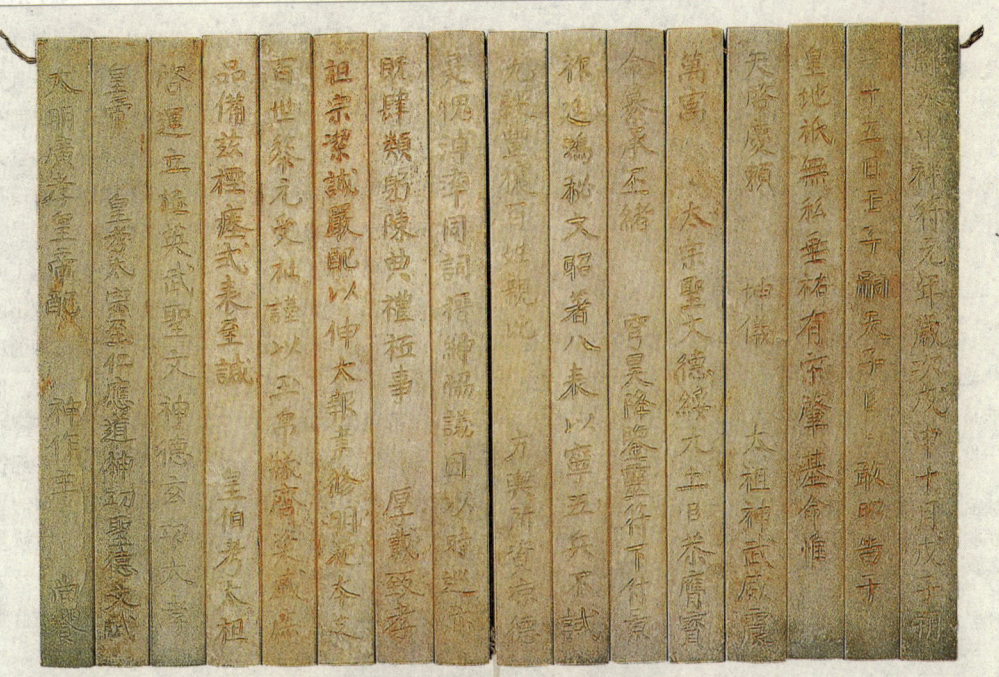

人物：赵恒 王钦若 丁谓 王旦寇准
关键词：谎骗
故事来源：《宋史纪事本末》卷二十二

节余很多。"于是，皇帝下令准备封禅，从开封到泰山沿途大造行宫，修路造桥，大肆挥霍。同年六月，又说在泰山也发现了天书，于是免不了一番祝贺、拜谢之类的表演。十月，皇帝带了几万人出京，车辚辚，马萧萧，彩旗飘扬，浩浩荡荡开往泰山，沿途官吏迎来送往，花了大量人力物力。走了十七天，才到泰山脚下，附近的乡绅百姓都来围观这百年难遇的盛典，聚集了数万人，皇帝的车队被困，随行士兵连骂带打也开不出路来。皇帝十分着急，问左右大臣怎么办，有人说村民只怕当地县里的巡兵头子，只有他才能解围，于是赶快派人去叫。过一会，一个身穿绿袍的年轻人拍马飞驰而来，村民大叫："官人来了！"便一哄而散。好脾气的真宗觉得很有趣，笑着说："难道我不是官人吗？"真宗步行上山，举行了隆重的禅礼，拜天拜地拜祖宗，忙完了，又宣布大赦天下，官员都升官得赏，各地也免不了借名目大摆宴席，回京的途中，又祭孔子祀老子，花钱如流水。

为了表示虔诚，皇帝曾令随从一律吃素。封禅大礼结束，皇帝召来王旦等人，慰劳说："众卿一路辛苦，又吃了多日的蔬食，真不容易。"这时，旁边跳出一个马知节，愣头愣脑地说："臣与王旦等人在旅舍都私下吃肉，一路上只有陛下一人吃素罢了。"他回头指着王旦的鼻子问询："王公，我说得对不对？"王旦只好跪下请罪，说："的确如此。"大臣们不信，皇帝何尝不知，不过心照不宣罢了，这时两下都苦笑起来。

真宗求神修道，不但未获长生，晚年还得了精神病。驾崩后，天书便随葬于陵墓，再也无人提起。到仁宗时，玉清昭应宫遭雷击，一夜之间几乎全都烧光，此后再未修复。

113

公元1071年
公元1072年
公元1071—1072年
○三五

中国大事记：熙宁四、五年王韶收复河湟地区，宋设熙河路。

丁谓一举三得

丁谓机智多谋，策划工程一举三得，但为人巧佞，故得"鹤相"雅号。

宋真宗时，皇宫失火，烧毁了不少宫殿，又大修道观，工程浩大。宰相丁谓负责建筑工程，虽迎合皇帝求仙，加重了人民负担，但具体筹划时十分精密，令时人赞叹不已。

系统工程

丁谓为人机敏多谋，琴棋书画无不精通。他想贸然动工难免劳民伤财，要在短时期内修复大批宫殿决非易事，首先，修筑宫殿需要大量泥土，但皇宫中没有这么多土，得从数里外的城郊去运土。

其次，各地从水路运到开封的建筑材料无法靠船筏直接运入宫中，要把这些东西从城外运到工地还得花大量人工。再次，要把烧毁的砖瓦和建筑垃圾运出城外，也不是件容易的事。

丁谓冥思苦想，终于设计出一个完美的施工方案。他先让民工在皇宫前面的大路上开挖，将取出的泥土运入工地。没几天大路便被挖成了一条宽阔的深沟，这样就备足了修复宫殿所需要的泥土。然后，他下令把深沟和城外的大河挖通，将河水引入深沟，深沟就成了河道。这一来，停泊在城外的船筏就可以径直驶到皇宫门口。再把上面的建筑材料运到工地就方便多了。宫殿修复完毕后，丁谓又吩咐民工将建筑垃圾填入深沟，没过多久，深沟又被修整成一条宽阔的大道。

丁谓的施工方案省时省力，妥善地解决了取土、运输和处理建筑垃圾的问题，一举而三得，与现代系统工程思想不谋而合。

"鹤相"可笑

真宗时大造天书，闹得乌烟瘴气，丁谓凭其聪明，也乘时于政界兴风作浪。大中祥符四年，真宗西行汾阳，举行祀后土的典礼，自然又是一场劳民伤财的闹剧。为了安置那神乎其神的天书，皇帝下令在京修

世界上最高的砖木古塔开元寺塔
开元寺塔位于河北定州市南门的东侧，是世界上现存最高的砖木结构古塔，建于北宋咸平四年（1001）。据史书记载，北宋咸平四年，寺僧慧能往天竺求经，得舍利子而归，宋真宗下诏建造此塔，于至和二年（1055）竣工，历时五十五年。由于工程十分浩大，河北地区流传有"砍尽嘉山木，修成定州塔"的民谣。宋代的定州是宋和契丹间的边防重镇，那时当地守军常登塔瞭望敌情，故开元寺塔又叫"瞭敌塔"。塔全部为砖木结构，平面八角形，13层，高84.2米，平面由两个正方形交错而成。比例匀称，外观秀丽。塔有四个正面辟券门，其余四面设假窗，雕几何形窗棂，塔内每层均有梯级，两层之间形成八角形回廊。塔内有佛龛、彩绘。开元寺塔在其九百多年的历史中，经历了十多次地震，清光绪十年（1844）六月，塔的东北面从上到下塌落下来，破坏了这一雄伟古建的完整，但塔身至今依然挺拔屹立。

公元1008年

世界大事记：伽色尼王马哈德大败印度德里、伽诺间诸国联军，大掠康格拉寺。

人物：马知节、张咏、丁谓、赵恒
关键词：机智
故事来源：《梦溪补笔谈》卷二、《宋史纪事本末》卷二二

个前所未有的道观。丁谓主持这项工程，设计十分奢华，本要十五年建成，丁谓督民工点着火把日夜加班，许多工匠辛劳致死，用七年就造成了。新道观命名为玉清昭应宫，有二千六百多间房，用彩绘金银装饰得金碧辉煌，天书被封在玉匣石匮中，皇帝常来叩头烧香。各地随之也大造宫观，耗费无数人力物力。张咏愤而上书说："造宫观耗尽天下财富，伤及人民性命，这都是贼臣丁谓作的怪。请斩丁谓头置于国门，

宋代计时器：莲花漏
宋仁宗朝有燕肃造莲花漏，在很多州使用。莲花漏就是浮漏，用两个放水壶，一个受水壶，再用两根叫"渴乌"的细管，利用虹吸原理，把放水壶中的水，逐步放到受水壶中，使受水壶中水平面高度保持恒定。相等时间内受水壶的水流速度恒定，据以测定时间。莲花漏实物已不存在，图为根据记载仿制莲花漏的再绘图。

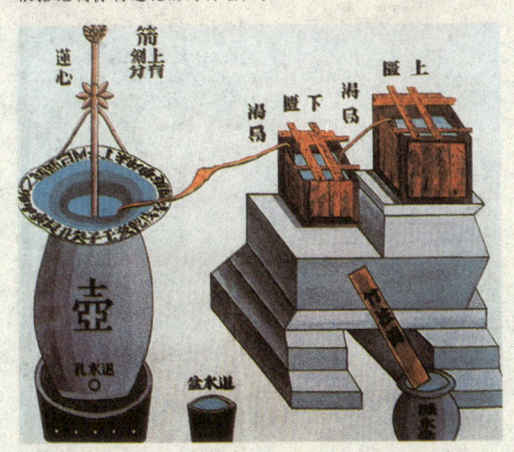

道家思想和佛教思想的和谐统一（上图）
一位道士手持羽扇正在讲解道家的理论，令人不解的是在听众里却有佛家弟子在内。和其他朝代有所不同的是，宋代提倡的是道教和佛教合一的思想体系，道教信徒和佛教信徒能够和谐相处，互为表里。这幅《山庄图》是宋代著名画家李公麟所绘。

以谢天下；再斩我的头置于丁氏家门，以谢丁谓。"皇帝将这封火气十足的上书一笑置之，谁的头也没斩。其实谁人不知这是皇帝的主意，丁谓不过善于迎合罢了。

因造宫观有功，丁谓很快爬到相位，从此更起劲地炮制神怪故事了。每次皇帝到玉清昭应宫烧香，他都报告说有仙鹤飞临；每次天书下凡，他都报告说有仙鹤舞于道路，后来几乎带翅膀的在他眼中都成了仙鹤，于是得了个"鹤相"的绰号，官绅常常传为笑谈。一天，寇准在山上游玩，一群黑乌鸦从头顶飞过，他笑着说："丁谓看到这玩艺，准会说黑鹤飞舞于仙山了。"

115

公元1073年

公元1073年

中国大事记：熙宁六年，宋代理学之倡导者周敦颐卒。

人物：马知节 欧阳修
关键词：博学
故事来源：《梦溪笔谈》《独醒杂志》卷一七

〇三六

识画

从文人到武士，皆好书画，可见一代风雅。

世上不少人收藏书画只是为了附庸风雅，他们并不具备艺术鉴赏力，只是人云亦云，凭书画家名气来争相购买书画，根本不懂那些字画是真品还是赝品，是佳构还是劣作。古人将这叫做"耳鉴"——凭耳朵来识别字画。

宋真宗时马知节是将家子，又好书善儒。他藏有一幅唐代名画家戴嵩所作的《斗牛图》，十分珍爱。

"唐宋八大家之一"欧阳修
欧阳修（1007—1072），北宋文学家、史学家。庆历三年（1043）任谏官，支持范仲淹，要求在政治上有所改良，被诬贬知滁州。官至翰林学士、枢密副使、参知政事。是北宋古文运动的领袖，"唐宋八大家"之一。曾与宋祁合修《新唐书》，并独撰《新五代史》。有《欧阳文忠公文集》。

一天闲暇无事，便把《斗牛图》铺在前厅的石阶上晒晒。有个交租的老农从厅前走过，好奇地上前看了看地上的画，禁不住暗自发笑。

马知节问："你为什么笑？你也懂画吗？"

老农说："我不懂画，可是我成天和真牛打交道，熟知真牛打架时的情景。牛在角斗时尾巴都是紧紧地夹在两个大腿之间，连大力士也无法将牛尾巴拉出来。画上两牛犄角相交斗得正凶，可两条尾巴却像旗杆似的高高翘起，与真实的情况不符。"

马知节听说戴嵩擅长画水牛，与他同时代的韩幹善于画马，世称"韩马戴牛"，名震天下，可眼下却让一个老农看出了破绽，只能表示叹服。

宋代大文豪欧阳修也曾藏有一幅古画，上面画着一丛牡丹，花的下方蹲着一只眯眼的老猫。欧阳修吃不准这幅画是否精品，便请他的亲家吴育来帮忙鉴定。吴育凝神细看，不觉脱口而出道："画的是正午牡丹。"

"有什么根据？"欧阳修问道。

吴育说："花瓣萎靡无力，色泽略显干燥，这正是中午时的牡丹。再看猫眼眯得几乎成了一条线，这是正午时的猫眼。清晨的牡丹称之为带露花，花心收敛，色泽湿润。猫的眼睛早晨和晚上是圆溜溜的，近中午时就渐渐显得狭长，正午时就眯成一条线了。"

对于吴育精到的评析，欧阳修大为折服。

宋代花鸟画代表作之一《红梅孔雀图》

公元1009年

> 世界大事记：越南李朝建立。

《涑水纪闻》卷一卷三

陆参　赵光义　赵恒

迂腐

人物　关键词　故事来源

○三七

儒生迂腐

一个死读书的儒生，以《诗经》断案，百姓传为笑谈，却深得上司赞赏。

宋代不讲门阀，科举向文人开放，真宗以后，儒学更成为压倒一切的正宗，科举为主要的取士途径。太祖时一科进士还不过十人左右，太宗时便一下子膨胀至三四百人，诸科多到七八百人，连续考不中的，还有特恩赐个进士名，名额大大多于唐代。而进士名额越多，读书人就越多，士人对功名也越热衷，为此考试方法越来越严密，弄得读书人一天到晚昏头昏脑地作文读书。

死读书不要命

宋真宗时有个叫陆参的读书人，从小就很好学，读儒学经书非常认真，而且一举一动都按经书上所说

永乐宫的壁画——三清殿西壁之天神群像

永乐宫原位于山西省芮城县永乐镇，1959年迁至城北龙泉村。宋代后建造洞庙，后来又建立巨大的大纯阳万寿宫。其中三清殿及纯阳殿等四个建筑物留存到现在，以壁画著称。主殿三清殿，以八位主神为中心，描绘多彩多姿的道教诸神，数目多达280人。人物的表情、衣服以及手持物品等，仔细观察乃具有无穷趣味。

对文学艺术杰出人士的重用和提拔

宋朝政府对文学艺术给予了前所未有的高度重视。科举制度的高度完善，国家级的文学馆、绘画馆的设立，保证了杰出人才都能网罗到政府的各级机构和学术团体中来，使他们为国效力，同时也保证他们具有相当高的地位和收入。图中显示的是朝廷为文人学士所举办的盛大宴会。此为宋徽宗赵佶所绘《文会图》。

117

公元1076年

中国大事记：熙宁九年，王安石再罢相。

的去做，有板有眼，规规矩矩的。他的父亲早死，家里又穷，便和母亲睡在一张床上。有天半夜，邻居家突然失火了，母亲惊醒过来，大叫儿子，可陆参一声不吭，母亲急坏了，一脚把他踢下床，他还是不响。过了好久，他摸索了半天，点上灯，才慢慢腾腾过来，一边行礼一边说："刚才大人叫我，因为我没穿戴好，所以不敢答应，请大人不要生气。敢问大人叫我何事？"母亲真是又好气又好笑，所幸大火没烧到他家，否则这书呆子非和那经书一起烧光不可。

呆气不改

后来他中了进士，当了县令，呆气还是一点不改。一天，部下抓来一个打家劫舍的强盗，因为他力气很大，士兵用麻绳把他紧紧捆在柱子上。陆参看到颇为不忍，对他说："你是迫于饥寒做这种事的，并不是本性不善。"便叫人给他松绑。当天晚上那强盗跑掉了，小兵忙来报告，他一边慢吞吞地叫人去抓，一边感叹说："我以仁爱之心可怜你，你还忍心辜负我，要是再被抓来，你怎么有脸见我！"旁边的官吏都忍不住笑起来。

过了几天，有两家人因争田产来打官司，那陆县官什么也不说，提起笔就在状纸上写道："你们怎么不学学虞、芮那两家人呢？"陆参用的是一个典故。虞、芮是商末的两个国家。传说在这两国边境上有两家人因为地界问题打起官司，虞、芮两国都无法公平判决，就去找周文王评理。可他们一进周境，就发现当地风气非常淳厚，农民都在地界上相互谦让，以至宁肯抛荒也不多要一点地头。他们很惭愧，于是也互相谦让，转身回家，官司自然不打了。《诗经》中"虞芮质厥成，文王蹶厥生"一句就讲这件事。陆参的意思是你们见了我这样的君子，也该惭愧，不要再打官司了吧。乡下人哪懂这些，拿了状纸到处去问，可还是没人看得懂，万般无奈，只好再来求陆大人明示。陆参给他们好好上了一课，那两人还是一脑子糨糊，陆参长叹一声说："嗟乎！一县之中竟无人懂《诗经》吗？"这两家并未因此不争吵，而这件事却成了当时人茶余饭后的笑话。但上面却有人赏识他，说他具有淳厚的古风，给予提拔。

宋代号称以文治国，终于养成一代文弱风气。

直抒胸臆的文人画（上图）

把书法的笔法引入到绘画中，绘画不求形似，而是追求境界和旨趣，这是中国文人画的主要特征。苏轼的这幅《枯木怪石图卷》，枯树屈曲盘旋，怪石嶙峋，笔墨干涩，诚如他的一位好友评说的那样，这是苏轼内心抑郁苦闷的象征。在宋代逐步形成的文人画对中国画具有革命性的意义。

▶历史文化百科◀

〔宋代的读书人〕

宋代科举考试不重门第，富贵人家仍以攻读应举为正业，而贫寒人家子弟一旦登第，极大地激励了众多的后继者，录取人数又远超前代，故宋代士人迅速增多。大部分士人未应举或落第，有的于乡间种田，有的卖文教书为生，或占卜行医，成为城市的自由职业者。宋朝士人地位大为提高，士人犯罪，在法律上享有减免处罚的特权，另有以学堂处罚取代官府公刑的做法；部分士人享有免役的特权，官府对士人较一般庶民客气，衙吏对士人不能直呼其名，要称某"省元"；士人告状，也要先受理，处理完毕才点唤一般百姓。一些士人也敢于对抗州县官，蔑视胥吏之徒，以正义的代言人自居，起到监督官员的作用。部分士人担负社会责任，参与本乡救济事业。但也有士人自以为高人一等，咆哮公堂，恶者横行乡里，成为一害。一些州县士人在学校也很不客气，县学分肉偶然分少了，学生就拿尺乱打斋仆，高声大骂。

公元1010年

公元1010年

世界大事记：越南李氏建元顺天。遣使于宋。

《宋史·李宸妃传》
《宋史·吕夷简传》

赵祯 赵恒　阴谋

人物　关键词　故事来源

〇三八

仁宗生母之谜

宫中险恶，母子生不能相认；
礼葬李妃，刘后死尚保一族

公元1021年，元宵才过，宋真宗却一病不起。他自知不久于人世，便把年仅十三岁的太子赵祯和刘皇后召到床前，对皇后说："我死后，太子即位，他年纪尚小，可将朝廷大事托于寇准、李迪。"说完便一命呜呼了。

皇帝不识亲生母

宋仁宗小小年纪便做了皇帝，刘太后乘机垂帘听政。但刘太后并不是仁宗的生母，他的亲生母亲是宫中的一个姓李的侍女，赵祯一生下来，李皇后就把他领来当作自己的儿子，和杨淑妃一起抚养，李姓侍女虽被提升为昭仪（宫中地位较低的妃子），从此却与自己的亲生骨肉断绝往来。她深

意趣盎然的《妃子浴儿图》

此幅宋代人物画以给幼儿洗澡为主题，颇有生活情趣。从摆设和场景来看，可知此非普通人家。坐在浴盆里的幼儿，因被母亲按住脑袋抠洗鼻孔而无可奈何地举起双手，其神态憨稚可爱。精致的莲花状浴盆和饰以兽头纹的提手，隐喻出了"出污泥而不染"的"洗澡"意义。

119

公元1081年

中国大事记：元丰四年，宋军大举攻西夏，大败于灵州城下。

知其中的利害关系，绝不敢说自己是赵祯的生母，再说看见儿子成了皇后的嫡子，将来有望继承皇位，对一个侍女来说，她也心满意足了。宫中不少人知道此事，但谁又敢多嘴，仁宗也就一直自以为是刘皇后的亲生儿子。

仁宗当上皇帝后，李昭仪生了重病，临死之前才被封为李宸妃，可一直到死都不敢与亲生儿子相认。仁宗也不知道自己是李宸妃所生。

宰相远见

李宸妃死后，皇太后打算以普通宫人的葬礼来处理后事。宰相吕夷简在进宫奏事时，故意问太后道："听说有个宫妃死了？"太后脸一沉说："宰相难道还要干预宫中的事吗？"说罢带着仁宗拂袖而去。然后，她又单独召见吕夷简，质问他："你要离间我们母子吗？"吕夷简不紧不慢地答道："太后如果不管你刘氏后代的安危，臣就不多说了。若希望刘氏久安，宸妃的葬礼理当从厚。"刘太后顿时醒悟过来，宰相是在暗示她，如果现在不予李宸妃厚葬，将来万一仁宗知道谁是自己的生母，刘氏一族必受惩罚。于是一扫怒容，倾身问道："以宰相之见，李妃的葬礼应以什么规格举行？"吕夷简说："应以一品礼在皇仪殿治葬，殡于洪福院。"

吕夷简又关照负责此事的内侍罗崇勋："宸妃应当以皇后的服饰收殓，棺中注满水银。"罗崇勋一一照办。

在出葬的仪式上，皇太后又与吕夷简产生了分歧。太后下诏，凿开宫墙为李妃出丧。吕夷简认为，凿墙不合礼，宸妃的棺木应从西华门出宫。太后感到规格太高，不同意以皇后的规格出丧。命罗崇勋去告诉吕夷简，吕夷简对罗崇勋言明利害："你明白谁是当今皇上亲母，如果治丧有失礼仪，将来皇帝怪罪下来，可别说我宰相事前没说。"罗崇勋听了未免心里发怵，赶紧又去劝说太后。太后终于同意。葬礼办得十分隆重，可怜的李宸妃生前与亲生儿子咫尺不能相认，死后总算享受到了相当的待遇。

真相大白

过了一年，刘太后也去世了。仁宗终于知道自己的亲生母亲是李宸妃，不禁失声大哭。下诏追赠李宸妃为李太后，改葬永定陵。这时宫中传言李宸妃死于非命，仁宗心中也不免疑惑。在李妃迁葬换棺木时，仁宗亲临现场，看到棺材中的李妃面色如生，身着皇后的服饰，不禁叹息道："人言不可轻信！"

刘皇后夺人之子，不谓不狠，但她毕竟手下留情，没有加害李妃，在处理李妃后事时，又能听从吕夷简的劝告，为自己留了一条后路。因此，仁宗对刘氏一族也颇为优待。旧包公戏有"狸猫换太子"之传奇，曰刘后夺子后逐李氏于外，由包公访得迎入云云，皆信口捏造。

> **历史文化百科**
>
> 〔武大郎的炊饼〕
>
> 《水浒传》里武松的哥哥武大郎卖炊饼为生，所谓炊饼是什么呢？炊饼类似于今天的馒头，原名蒸饼，宋仁宗名赵祯，在古代尊长的名字是不能叫的，这叫避讳，皇帝的名字连同音字都要避讳，故人们改称炊饼。还有各类汤饼，就是面片汤，有的已切得很薄，处在向面条的演变过程中，到南宋晚期，出现了"细仅一分，其薄如纸"的挂面。汤饼或称面，城里有专营面馆，因浇头的不同，面的花色也层出不穷，如丝鸡面、猪羊腌生面、三鲜面、笋泼肉面等。烧饼又称胡饼，可知为外来的吃食，在火上煎烤而成，有的夹馅，有的沾芝麻，有糖饼、白肉胡饼和菜饼等各种口味。

公元1011年

世界大事记：阿拉伯人攻入意大利比萨，大肆劫掠后退去。

人物：赵祯　**关键词**：仁爱　**故事来源**：《宋史·仁宗纪四》《宋人轶事汇编》

○三九

仁宗厚道

宋仁宗天性宽厚，在位四十二年，国泰民安。

农桑不扰岁常登，边将无功更不能。四十二年如梦觉，春风吹泪过昭陵。

这首诗说的是宋仁宗在位四十二年，国家政治稳定，百姓安居乐业，表达作者对仁宗的思念之情。

仁宗天性宽厚，虽为君王，却崇尚俭朴，平时常穿旧衣服，宫中的摆设也多年不换。一些大臣看不过去，劝皇帝更新。仁宗说，宫中所用的钱都是百姓膏血，怎能轻易浪费？有一年秋初，仁宗吃饭时，见有时鲜的蛤蜊，便问："这是哪来的？价格贵不贵？"下人答道："每枚值千钱，一次送来二十八枚。"仁宗听了很不高兴，说："我常告诫你们不要侈靡，现在动一下筷子就得花这么多的钱，我实在吃不下去。"

有一天早上，仁宗对近臣说："昨晚睡不着觉，肚子饿了，很想吃烤羊肉。"近臣说："为何不降旨索取？"

天性宽厚的宋仁宗

宋仁宗赵祯，真宗赵恒之第六子。赵祯原名受益，生于大中祥符三年四月十四日，他的五个哥哥此前相继夭折，真宗四十三岁喜得此子，了却了一大心愿。赵祯五岁就被封为庆国公，九岁封为昇王，并册立为皇太子。他少年老成，举止端庄，不苟言笑，深受真宗喜爱。真宗去世后，赵祯即位，年仅十三岁，真宗皇后以皇太后身份临朝称制。仁宗亲政后，提拔范仲淹、韩琦、富弼等人执掌朝政，采纳范仲淹的建议，推行新政。这就是著名的"庆历新政"。仁宗在位四十二年，享年五十四岁。

由丝绸和瓷器贸易而展开的对外交往

由于丝绸和瓷器等外贸活动的频繁，宋朝对外交往的途径主要是：东亚和东南亚环中国海国家，以及西亚和东欧等国家。这些国家每年都要派使臣到宋都城谒见宋朝皇帝，并带来具有本国特色的贡品献上。

▶历史文化百科◀

〔宋朝皇宫的口味〕

宋代城市中猪肉消费量非常大，但上层社会以食羊肉为主。宋皇宫御厨大都用羊肉，原则上不用猪肉。宋仁宗、英宗时，每年从榷场（边界交易市场）买来契丹羊数万只。宋神宗时，一年御厨耗羊肉四十三万四千四百六十三斤四两，常支羊羔儿一十九口，猪肉四千一百三十一斤。

121

公元1078年 — 公元1084年

中国大事记：元丰年间在宋神宗主持下，对官制进行了重大改革。

仁宗说："听说宫中想要什么东西，下面就会形成惯例。如果朕半夜下旨要食烤羊，以后他们必每夜宰羊，这不是太劳民伤财了吗？"左右听了无不为之感动。

仁宗有一次在御花园散步，不时回头。随身侍从都不知道皇帝要干什么。仁宗回到宫中，急忙对嫔妃说："我好渴，快点拿水来！"嫔妃问道："你刚才在外面为什么不喝？熬了这么久，多难受呵。"仁宗说："朕回头看了好几次，都不见有关人员。若开口要水，

文学大家梅尧臣

梅尧臣（1002—1060），北宋诗人，字圣俞，安徽宣城（今宣州）人，宣城古称宛陵，故世称梅宛陵。少时考进士，没考上，后历任州县官属，赐进士出身，最后做到尚书都官员外郎，参加过《新唐书》的编写工作。在北宋诗文革新运动中他与欧阳修、苏舜钦齐名，并称"梅欧"或"苏梅"。今有《宛陵先生集》。此图出自《历代名臣像解》。

理学家邵雍

邵雍（1011—1077）字尧夫，祖籍河北范阳，随父邵古迁居河南卫州共城（今辉县市），后又移居洛阳，北宋时著名的象数学家、理学家。邵雍随父迁居共城后，北海李之才摄共城令，授以图书先天象数之学。三十岁时，邵雍又迁居洛阳。初到洛阳，"岁时耕稼，仅给衣食，名其居曰'安乐窝'，因自号安乐先生"。平时与司马光、程颢、程颐等人交往密切。邵雍的哲学思想，主要是"先天学"。他创造了一种系统的唯心主义象数体系，运用一分为二、二分为四、四分为八这样简单的等比级数的抽象概念，说明现实世界，推测过去和未来。他的象数思想在一定程度上揭示了事物在矛盾中发展变化的规律，推进了古代象数学的发展。此图出自《历代名臣像解》。

难免有人会因此获罪，所以我忍着干渴回宫来了。"有一次吃饭，仁宗发现碗里有个小虫，他想指出来的话，肯定有人要倒霉，于是便装作没看见。

有一个书生，在成都府献诗："把断剑门烧栈道，西川别是一乾坤。"这等于是在劝成都知府造反。知府就把这个书生抓了起来，并上报皇帝。仁宗说："不过是个老秀才急于想当官而已，没必要严加处罚，就给他到边远地区做个小官也无妨。"

贵为天子，富有天下，还能崇尚节俭，宽以待人，皇帝做到这个份上也确实是难能可贵了。

公元1012年

世界大事记：日本改元长和。

《宋史·仁宗慈圣光献曹皇后传》

人物：赵祯 曹皇后
关键词：仁爱 勇敢
故事来源：《宋史·仁宗慈圣光献曹皇后传》

○四○

将门虎女

曹皇后出身将门，临危不乱。

曹皇后是宋代名将曹彬的孙女，仁宗时聘入宫，册封为皇后。曹皇后性情仁慈，生活不求奢华，喜欢在禁苑内种谷养蚕，还写得一手好字。

祸起萧墙

宋庆历八年（1048）元宵节三日后的一天夜里，宋仁宗与曹皇后正在宫中睡觉，忽然被外面的嘈杂声惊醒，只听到屋顶上传来瓦片被踩碎的声音。两人急忙披衣起床，仁宗冒冒失失地要到外面去看个究竟，曹皇后赶紧拉住仁宗，说："外面情况不明，千万不要出去，恐怕有人谋反，还是快派人去通知都知王守忠，命他速速引兵入内保驾。"

将门虎女曹皇后

曹皇后是宋代名将曹彬的孙女，仁宗时入聘后宫，册封为皇后，曹皇后性情仁慈，生活不求奢华，《宋史》称她性慈俭，重稼穑，尝于禁苑种谷养蚕，还善书飞白书。

禁苑种谷
宋史曰慈圣光献曹太后曹彬之孙女性慈俭重稼穑尝于禁苑种谷亲蚕喜飞白书

公元1084年

> **中国大事记**
> 元丰七年，司马光修《资治通鉴》成。

指挥若定

曹皇后估计贼人可能会进攻宫门，她知道宫门沉重厚实，一时难以攻破，但就怕火攻。于是便命令内侍速去取水备用。果然，叛乱者开始放火，曹皇后指挥大家用水灭火，力保宫门不失。为了鼓舞内侍的士气，曹皇后将每个参战者的头发剪下一缕，宣布明天将以此论功行赏。众人听了，作战更为奋勇。

正在相持之时，王守忠率兵赶到，很快就将叛贼镇压下去。曹皇后命令将为首分子速交刑部正法，不许株连他人。

曹皇后在这场突发的内乱中临危不惧，指挥若定，展示了将门之女的大智大勇，令仁宗大为叹服。

富有华贵气质的宋仁宗皇后像（右页图）
据《宋史》记载，北宋仁宗赵祯先后有两位皇后。始为郭皇后，后为曹皇后。此图所绘为曹皇后。皇后身着交领大袖花锦袍服，头戴龙凤花钗冠。北宋宫廷文物、图籍均为金人掠去，因此这幅画像应是南宋宫廷画家补绘的。

反对变法的宣仁太后
宣仁高太后（1032—1093）为宋英宗之后，宋神宗之母。神宗死后，高后立幼孙哲宗，并垂帘听政，起用旧党司马光，推翻熙丰新法，贬斥新党，史称"元祐更化"。元祐八年（1093），高后死，哲宗亲政，又起用新党。为打击旧党，新党曾说了许多有关宣仁太后的坏话。

这时，喧闹声越来越近，其中还夹杂着女人的哭喊声。仁宗有点慌了，曹皇后也感到事态严重，她对仁宗说："王守忠兵马未到，贼已逼近，不可不防！"仁宗已有点六神无主，一切悉听曹皇后安排。曹后把宫内的内侍侍从召集起来，编成队伍，分守宫门。一个内侍插嘴道："说不定是宫中的乳母殴打小女孩，才会有女人的哭声。"话音刚落，皇后便大声斥责道："叛贼在殿外杀人，你还在这里胡说八道！"

历史文化百科

〔宋无外戚女祸〕

宋朝虽先后出现了九次太后垂帘听政，但在强大的政府压制下，始终未危及皇权。如执政时间较长的真宗刘皇后，便受大臣层层设防。内宫女德亦以不干政为荣，代代后妃相沿，形成传统。从皇帝到大臣，对后妃、嫔御的干政都十分警惕，妃嫔直接对官府下令，往往行不通，她们的升迁及俸禄，都受到外朝监督，皇帝滥宫外戚，往往遭到朝官的抵制，也受到一定约束。宋朝制度严格防止后妃与大臣及外戚交往，宫禁十分严厉，外戚不得随便出入宫廷，即使是皇后亲人也难得一见。外戚的权势受到严格的限制，皇帝对外戚伸手要官，也常常加以限制。宋朝重文轻武，而一般不给外戚做文官，特别是不能授予显要的侍从官，不授有实权的郡守、监司。但这一惯例在徽宗时遭到破坏，高宗初沿前朝弊政，任命邢皇后父邢焕、孟太后侄孟忠厚为侍从官，遭到群臣激烈反对，在群臣的坚持下，高宗只得撤回成命，另授予二人武官系列官职。

公元1013年

> 世界大事记
>
> 丹王斯汪蹂躏全英格兰。

富有华贵气质的宋仁宗皇后像

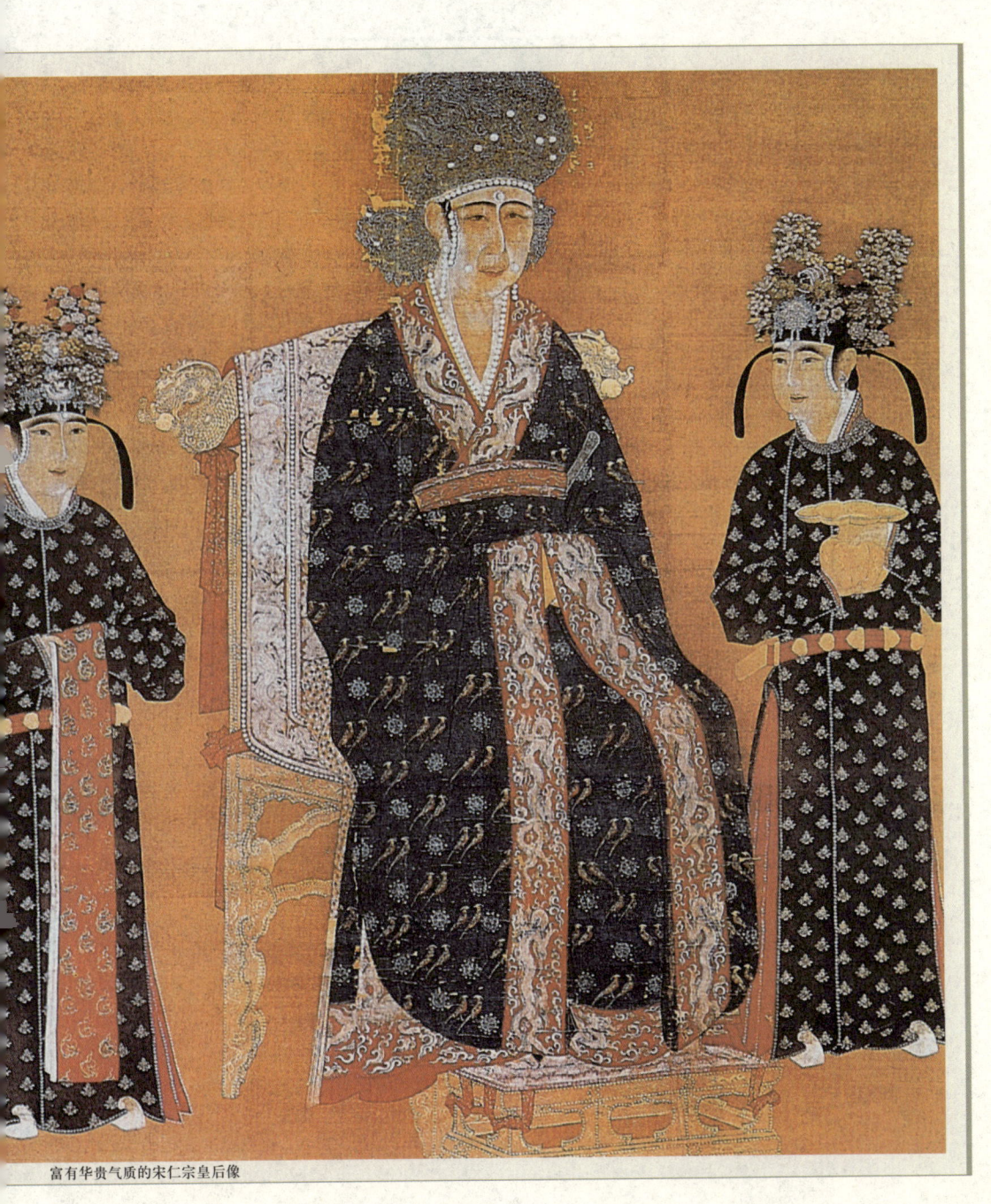

公元1094年

中国大事记 > 绍圣元年，起用变法派，贬逐反变法派。

○四一 好水川之战

西夏崛起于西北，好水川一战，宋军损失惨重。

元昊建立西夏后，采取"联辽制宋"的方针，在宋的边境挑起一系列战争。

西夏入侵

1040年，西夏军攻入延州，宋将刘平、石元孙兵败被擒。宋任命夏竦为陕西都部署兼经略安抚使，韩琦、范仲淹为经略安抚副使。摆出架势对付元昊。夏竦派人在陕西边境张贴榜文，上书"得元昊首级者，赏钱五百万贯"。消息传到元昊那里，气得他火冒三丈。张元就给他出主意，派人化装成卖箔的商贩，到边境上张贴榜文的地方，佯为卖箔，遗下一个箱子。宋人打开箱子一看，内无他物，只有一张榜文，上面写着："得夏竦首级者，赏钱三文。"表示了对宋将极大的蔑视。

九月，西夏兵侵三川寨，宋军五千余人战死，夏兵掳掠三日退去。1041年正月，元昊领兵大举入侵，造成直取渭州的态势。韩琦到镇戎军，召募勇士八千人，命大将任福率领出击。任福和先锋桑怿在山西张家堡与西夏军相遇。任福、桑怿跃马冲向夏军。夏军纷纷败退，抛下羊、马等东西，向西逃去。任福斩敌数百，十分得意，未免有些轻敌，手下将士更是争贪虏获，抢夺战利品。参军耿傅劝任福要约束部下，持重缓行，任福置之不理，准备在好水川一举全歼夏军。

支持"庆历新政"的韩琦

韩琦（1008—1075），字稚圭，宋代相州安阳人，累迁右司谏。庆历三年（1043），与范仲淹同时被召入朝，任枢密副使，支持"庆历新政"，及新政失败，出知扬州等州。王安石变法，韩琦与司马光屡次上疏反对。封魏国公。著有《安阳集》。此图出于《历代名人绣像》。

宋代的火焰喷射器：猛火油柜
这是一个利用液压原理压出柜子里的燃油，在喷嘴的地方点燃后向敌方喷射火焰的武器装置。在战场上使用火器，这在当时是处于世界领先地位的。

公元1014年

> **世界大事记**
> 亨利最后击败阿尔多伊诺，加冕为皇帝，意大利与日耳曼复归统一。

人物：元昊、韩琦、任福
关键词：夏竦、屈辱
故事来源：《宋史·夏国传上》《续资治通鉴长编》卷一二四

文人们注重生活质量和生活细节的表征：鎏金八角夹层银杯（局部）

兵败好水川

夏军且战且退，忽隐忽现，任福沿着好水川穷追不舍，待赶到了笼竿城北，却又不见了夏军踪迹。任福这才明白中了夏人的诱敌之计，可此时宋军已被困入六盘山支脉的两川之中，陷入了元昊十万伏兵的包围圈。正当任福打算寻找出路时，有士兵从路旁拾来五六个封闭严实的木盒，里面传出奇怪的响声。任福是个粗人，也不管好歹，命士兵打开，只见数百只悬哨的鸽子腾空而起，脚上的哨子发出银铃般的声响。宋兵仰头视天，莫名其妙，忽见夏军从四面八方呼啸而来。任福只得拼死一战，宋军饥渴难耐，人困马乏，加上地形不熟，交战到中午，伤亡已十分惨重，任福的儿子和几员大将都先后阵亡。任福身中十余箭，手下亲兵劝他投降，他说："我身为宋朝大将，兵败就以死报国吧！"挥动铁锏殊死抗争，面部又中一枪，铁锏坠地，就以手自扼咽喉而死。

好水川一战，宋军损失惨重。韩琦被贬官。元昊令张元在边界寺壁上题诗一首："夏竦何曾耸，韩琦未是奇。满川龙虎辈，犹自说兵机。"

此后，元昊又不断入侵，宋军连续损兵折将，处在西夏的严重威胁之中。1044年10月，宋承认元昊为夏国主，夏对宋仍保持名义上称臣。宋每年"赐"夏绢13万匹，银5万两，茶2万斤。宋就是这样拿人民的血汗来"贿赂"强敌，以求得边境的苟安。

宋十六罗汉·降龙（宋·陆信忠绘）

公元1100年

中国大事记：元符三年哲宗病逝，其弟赵佶（徽宗）继位，向太后掌实权，一度起复反变法派。

○四二 名将种世衡

种世衡智勇过人，士兵拥戴，边民服膺。

宋代重文轻武，边将多饭桶，但也有些智勇过人的良将，种世衡便是其中之一。

银子作箭靶

种世衡年少时重义气，不拘小节。他的兄弟想分家产，世衡志存高远，表示除了书籍，其他什么也不要。他本是一个聪明人，当了官，更善于调动人们的积极性。一次，种世衡要在山上造庙，一根大梁太重，人手不够，搬不上山。种世衡叫来一班演杂技的，让他们穿得花花绿绿，敲锣打鼓地在城中心招摇过市，扬言要到山上造庙的场地表演。城里的人都高高兴兴地跟在后面。来到山脚，种世衡指着那根大梁对大伙说："要看杂技可以，请大家帮忙先把这根大梁搬上山。"众人大吼一声"上"，人多力量大，没花多少时间就把大梁扛了上去。

到西北边境当上边将，他积极加强军备。由于青涧城内的军民都不善于射箭，作战时非常吃亏，为了刺激人们苦练，他宣布以银子来作箭靶，谁射中，银子就归其所有。城里的百姓踊跃参与练箭，连和尚、道士和女人也不甘人后，纷纷张弓搭箭，苦练箭术。射中的人越来越多，种世衡就把箭靶越做越小，但厚度增加，银子的重量和原来一样，人们的箭术也因此越练越精。人们在服徭役时，

埽工护黄

埽工技术是中国独创的水工技术，起源于先秦时期，其技术的成熟以宋代的卷埽为标志。卷埽一般用若干个埽捆按一定的规则组合而成。每个埽捆均用柳梢、秫秸、芦荻一类的"软料"分层铺匀，分层压上土料和碎石，用大绳穿上，最后像卷帘子一样推卷成捆。大埽的直径可达几丈，须上千人才能移动。由于埽工使用灵活，就地取材，可在短时间内制成庞然大物，而且秸草等材料有柔性，容易缓溜停淤，所以常常用于黄河等多泥沙河流的护岸、堵口等，在临时抢险及堵口截流中特别有效。图为现代将古代埽工护堤改制成水泥的护堤。

宋摹本《职贡图》（下图及右页图）

南朝梁元帝萧绎（约508－554）应是中国历史上最早的皇帝画家。他所作的《职贡图》描绘了滑国、波斯、百济等十二国使臣像。原图不存，现有宋人摹本藏于南京博物院。这幅图上，使臣着各式民族服装，拱手而立。从他们仆仆风尘的脸上，流露出来南朝朝贡时既严肃又欣喜的表情，同时也传达不同地域和民族使者的不同面貌和气质，脸型肤色，各具特点。此图线条以高古游丝描为主，间以兰叶描，简练道劲，并分层加以晕染，形象准确生动，富有装饰性。这幅宋摹本无疑是研究、了解当时各国历史风俗与中外关系的宝贵资料。

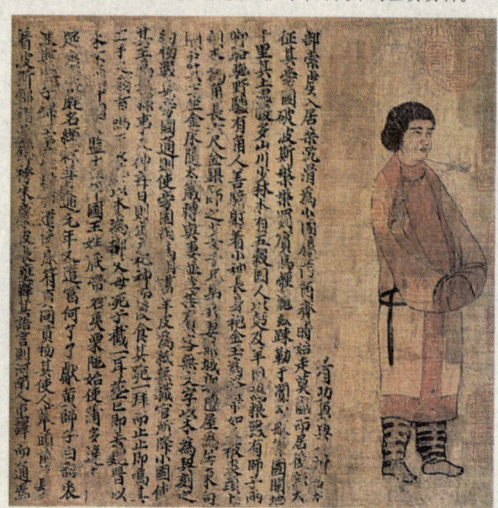

128

公元1015年 | 公元1015年

世界大事记：俄罗斯基辅大公弗拉基米尔卒，诸子侄分治其国，互相混战。

《宋史·种世衡传》

人物：种世衡　关键词：谋略　故事来源

往往挑挑拣拣，趋轻避重，争吵不休。种世衡就让这些服徭役的人比赛射箭，胜者先挑。对一些有轻罪的人，也让他们练箭，射得准的，宽大处理，罪减一等。结果青涧城中的军民都练得一手好箭，战斗力大大增强。

恩威并施

对付诸族部落，他恩威并施，颇见成效。在羌族中，以慕恩为首的部落最为强悍，种世衡就请慕恩来赴宴，并叫自己的侍姬来陪酒。喝到夜半，世衡找了个借口，故意离开大帐，然后潜伏在帐外，从壁缝中窥视里面的动静，发现慕恩正在偷偷地调戏侍姬，就突然闯进帐内，慕恩满脸惭色，吓得连忙谢罪不迭。种世衡笑道："你若喜欢她，不妨带走。"慕恩大喜过望，从此对世衡俯首听命。其他部落造反，种世衡命慕恩前往征讨，他总是倾力相助，攻无不克。

种世衡为环州郡守时，有个名叫奴讹的部落首领前往迎拜。世衡与他约定次日回访。不料当天下了一整夜的雪，积雪达三尺厚。左右都说路上太险，劝世衡改日再去。世衡说："我已和他约定，人必须守信，不可失期。"于是冒着风雪，策马前往。奴讹也以为世衡不会来了，正躺在军帐内小睡，世衡突然造访，使他大为感动。从此对世衡唯命是从。

129

公元1101年

中国大事记：建中靖国元年，向太后死。

○四三 巧施离间计

种世衡工于心计，不费一兵一卒，便除掉西夏两员大将。

种世衡干得最漂亮的是用离间计除掉了元昊的两员大将。

尔虞我诈

西夏元昊的崛起对宋构成威胁。他手下有两个得力的大将野利旺荣和野利遇乞。他们是元昊的皇后野利的兄长。两人谋略过人，长于用兵，曾在好水川等战役中大败宋军。宋人对其恨之入骨，曾企图派人去行刺，但没有成功。又派人携着金币去招降野利旺荣。野利旺荣将计就计，令部下浪埋、赏乞、媚娘到种世衡的军营诈降。世衡识破其诡计，部下要把浪埋等三人处死。种世衡说："且慢，与其杀死这三人，不如加以利用。"于是接纳三人，加以款待，还让他们负责管理商务。

苦肉计

种世衡工于心计，为了挑拨元昊和野利旺荣和野利遇乞的关系，他一直在找一个能到西夏实施间谍活动的人，终于物色到一个名叫王嵩的人。此人出身行伍，武艺高强，曾多次往来夏国，熟悉那里的地理风俗，后来迫于贫穷，出家为僧，人称王和尚。种世衡把他招募到军中，加以重用。王嵩好赌，又爱喝酒，世衡无不满足，王嵩非常感激。一天，种世衡忽然对王嵩说："我待你不薄，你却暗中与贼勾结，真是忘恩负义。"命人将王嵩拿下，严刑审问。王嵩说："我是个讲究信义的大丈夫，决不做任何对不起大人的事，你肯定是听了奸人的谗言，要杀便杀，你对我的优待我仍是十分感激的。"种世衡看他毫无怨恨之心，便上前为他松绑，说："你没有什么过错，我不过是想试探你一下，我将有重要的事情委托你。要完成这件事，你将吃很多苦，你能忍受吗？"王嵩流着眼泪对世衡说："我原来落魄潦倒，多亏将军提携，致身显荣。我常发誓要以死相报，苦于没有机会，现在要我出力，小人怎敢推辞呢？"

种世衡写了一封信给野利旺荣，故意将内容写得含含糊糊，暗示宋有意任命旺荣为夏州节度，劝他速行。写毕，将信用蜡封好，藏在一件皮袄的衬里内。王嵩临行前，世衡置酒相送，他对王嵩道："塞外苦寒，我送你一件皮袄，内有密信，到紧要

西夏千手观音像
此绢画中观音是立于莲座上的千手观音像，背光由千姿百态的千手组成，下部两则绘立于莲花座上的童子。线条纤细流畅，具有娴熟的绘画技艺，当是早期藏传佛教艺术的珍品。

公元1016年

> 世界大事记：日本三条天皇出家，让位于后一条天王。

人物：种世衡　元昊　野利旺荣　野利遇乞
关键词：谋略　机智
故事来源：《宋史·种世衡传》《涑水纪闻卷九》

戈壁滩上的"金字塔"
西夏王陵是西夏历代帝王和达官贵戚的墓地，陵园内有九座西夏帝王陵墓。各帝王的主陵墓是按汉族传统的陵墓建筑格式所建。但亦有其特色，与宋陵格局不同，亦与唐代的方形陵塔台不同。西夏王陵气势宏伟，号称塞外戈壁滩上的"金字塔"。

关头才能泄露。"又让捎上一株枣树，一幅画着乌龟的图，叫他交给旺荣。

王嵩受命后径直投奔西夏，刚出边境，就为夏的边兵押送到野利旺荣的军帐。王嵩呈上枣树和龟画，对野利旺荣说："将军派来的浪埋等三人已到宋，朝廷知你也有降宋之意，故封为夏州节度使，月俸钱万缗，请速行动。"旺荣问道："枣树和龟画又是何意？"王嵩道："枣、龟与早归同音，其意不言自明。"旺荣知道这是在挑拨他与元昊的关系，冷笑道："我向来佩服种将军，今何儿女见识。还有什么书信，快快拿来。"王嵩故意目视左右，显出为难的样子。野利旺荣深知元昊多疑，不敢隐匿，立刻通报元昊。

元昊令旺荣将王嵩押解到兴庆府，在中书省当场审问。他们对王嵩施以重刑，追问种世衡的书信。王嵩见野利旺荣在场，任其拷打，坚持闭口不言。过了几天，王嵩被带到一座寺院中，只见大厅的装饰十分华丽，竹帘中走出一人喝道："快快招来，到底有无书信！不然立刻处死！"王嵩仍不答，审问的人将刀搁在他脖子上，王嵩仍不交书信。于是下令拉出去斩了。王嵩临死才大声呼道："种将军嘱我给野利王送信，关照我不得泄露，今不幸先死，没有完成将军交给我的任务，真是对不起种将军！"审问的人再加追问，王嵩如实以对，并交出皮袄中的密信。元昊立即把王嵩请到大帐中，以优礼相待。

元昊果然心生疑虑，他派心腹将领冒充野利旺荣的部下去见种世衡。种世衡派人先去旅馆与来人交谈，发现来人十分熟悉兴庆府的情况，对旺荣的辖区则不甚了然。就有点怀疑是元昊派来的。正巧这时抓住了几个夏国派来的奸细，世衡让他们在暗中辨认来使，他们认出来使是元昊的心腹。

种世衡决定将计就计，马上召见来者，当着使者大骂元昊，称赞野利旺荣弃暗投明，归附大宋的义举。并对使者说："夜长梦多，回去后请野利旺荣将军速速行动。"使者回到兴庆府，将情况报告元昊，元昊大怒，不久便杀了野利旺荣和他的全家。

元昊再中计

种世衡计成后，又将目标对准野利遇乞。野利遇乞号称天都大王，自恃有功，与元昊的乳母白姥不和。有一次，野利遇乞深入宋境数日不还。白姥向元昊进谗说遇乞有降宋的意图。种世衡探知这事后，又开始用计。他派人买通野利遇乞的心腹侍卫，盗得遇乞的宝刀。又令人散布流言，说是野利遇乞已被白姥诬诟而死，他将在边境为天都王设祭。

于是，种世衡在边境大张旗鼓，焚烧纸钱，熊熊的火光招来了西夏的骑兵。种世衡故意扔下祭文和遇乞的宝刀，仓皇撤退。西夏兵捡得宝刀和祭文交给元昊。元昊一看，祭文上写着野利兄弟有意归宋，对遇乞功败垂成表示无限惋惜。气得元昊立刻下令捕杀遇乞。

种世衡就这样凭借智谋，不费一兵一卒，借元昊之手除掉了西夏两员大将。

131

公元1104年

中国大事记：崇宁三年，宋置书、画、算三学。罢贡举，取士皆由学校。

○四四

曹玮妙计杀敌

春秋的曹刿使敌军疲劳，宋朝的曹玮却让敌军休息。战术不定，因事制宜，却是一样的聪明。

曹玮出身将门，其父为北宋名将曹彬。曹玮沉勇多谋，十九岁就奉命镇守西北边疆，真宗时屡败西夏兵，立下赫赫战功。

有一年春天，西夏兵又来骚扰，曹玮率军迎战，西夏兵闻风溃逃，丢下了许多牛羊和辎重。曹玮侦知敌军已远遁，就叫部下赶着缴获的牛羊，带上敌军的辎重，收兵回营。一路上队伍行进的速度极慢，军容很不整齐。部将十分担心，就对曹玮说："牛羊有什么用，不如扔掉，把队伍排得齐整一点，以防敌人偷袭。"曹玮只当没听见，依旧命部队缓缓而行。

西夏军逃了数十里后，听说曹玮贪图牛羊，以致军形不整，就调转马头进行追袭。曹玮获得情报后，并不着急，反而叫军队走得再慢一点。走到一个地形有利的地方，曹玮才下令停止行军，布阵待敌。

西夏军快要逼近时，曹玮派使者迎上去说："古人言'先礼后兵'，贵军远道而来，想必十分疲劳，

曹玮礼让败敌（左图）
曹玮是宋代名将曹彬的儿子，很有军事才能，经常出奇制胜。有一次，他指挥士兵与敌军作战，敌军战败逃走，曹玮派人侦知敌人已走远，才叫部下赶着缴获的牛羊回营，一路上行动迟缓，军容散乱。敌国掉转头来袭击宋军，曹玮派人告诉敌军主将："你们远道而来，必定十分疲惫，我不想乘人之危，你们先休息一会，然后再来决战。"等到敌军休息了一段时间，曹才指挥宋军进攻，结果把敌军打得大败。部下问曹取胜秘诀，曹玮说：我故意装出贪财的样子，引诱敌人来袭，敌人走了百十里路，很疲惫，但这时敌人如果马上投入战斗，锐气尚盛，胜负很难说。所以我故意让敌人休息，远行之人，稍一休息就会感到腿酸脚痛，站都站不稳。此时进攻，当然会稳操胜券。众将这才恍然大悟。此图出于清刊本《百将图》。

集大成的军事典范著作《武经总要》
宋仁宗时，命曾公亮、丁度等编撰《武经总要》，成书四十卷，分前、后两集，前集叙述北宋初期军事制度，后集采录历代兵谋得失。图为《武经总要》中关于火药配方的记载。

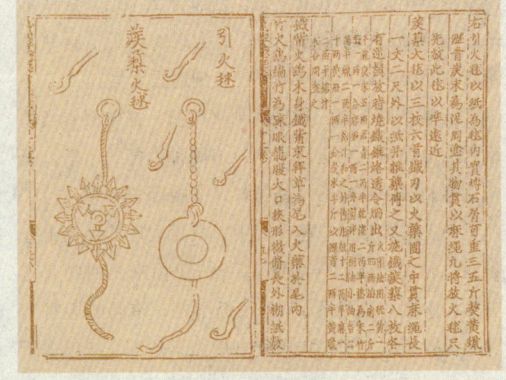

132

公元1017年

> **世界大事记**：丹麦王卡纽特为英格兰全境之王。

人物：曹玮 赵恒
关键词：机智
故事来源：《续资治通鉴》

先忧后乐的范仲淹

范仲淹（989—1052），北宋政治家、文学家，苏州人。生前以敢言闻名，曾参与推行"庆历新政"，新政失败后被贬官。有《范文正公集》传世。

位于今江苏如皋的范公祠

"我军并不打算趁你们疲惫不堪时进攻，你们可以让士兵和战马先喘口气，休息一下，过一会再开战，我们是仁义之师，胜要胜得光明正大。"

西夏军长途奔袭，确实很累，听说能让他们先休息，心想何乐而不为。于是，布好阵后，让兵马先歇一会。

等到敌军休息了好长一段时间后，曹玮派人去下战书："休息得差不多了吧，可以开战了吧？"

宋火箭

敌军首领欣然应战，双方击鼓交战，没打几个回合，宋军就占了上风，大破敌军。曹玮这才命令部下抛弃牛羊，凯旋回营。

事后，曹玮告诉部将此战能如此轻易获胜的原因，他说："我军一开始虽获小胜，但并未消灭其有生力量。所以我装出贪图牛羊的样子来诱敌上钩。敌军远去后又返身追袭，跑了将近一百里路程，自然十分疲劳，但他们刚靠近我军时，锐气尚盛，如果立刻交战，我军不一定能占上风。你们知道，走远路的人，如果停下来休息后，再起身反而会感到腿酸脚软，打不起精神。所以我先让他们松了劲，然后才一举将其击溃。"众将这才恍然大悟，无不发出由衷的赞叹。

曹玮守边四十多年，几乎百战百胜，边境的异族首领常告诫部属："曹公在此，切莫忘乎所以。"

133

公元1105年

中国大事记：崇宁四年，蔡京、童贯等大肆搜刮，设应奉局，置花石纲。

〇四五

狄青夜袭昆仑关

兵不厌诈，狄将军一夕破关。

北宋名将狄青出身于普通士兵，他擅长骑马射箭，作战时经常披头散发，戴着铜面具冲锋陷阵，所向披靡。经略使范仲淹认为狄青有良将之材，送给他一套《左传》，说："不通古今兵法的人，只不过是匹夫之勇，要成为良将，还得好好读书。"于是，狄青刻苦读书，熟读秦汉以来的兵法，在对西夏的战争中屡建战功，被提升为大将。

皇祐四年（1052年），南方少数民族在头领侬智高的率领下起兵造反。侬智高攻占了南宁，又连破沿江九州，包围广州，岭外骚动。朝廷震惊，先后派了几个大员南下征讨，都大败而回。狄青上表请战，他对宋仁宗说："臣出身行伍，愿到疆场上拼杀，立功报国。

北宋大将狄青

狄青（1008—1057）北宋大将。宋廷择京师卫士从边，狄青入其选，任延州指挥使。在战争中，他骁勇善战，多次充当先锋，率领士兵夺关斩将。在宋夏战争中，立下了累累战功，声名也随之大振。后遭朝廷猜忌，生病郁郁而死。

只要给我一部分禁兵和守边的数百骑兵，我保证扫平叛军。"朝廷就任命他为广西宣抚使，领军平叛。

侬智高的叛军扼守在昆仑关一带，依仗着易守难攻的天险有恃无恐。广西钤辖陈曙在狄青军队尚未到达时，为抢战功，率领八千步兵，猛攻昆仑关，结果大败而回。

将军夜饮

狄青将大军驻扎在离昆仑关约五十里的宾州，他说："军令不齐，是导致失败的主要原因。"首先将带头溃逃的将官驱出军门斩首，然后传令全军休整十天。当时正值元宵，军民们在城中张灯结彩欢度佳节。他宣布第一夜宴请高级将领；第二夜宴请中级将官；第三夜酒食款待全体士兵。

元宵之夜，狄青和将领们一齐在统帅府谈笑饮酒，从晚上一直喝到次日天明。一个个醉得七倒八歪地被扶出帐外。侬智高的探子急忙将狄青大宴将士的情报送到昆仑关，守关的叛军顿时松了口气。

次日晚上，狄青又大宴宾客，到二更时分，狄青起身对众人说："我感到有点头晕，各位依旧请喝，我到内室去稍稍休息一会。"侍从将狄青扶入内室，隔了一阵子，有人从内室出来对狄青的副将孙元规说，请他代替主帅主持宴会招待客人，狄将军刚吃了药，还得再休息片刻。在以后的一段时间里，一直不见狄青露面，可过一会就派人出来代表他向客人——敬酒，因此没人敢中途退席。

酒宴一直进行到第二天凌晨，突然帐外传来一阵急速的马蹄声，只见一个通讯兵冲进帐内，大声高呼："捷报，捷报，狄将军已于昨夜三更攻破昆仑关。"

军官们大吃一惊，他们没想到狄青在二更退席后，悄悄地率领轻骑去偷袭叛军，不到一个时辰便攻克了昆仑关。原来他设宴大庆元宵不过是放烟幕迷惑

公元1018年

> **世界大事记**　拜占庭灭第一保加利亚王国。

狄青　赵祯　勇敢　《宋史·狄青传》《梦溪笔谈》卷一三

人物　关键词　故事来源

富有哲理的佛教宝幢（右图）
层层叠叠、由下往上逐级攀升的塔式造型由简入繁、具有强烈烘托和渲染效果的工艺特征，都在给观者传达这样一个寓意：佛理玄奥无穷，只有经年累月刻苦修炼，才能由浅入深，最后达到至高境界。敌人，诱使他们麻痹大意，然后，出奇兵攻其不备，打它个措手不及。

不贪军功

此战杀敌数千，生擒五百多人，侬智高乘夜色遁逃。人们在打扫战场时发现一个身穿龙袍的尸体，不少人就推断侬智高已死，怂恿狄青向朝廷报功。狄青说："这不过是掩护侬智高出逃的骗局，我怎能为贪功而欺骗朝廷呢？"

侬智高刚开始反叛时，越南曾主动要求出兵助宋平叛，边将余靖认为可行，准备了大批军粮接济越军，皇帝也打算给越兵提供大量饷银，并答应平叛后加以重赏。狄青坚决反对，他上奏道："越南声称出兵助我讨贼不知是真是假，向外借兵来平定内乱并非上策。一个侬智高就搞得两广不安宁，国家无力平叛，借兵蛮夷，岂不给邻国看轻？蛮夷贪利忘义，起而效尤，得寸进尺，朝廷将穷于应付。因此，决不可同意向越南借兵。"皇帝同意了狄青的意见。平定叛乱后，人们纷纷称赞狄青不仅骁勇善战，而且有政治远见。

雅致的油滴釉碗
宋代瓷器。碗内壁所施黑釉在烧制过程中，由于铁的氧化物富集，冷却时局部形成饱和状态，以赤铁矿和磁铁矿的形式从中析出晶体，形成黑色"油滴"斑，故称油滴釉碗，是黑釉瓷器中的一个特殊品种，十分珍贵。陕西省博物馆藏。

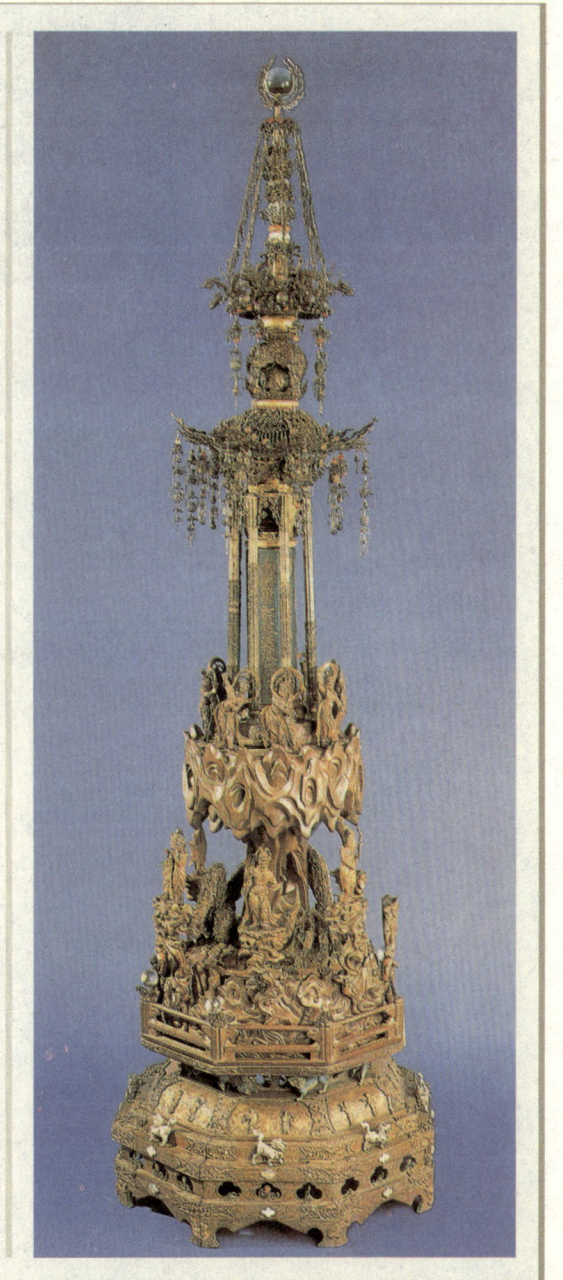

公元1115年

中国大事记：政和五年，女真族完颜阿骨打称帝，国号大金。

〇四六

包拯判案

说不完的包公故事，清正廉明的包大人垂范后人。但历史上的包公并不如传说中那么神奇，他也有上当受骗之时。

包拯的大名在民间流传甚广，平头百姓大多喜欢这个包青天。其实，包拯在正史上所占的篇幅并不多，不过史家也指出他性情刚直，嫉恶如仇。

巧断牛舌案

包拯是个大孝子。中进士后，朝廷任命他到建昌做县官，因父母年事已高，他辞官不就。后来又让他当和州的税务主管，他老爹老妈恋恋不舍，希望儿子不要远离家乡。包拯没当几天税务官便弃官回家，侍候双亲。父母去世后，包拯在他们坟边筑庐守墓，迟迟不愿离去。家乡父老数次前来劝说，包拯才到天长县做了县官。

有一天，一个人来县府告状，说是他的牛给人割了舌头，不知道是谁干的。包拯心想，肯定是仇家所为。就说："看来这牛是活不长了，你且回家，宰了这头牛，把牛肉卖了。"牛的主人只得回家，杀牛卖肉。没过多久，有人来县里告牛主私宰耕牛。包拯大喝一声："你为何割了人家的牛舌，还要来告人私自宰牛？"那人大吃一

古代清官的典型包拯
包拯（999－1062），字希仁，庐州府合肥（今安徽肥东）人。他当过天章阁待制和龙图阁直学士，故人称"包待制"、"包龙图"，民间则呼其为"包公"、"包青天"。包拯是古代清官的典型和代表，后世有关包公办案的各种故事、小说、戏曲层出不穷，一直延续至今。此图出自《历代名臣像解》。

宋代以儿童为主题的画作大量涌现（左图）
类似作品颇多，都是描绘当时的生活情景，这种题材的画，大都传为宋人苏汉臣之作。

公元1019年

世界大事记：诺夫哥罗德亲王雅罗斯拉夫迁都基辅，成为大公。

人物：包拯　关键词：清廉　故事来源：《宋史·包拯传》

铡陈士美

此年画画的是著名的包公怒铡负心郎陈士美的故事。

惊，稍加审讯，便不得不承认正是他割了牛舌。牛舌案使包拯声名大振。

阎王包老

包拯在端州当知府时，政治清廉，深得人民拥护。端州出名砚，每年要把端砚作为贡品献给朝廷。前任知府借机大肆搜刮，超过朝廷应征数额的几十倍，拿去贿赂朝中权贵，为自己升官发财铺路，搞得端州的百姓苦不堪言。包拯到任后，命令制砚工每年做足上贡的数量后，便停止生产。从而杜绝了以端砚行贿的来源。他本人在离任时，没有带走一块端砚。

包拯当开封知府时，对贪官污吏严加惩治，谁来说情也不行，贵戚宦官把老包视为掌管地狱的阎罗王。当时民间流传一句民谣："关节不到，有阎王包

> **历史文化百科**
>
> 〔杀婴之风〕
>
> 宋代福建路尤其是西部山区，出现杀婴成风的丑恶现象，其他地方如岳鄂地区、江南东西路、淮南西路，甚至如两浙路的某些地区，也出现了这种现象。宋代不光溺杀女婴，连许多男婴也不能幸免，有的地方一家仅留一子，其余哪怕九个全是男婴也都不要；有的地区一般只养二男一女，其余则舍弃；有的地区男多杀男，女多杀女。甚至一些士大夫家也不能免此恶俗。其形成原因相当复杂，如丁税过重，贫下户不堪重负；贫民迫于贫困，无法养育儿女；富室则恐怕诸子均分财产使其家失去经济上的优势；而最根本的原因还是迫于人口过剩压力，出现了"多子固为人之患"的思想。朝廷严禁杀婴，地方官员施以劝导和法禁的两手政策，官府也推行资助产妇、给米助养及收养弃婴等慈善事业，但也只能奏效于一时，不能从根本上消除这种现象。

137

公元1118年

> **中国大事记**
> 重和元年，宋遣马政渡海使金，开始试探联金攻辽。

老。"按照旧例，讼诉双方不可直接到知府案前申诉，而包拯大开正门，任人民诉冤，衙吏不得阻挠。当时不少官僚仗势侵占河边的公有土地，建造私人花园，导致河道淤塞，包拯一怒之下，将这些私人花园全部毁掉。百姓无不拍手称快，京师内连妇女儿童也都知道有个铁面无私的包公，贪官污吏不得不有所收敛。

包公上当

但是包拯也不像小说戏剧描写的那么神，他也有上当受骗的时候。有个人犯了罪，按刑律，将受杖打惩罚。包拯手下的一个小吏接受了犯人贿赂，与犯人约定："今天府尹审案时，肯定要我来记录你的罪状，到时你大声呼冤自辩，我自有办法为你分罪。"包拯一上堂，囚犯便照小吏的吩咐，拼命为自己分辩。这时，小吏摆出一副凶神恶煞的样子，大声呵斥："别再多说了，快快受了杖责，滚回牢房去吧。"包拯平时最看不惯官吏仗势欺负囚犯，怀疑小吏打算敲诈囚犯，叫人当场打了小吏一顿，转而对囚犯宽大处理。不知道这正中了小吏的计谋。小吏利用包拯嫉恨官吏苛刻的心理，达到索贿营私的目的，实在是狡猾透顶。

包拯性格峭直，铁面无私，他虽然官至高位，日常服饰饮食与平民百姓没什么区别，为了防止被人利用，与亲戚故友断绝来往。他曾言："我的子孙如有当官贪赃枉法的，生不可放归本家，死不可葬于家族墓场，违背我意愿的，不是我的子孙。"他的故事后来经小说和戏剧的传播在民间广为流传，"包公"便成了清官的代名词。

清官备受百姓推崇的社会是一个可悲的社会，因为这反衬出贪官之多。包青天的故事之所以广泛流传，深入人心，也正反映出人们对清官的向往，对贪官的憎恨与无奈。

补衲图（宋·刘松年绘）

公元1020年

世界大事记: 埃及阿尔·萨喜尔嗣位为哈里发，在位十五年。

〇四七

《宋史·鲁宗道传》《厚德录》 — 故事来源
鲁宗道 王缙 赵祯 — 人物
识才 — 关键词

鱼头参政

鲁宗道人称"鱼头参政"，一因鲁字鱼头，二因性格刚烈，"骨鲠如鱼头也"。

忠实可大用

宋仁宗时，朝廷中有个名叫鲁宗道的参知政事，他为人刚直，遇事敢言，经常上书弹劾一些贪官污吏，有时在皇帝面前大胆揭发那些特权枉法的皇亲国戚。朝中的权贵对他又恨又怕，就给他起了个绰号"鱼头参政"。因为他姓鲁，性格刚烈，"骨鲠如鱼头也"。

鲁宗道喜欢喝酒，经常抽空在居所附近的酒馆饮酒。有一次皇帝有急事召见他，使者到他家等了好久，才见他喝得满嘴酒气回家。鲁宗道叫使者先进宫通报，自己随后就到。使者问："如果皇上问你为什么迟迟不来，怎么回答？"鲁宗道说："就照实回答。"使者说："这样的话，皇上肯定要怪罪你。"鲁宗道答："饮酒是人之常情；说谎是欺君之罪。"皇帝果然问了使者，使者就把鲁宗道的话对皇帝说了。皇帝再问鲁宗道，鲁宗道说："有老朋友从家乡来访，臣家里太穷，没有像样的杯盘，就拉他一起上酒馆喝了几盅。"皇帝看他实话实说，倒也没怪罪，反而认为他"忠实可大用"。后来鲁宗道病危，皇上赠白金三千两，以示慰问。死后，追认为兵部尚书。

忠厚长者

鲁宗道之所以能官居高位，得到皇帝的垂青，却应感谢当年的一个芝麻绿豆官王缙。那时，王缙为司门郎中，鲁宗道是他的部下司户参军。鲁宗道家境贫寒，一大家子人全靠他一人赡养，微薄的薪俸经常难以自足。王缙不时从经济上给鲁宗道一些资助，但还是入不敷出。鲁宗道便要求王缙挪用公款，让他预支俸金。王也给予满足。

鲁宗道平时对下属管理极严，难免引人怨恨，有人就揭发他预支俸金。这一来自然牵连到王缙。王缙对鲁宗道说："你不要担心，把事情都推给我好了。"鲁宗道说："这怎么行？此事只因我太穷，不能自给，才向你告贷，错全在我，怎能让你代我受过。"王缙说："我不过是碌碌无为的一介书生，并没有在仕途上青云直上的奢望。当个小官，有点俸禄养家糊口就心满意足了。治我的罪未必能对我造成多大的伤害。"

说唱伎乐俑

宋代说唱艺术十分发达。说话四家是宋代城市娱乐场中专门演唱故事的四个门类，即银字儿、铁骑儿、说经说参请、讲史。一般来说，银字儿演述小说故事，铁骑儿演述的是战争故事，说经说参请专讲与佛经有关的事，讲史专门演述历代兴亡史迹。在说话四家中，当数银字儿和讲史影响最大。

公元1121年

中国大事记：宣和二年，宋、金订立"海上盟约"。两浙爆发方腊起义。

磁州窑：大俗之雅

如果御用汝瓷确为大雅之雅，那么，磁州窑瓷器无疑就是大俗之雅。这件河南省鹤壁市鹤壁集窑出土的白瓷盘，反映了磁州窑系划花产品的典型风格，所刻钱文毫不掩饰作者对钱财的渴求。

况且挪用公款，还不至于被撤职。你年轻有为，志向远大，是国家的栋梁之材，为了眼前这点小过影响前途太不值得，与其两人一起受处分，不如由我一人承担。"

王缮向上级表明鲁宗道并不知情，独自一人承当了全部责任。鲁宗道感到十分过意不去，王缮却若无其事，脸上没有流露出丝毫怨恨委屈的表情。事后，鲁宗道仕途顺利，青云直上。王缮却留职察看达二十多年。

直到晚年，王缮才得到举荐，在吏部受到皇帝的召见，在陈述过去的功过时，提到了鲁宗道的名字。这时鲁已是朝中大官，就站在殿中。宋仁宗问他："难道就是你么？"鲁宗道于是将当年的事实真相全都讲了出来。仁宗大为感动，称赞王缮道："真是个忠厚长者啊。"

皇帝下令，重用王缮，让他改任大理寺丞，并多次掌管有名的大郡。王缮一直活到八十九岁才去世，晚年田园丰殷，子孙满堂，时人认为这是因为他当年帮助鲁宗道所得的善报。

北宋皇室为佛寺特制的黄金供养钱（下图）
山西五台山乃我国四大佛教名山之一，是举世闻名的佛教圣地。1988年春天修建佛塔时挖出一批淳化佛像金钱，黄金质地，成色在90%以上。正面书有"淳化元宝"四字，背面铸有左立、右坐两尊佛像。坐佛背部有佛光屏，手持如意。两尊佛像下均有莲花座。佛身立体隆起钱面，五官清晰可辨。佛像造型逼真，体态栩栩如生，是北宋皇室为供奉五台山的佛寺而特制的，像这样成批的金质佛寺供养钱在我国还是首次发现。陕西省博物馆藏。

公元1021年

世界大事记：日本改元治安。

《宋史·程颢传》

程颢　明断

人物　关键词　故事来源

〇四八

程颢辨年察奸

"一个四十岁的壮年人，村里人会称他为'三翁'吗？"程颢一语断疑案，可见理学家并不总是迂腐的。

程颢是宋代著名的理学家，他资性过人，极有涵养，不仅学问好，办事能力也相当强。

程颢在山西晋城为县官时，当地发生了一件疑案。有个姓张的财主，父亲死后留给他一大笔田产，邻人都十分羡慕。有一天，有个老头找上门来，说："我是你的亲生父亲，想来和你共同生活。"然后向他讲述了事情的来龙去脉。

凭空来了个亲爹，张氏不胜惊讶，吃不准此事是真是假，就带着老头上衙门请县官判别。

程颢问老头："你说是张氏亲生父亲，证据何在？"老头答道："我早年出外行医，一直在各地奔波，妻子生了儿子后，家里太穷，恐怕养不活，就送给了张氏。某年某月某日，由某人抱去，有人亲眼看到。"

程颢问："事情已过去这么多年，你怎么还记得如此清楚？"

老头说："儿子送人的事情是我回家后才得知的，当时就将详情记在处方簿的后面。"说着便从怀中掏出处方本。

程颢一看，上面确实写着"某年某月某日，由某人把儿子抱去了张三翁。"程颢又问

北宋著名理学家程颐
程颐（1033－1107），早年与兄程颢师事周敦颐。他与兄程颢，被世人合称为"二程"。认为"理"或"道"为万物本原。二程著述被后人合编成《二程集》。

张氏："你今年多大？"回答道："三十六岁。"又问："你死去的父亲今年多大？"答道："七十六。"

程颢冷笑了一声，对老头说："他出生时，张姓父亲才四十岁，村里的人可能称呼他为'三翁'吗？"

骗局被一言揭穿，老头吓得赶紧趴在地上低头认罪。

还有一次，有一个人借他哥哥的老房子居住，偶然从地下挖出不少银钱。他兄长的儿子就到程颢那里告状说："那些钱是我父亲所藏，应当归我所有。"

程颢问："你父亲是哪一年藏的？"答："四十年前。"又问："你叔叔借住在此有多少年了？"答道："二十年了。"程颢吩咐下人将挖出来的银钱拿一些来看看。然后对上诉者说："宋政府所铸造发行的钱，不到五六年就流遍天下。这些钱是你父亲在世好几十年前所铸的，怎么可能是他所藏的呢？"上诉者张口结舌，无言以对。

程颢还勇于破除迷信。茅山的一个湖泊中有五色的蜥蜴，当地奉为神龙。有

北宋思想家程颢
程颢（1032－1085），理学奠基者。提出"天者理也"和"只心便是天，尽之便知性"的命题，把理作为宇宙的本原。程颢是主观唯心主义心学的发轫者，他的"天地万物理无独必有对"，对后来的理学，尤其是陆王心学，影响很大。二程著述被后人合编成《二程集》。

141

公元1121年

中国大事记：宣和三年，方腊起义被镇压。宋出兵攻辽燕京，大败而归。

二程理学

二程，是北宋哲学家程颢和程颐。二程兄弟同师于周敦颐，开创洛学，奠定了宋明理学的基础。二程把"理"作为哲学最高范畴，认为万物出自一个"理"，有"理"就有了"气"，气聚而成万物。要认识这个"理"则需通过格物致知的方法，通过"去人欲"而"存天理"，进而演出"克私己之利欲维护纲常"的伦理。二程的主要著作有《二程全书》，程颢的《识仁篇》，程颐的《易传》、《颜子所好何学论》等等。

引以为骄傲的天文学成果

宋代有不少科学成果在世界上处于领先地位，天文学便是其中之一。中国的科学家们早在11世纪就知晓了近一千五百颗恒星，并作了精确的定位。而欧洲直至此后的三百年还远未达到这样的成果。

好事者捕了两条，准备进京奉献给皇帝，不料中途逃掉一条。外面就传说那条神龙飞入云中，远逝而去。程颢不信邪，派人搜捕，把那条"神龙"抓住后，煮杀吃了。

历史文化百科

[《宋史》对现代科学的贡献]

现在我们在银河系中观察到的正在膨胀的蟹状星云是一个非常迷人的天体。科学家发现，它的位置正好是《宋史·天文志》中所明确记载的一个位置。北宋时期的1054年，在天关星附近爆发了一颗客星（超新星），即"天关客星"。经过国内外学者的广泛研究，现在已经确认，正在膨胀的蟹状星云及其中的强射电源正是1054年天关客星的爆炸遗迹。中国古代丰富的天象记录，使当代的科学家发现了星云与超新星的发生学关系，这是天体演化学上的重大发现。宋人十分重视史学，记天文、地理、灾荒、异事等也不厌其详，未曾想为科学史留下了珍贵史料。

公元1022年

公元1022年

世界大事记：法兰西马尼教派13人被当局活活烧死，首开使用酷刑处罚"异端"之例。

人物：赵祯　司马光　王安石　赵顼　赵曙

关键词：果敢

故事来源：《宋人轶事汇编》卷二一　《宋史·王安石传》

○四九

拗相公搞改革

"天变不足畏，人言不足恤，祖宗之法不足守。"只有最固执的王安石才能实行新政。

神宗用安石

北宋中期，各种社会矛盾都暴露出来，官越来越多，吏治却越来越腐败，庞大的国家机器越来越运转不灵，国家财政十分困难，军备更加虚弱，偌大一个帝国，竟无法抵御一个骄横的辽国，只好用钱财买得暂时的平安，如今又多出一个西夏，更使边防捉襟见肘。仁宗以后，"积贫积弱"成了当时的热门话题，官绅士人都深以为耻，改革成为人们的共识，只是如何改革，众人还没有达成共识。仁宗中期的庆历年间，范仲淹进入执政班子，尝试进行整顿吏治的改革，史称"庆历新政"，但因触犯了贵族、官僚的利益，只推行了一年多就被迫停止了。

仁宗当了四十一年的皇帝，尚能保持太平，可称为守成之君。仁宗没有儿子，宗室赵曙以继子身份入继皇统，后史称英宗。英宗很有个性，也曾想对朝政进行一番改造，无奈身体状况不佳，只做了四年皇帝就死了。英宗的儿子赵顼继位，后史称宋神宗。神宗即位时只有二十岁，给老朽的朝廷带来一股勃勃生气。他看不惯官场的腐败习气，对宋朝的弱国地位愤愤不平，一心要学唐太宗，做一番大事业，力图使宋在自己手里富强起来。因此，他与敢作敢为的王安石一拍即合，很快掀起了改革的浪潮。

拗相公

王安石脾气犟，人称拗相公。王安石下台后，皇帝曾问司马光："你看王安石这个人怎么样？"司马光说："现在王安石失势，人们都说王安石奸邪，这样诋毁未免太过分了，其实王安石本意也是为国家好，只是他不晓事，又过于执拗。"

其实，在做宰相前，王安石的固执就很有名了。天子脚下的东京，聚集着不少闲人泼皮，常为一点小事闹出人命官司。有一个少年养着一只斗鹑，他的朋友看中了这只斗鹑，很想弄到手，好话说了一大箩，鹑主还是不同意，那人趁他不注意，

英年早逝的宋神宗
宋神宗为宋朝第六代皇帝。1066年被立为太子，次年即位，时年仅二十。他立志改革，重用王安石，实行变法，力图挽救北宋中叶的财政危机。神宗在位十九年，三十八岁便英年而逝。

143

公元1123年

> **中国大事记**
> 宣和五年，宋以大量钱帛赎回燕京及所属六州。

偷了斗鹑，拔腿就跑。鹑主顿时大怒，追了上去，猛踢一脚，不料正中要害，那人倒地不起，一命呜呼了。开封府将鹑主抓获，判处死刑。这时，王安石在京为官，案子上报到他手里。王安石阅罢案卷，大笔一挥批驳道："按照法律，公取、窃取都以偷盗论罪。该少年不予斗鹑，其友擅自携去，其行为与偷盗无异。追杀是正当的，打死盗贼又有什么罪？开封府误判无罪为有罪，应当纠正。"府官当然不服。闹到大理寺，大理寺判定开封府对案件的处理无误，维持原判。按当时惯例，王安石错判应向有关部门赔礼谢罪。御史台数次催他去认错，但王安石坚持自己没错，就是不去谢罪。因王安石名声很大，人们也拿他没办法。

有一次，某大官请客，邀来不少朝官到他家饮酒赏花。东道主命人捧上鲜花，请来宾佩戴。司马光为

《岁朝图》里的过年习俗
主人在中堂招呼前来拜年的客人，由门前交谈的访客、侍仆，以及鹤及狗等动物，可看到当时士大夫家里过年的景象。而事实上，当时人家里确有养鹤的习惯。此图由宋画家董祥所绘。

历史文化百科

[宋人好戴花]

宋人不论男女老少，或贵族平民都喜欢戴花。花分生花、绢罗花两大类，生花即真花，城郊出现种花的专业户，绢花罗花是用绢罗为材料做的仿生花，工艺十分精巧，大城市的手工业中就有专门的面花儿行或花团。平时妇女在发髻或冠上插花，多是茉莉花或白兰花。皇帝举办的宴会，照例赐臣戴花，因是皇帝所赐，又称御花。根据节日、宴会的场合，所赐御花也不同，年节宴会多为仿真花，依品级高下，花的材料、颜色、数量也不同。如南宋时花分三种，大罗花以赐百官，有红、黄、银红三色；栾枝赐卿监以下官员，为用各种颜色的罗制成的双枝花；大绢花以赐将校以下武官，分红、银红两色。北宋时，每年三月，皇帝与大臣到金明池边踏青，宰相以下都赐给鲜花，君臣皆簪花以归。洛阳盛产牡丹，故俗尤好花，每年春天，城中无论贵贱皆插花，即便是贩夫走卒也不例外。南宋末，宫中流行戴琉璃花，不久就成为京城的时尚，为时局担忧的人，因"琉璃"与"流离"同音，以为此是不祥之兆。

政治家文彦博
文彦博（1006—1097），字宽夫，汾州介休（今属山西）人。天圣五年（1027）进士。由地方官升至殿中侍御使。宋夏战争期间，他出任河东转运副使、都转运使、知秦州等职，对加强西北防务出力颇多。庆历七年（1047），任枢密副使，再升参知政事。次年，镇压贝州王则兵变有功，升任宰相，力主裁减冗兵，节约军费。皇祐三年（1051）罢相，出任知许、青、永兴等州军。至和二年（1055）复相。三年后，又出判河南、大名、太原等府，封潞国公。治平二年（1065），任枢密使。后因反对王安石变法，出判河阳、河南等地。宋哲宗时，司马光任相，他被授以军国重事，参与废除新法。有《文潞公集》。此图出自《历代名臣像解》。

公元1024年

世界大事记：德意志法兰克尼亚王朝建立。

人朴实，不喜欢戴花，但不好意思拒绝，就手拿鲜花放在胸前。王安石却把鲜花掷于一边。主人一个接一个敬酒，司马光平时不喝酒，但碍于面子，也只好勉强喝了几盅，可王安石始终滴酒不沾。主人对他也没办法。

不畏人言

王安石议论高奇，有矫世变俗之志，在官场树敌甚多，当他协助神宗实行变法时，更是朝野汹汹，非议蜂起，但王安石不为所动。神宗虽想变法强国，但看到反对的人如此之多，也未免有些动摇。他对王安石说："你听到三不足之说吗？"王安石说："没有。"神宗说："外面人们议论纷纷，说什么现在朝廷以为天变不足畏，人言不足恤，祖宗之法不足守，这是什么道理？"王安石回答道："陛下自己管理政事，没有流连享乐，这就是惧天变。陛下征询、采纳人们的意见，岂不是恤人言？然而人言固有不足恤者，如果合于理义，人言又何足恤？以人言为不足恤，并没有

错。至于不死守祖宗制定的法规，本来就应当如此。仁宗在位四十年，数次修改法规。如果法一定，子孙就当世世遵守，祖宗为什么还要屡次变更呢？"

面对众多的反对派，王安石曾作《众人》一诗："众人纷纷何足竞，是非吾喜非吾病。颂声交作莽（王莽）岂贤？四国流言旦（周公）犹圣。"表示他不媚世从俗、坚持变法的决心。但要真正实行改革必然会触及一部分人的利益，也必然会遭到这部分人的坚决反对，王安石变法同样遭到保守派的围攻，连支持他的神宗皇帝也几度动摇。王安石曾对神宗感叹说："天下事像煮汤，才下一把火，又接着泼一勺水，哪有熟的时候啊？"

宋代的玩具

宋代民间雕塑玩具兴盛，各种民间工艺雕塑小品，较之前代，显得更加活跃。宋时风俗，把一种别名"化生"的小娃娃造型的"唐喝乐"视为吉祥物，每逢七夕，送给新婚夫妇，以作生子之瑞。唐喝乐就是泥塑和瓷塑的娃娃。宋代出土的一组泥孩儿，笑容无邪，憨态可掬，有人认为就是宋代的雕塑玩具磨喝乐。

公元1125年

中国大事记：宣和七年，辽天祚帝被俘，辽亡。金军大举攻宋。徽宗逃走，太子赵桓（钦宗）即位。

○五○

奇人王安石

王安石奇在不拘小节，更奇在既固执又开明。

王安石因进行变法而搞得是非蜂起，贬之者把北宋亡国的责任全归咎于变法，褒之者则将他称之为伟大的改革家，到20世纪70年代，王安石又被人戴上大法家的桂冠，拿出来大肆炒作了一番。可见王安石的确是个奇人。

不讲卫生

王安石虽然官至相位，但生活上不拘小节，尤其不讲卫生。他经常不洗脸，以致脸上时常黑一块白一块的，不知底细的人还以为他生有皮肤病呢。有一次，吕惠卿对王安石说："先生你脸上长有黑斑，用花园里的菱草泡水来洗，可以去黑斑。"王安石说："我脸皮本来就长得黑，不是什么黑斑。"吕惠卿又说："菱草也能使脸皮变白。"王安石笑道："我的皮肤天生就黑，用菱草洗又有什么用？"王安石的门人见王安石面色黧黑，就去问医生。医生说："这是因为太脏，不是什么病。"门人就搞了点皂荚子，请王安石用来洗脸。王安石还是那句话："天生脸黑，再洗也洗不白。"

王安石患哮喘，医生开的药方中有紫团山人参，很难搞到。正巧有个朋友从河东回京，带有紫团山人参，便送了几两给王安石。王安石硬是不收。有人劝王安石："先生的病非此药不可治，还是收下吧。"王安石脸一沉说："没有紫团山人参，我不也活到了今天。"坚决不接受，弄得朋友很没趣。

王安石五十岁时在金陵为母亲守丧，悲伤过度，更加不管穿戴，搞得蓬头垢面，衣衫不整。荆南知府潘夙遣人送信给王安石，信使来到王家，见大厅前的

历史文化百科

[宋代妇女离婚改嫁多]

宋明理学后成为明清泛滥成灾的节烈观的理论支柱，程颐"饿死事极小，失节事极大"之类的言论更成为以理杀人的名言。但理学在宋代思想界并未占据支配的地位，北宋时，妇女离婚改嫁者较多，即便是世家大族也不罕见；一般社会舆论对改嫁妇女还比较宽容，反之，认为强令不许改嫁是不合人情的；直到南宋时，士大夫仍然认为应当尊敬改嫁、离婚的生母。见于史籍的再婚妇女如范仲淹的母亲谢氏、岳飞前妻刘氏、词人李清照等。宋代法律规定：妻子从娘家带来的陪嫁财产、及婚后得自娘家、及自己陪嫁财产的增殖部分，当改嫁时，她可带走，这与明清的法律不同，对改嫁妇女较为有利。但理学家极力鼓吹妇女守节，在士大夫阶层中影响逐渐扩大却是事实。

北宋改革家王安石

王安石（1021—1086），北宋政治家、思想家、文学家。提出变法主张，推行富国强兵的政策。因保守派反对，新法遭到阻碍被辞退。封舒国公，改封荆，世称荆公。有《临川集》、《临川集拾遗》等残卷传世。

公元1025年

世界大事记：日本课诸国造佛器，修京都大路。

《宋人轶事汇编卷一〇》

人物：王安石　关键词：赵顼　故事来源：果敢

养蚕业和丝织业的兴盛

丝绸和瓷器一样，都是中国特有的物产。在宋代的富人阶层里，崇尚穿着华丽而舒适的丝绸衣服，由此带来了养蚕和丝织行业的兴盛。这是绘于宋高宗时期的《蚕织图》，图中详尽地解说了由种桑养蚕到织成丝绸贩卖的行业全过程，上面还有宋高宗妻子吴皇后的亲笔题字。国家大力支持能带来巨额税收的养蚕和丝织行业发展，希望好的经验和技术能很快传播到全国各个地区。

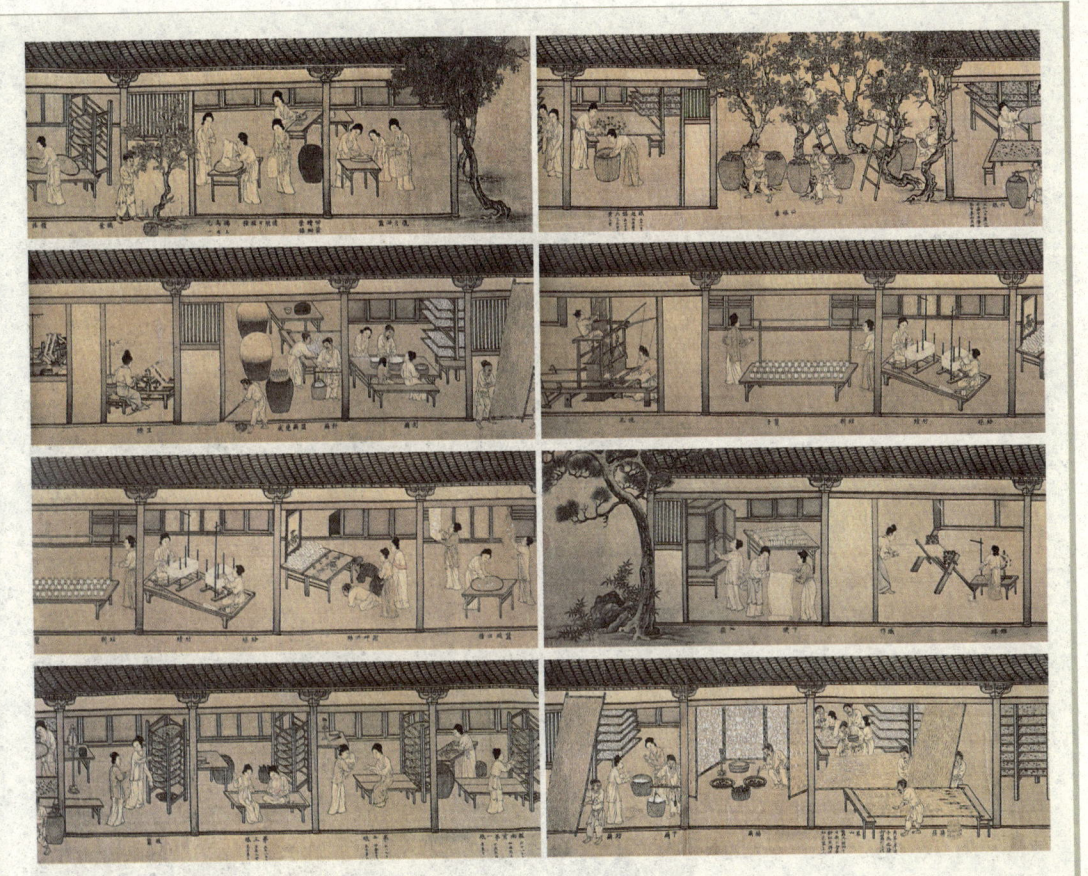

地上坐着一个老头，又瘦又脏，以为是给王安石看门的老兵，就叫他把信送进去。那老头接过信，席地而坐，拆开信封读了起来。信使一看急了，大声呵斥："信是给你们主人王安石的，你一个看门的怎么可以自行拆开。"旁边的人笑着告诉信使："他就是我们的主人王安石。"吓得信使慌忙跑出门外，连声道："真是个好主人，好主人。"

王安石平时衣冠不整，对吃的也不讲究。仆人议论说宰相爱吃獐肉，王安石的夫人听了感到很奇怪，就问："你们怎么知道宰相爱吃獐肉？"仆人答道："他吃饭时别的动也不动，唯独把獐肉全部吃光，可见他喜欢吃獐肉。"夫人问："吃饭时，獐肉放在什么位置？"答道："就在他的筷子边上。"夫人说："明天吃饭时，在筷子边上放别的菜，把獐肉放得

147

公元1126年

中国大事记：靖康元年，正月，开封被围，在李纲领导下，宋军民迫使金军解围而去。十一月，开封再度被围，不久失陷。

自给自足的农村经济

日出而作，日入而息。这是千百年来中国农村自然经济的生动写照。和城市商品经济的兴旺繁荣不同，宋代农村经济大多仍是以一家一户为单位的自给自足式的自然经济。自己种田，自己织布制衣，这种小规模的生产方式多依赖于自然条件，如遇上意外灾害，家庭生活便十分艰难了。此图为宋王居正所绘《纺车图卷》。

远一点。"仆人按吩咐摆菜，结果王安石把靠近筷子的那碗菜吃得精光，獐肉连碰都没碰。原来他是看什么菜近，就吃什么，并不是特别爱吃獐肉。

治家开明

王安石性情固执，但并非不通人情。夫人曾给他买了个小妾，王安石有些不以为然，问道："你来干什么？"小妾答道："夫人让我来侍候老爷。"王安石问："你的身世如何？"小妾说："我原先的丈夫是个低级军官，为朝廷押送粮食，不料翻了船，受到处分，家产全部没收，欠了一身债，只得把我卖了。"王安石不胜伤感地问道："夫人用多少钱买了你？"答道："九十万。"王安石便派人找到她的丈夫，让他们夫妻复婚。

王安石的儿子王雱才气虽高，脾气极怪，是一个精神病患者。他妻子生了个男孩，元泽看那孩子长相和自己不同，就怀疑妻子不忠，认为小孩不是自己亲生，竟然千方百计要杀掉自己的儿子，结果把年幼无辜的孩子折磨死了。小夫妻俩每天不是吵，就是闹。王安石知道媳妇是清白无辜的，不忍心看她受儿子的虐待，就干脆出面让两人离婚。他担心流言对媳妇不利，还亲自帮她另找了个婆家。在封建时代，遇到这样开明的长辈，真是幸运。

神宗去世后，保守派得势，改革措施全被废除，王安石郁郁而终。

公元1025年

世界大事记：西班牙民族英雄洗德出生。

《宋史·邓绾传》

邓绾 赵顼 司马光 王安石

怪诞

人物　关键词　故事来源

○五一

好官我自为之

"笑骂由你笑骂，好官我自为之。"邓绾因马屁而得官，因马屁而失官。

王安石变法，受到不少朝臣的反对，但有神宗皇帝支持，毕竟权倾一时。一些官员地位不高，野心不小。他们看准时机，借拥护变法来达到升官发财的目的。邓绾就是一个典型。

因马屁而得官

邓绾本是宁州的一个通判，为了迎合王安石，他给皇帝上书说："王安石的才干犹如古代的姜太公。陛下重用他，实施新法，百姓得利，无不欢欣鼓舞，竞相歌颂当今圣上的恩泽。臣在宁州对此深有体会，从宁州一地就可看出全体，整个国家因变法而日益繁荣富强，可见新法为史无前例的良法。希望圣上坚持实施新法，不要为个别的反对意见所动摇。"与此同时，他又私下写信给王安石，对新法大加赞美，极尽阿谀奉承之能事。

看了邓绾的来信，王安石十分高兴，在皇帝面前多次提及邓绾，于是神宗下诏召见邓绾，几次催他快点骑马来东京。邓绾到后，皇帝派人在顺天门接他，马上召见。邓绾见了皇上，先是大谈边境的事情，皇帝颇为赏识。神宗问他："你认识王安石吗？"他说："不认识。"神宗道："他是当今的圣人。"又问："你认识吕惠卿吗？"他说："也不认识。"神宗说："他是当今的贤人。"

退出朝后，邓绾马上去拜见王安石，二人一见如故，谈得十分投机。王安石问："家眷带来了没有。"邓绾说："接到来朝通知后，便急急赶来，不知朝廷将会委任我做什么官，所以不敢贸然带家属一同来。"王安石说："应该一块带来，你不会再回

重现生前家庭生活的墓葬
为了让死者在去世后能过上与生前一样的富足生活，有钱人家建造了规模甚大的墓室，并且用壁画或雕塑的形式，将墓主人生前同家人及仆人的生活状况再现出来，以此表明，死者如生，一切和以前相同。这幅壁画表现的是墓主人的妾与她的女仆们在一起。此为白沙宋墓前室壁画。

《侍女侍妆图》（白沙宋墓后室壁画）

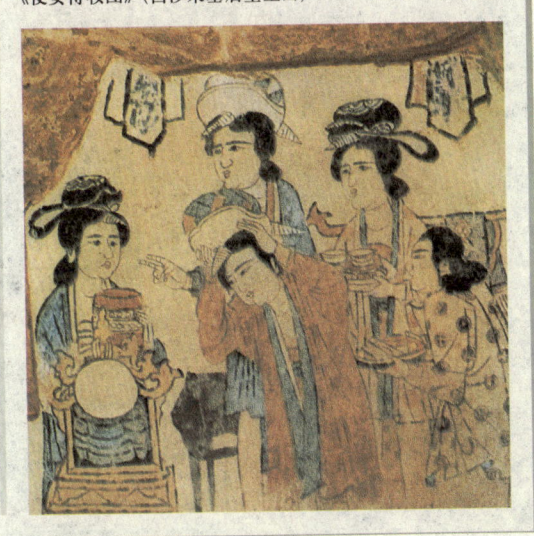

149

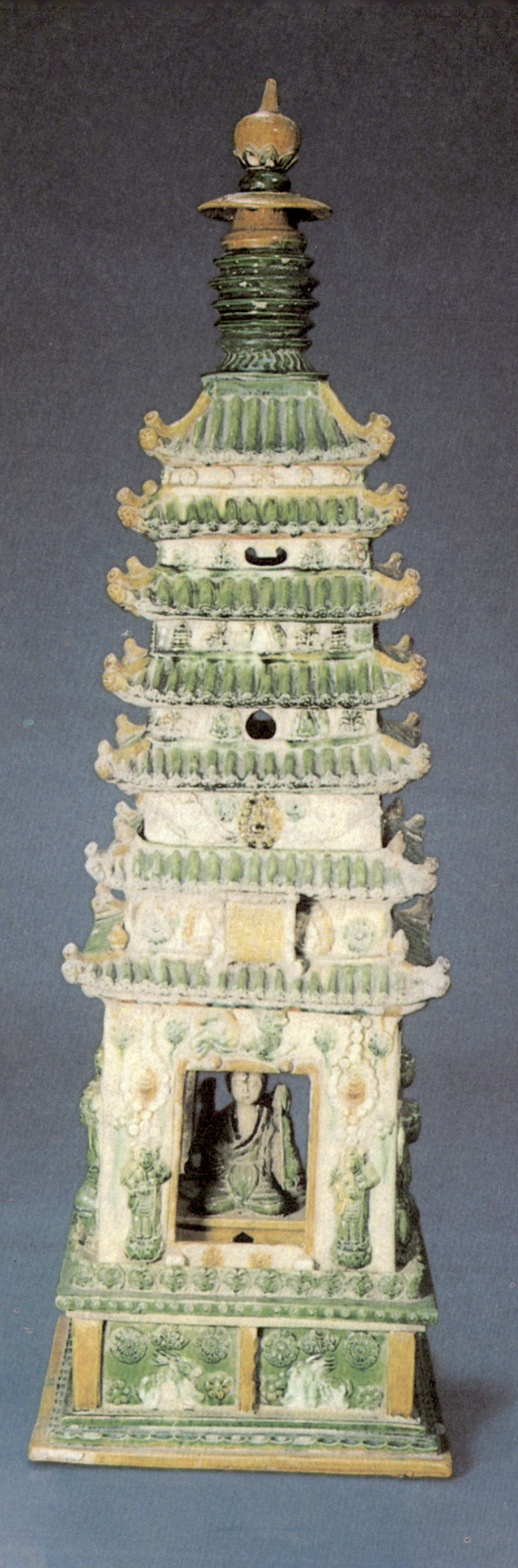

罕见珍品「宋三彩」

公元1027年

世界大事记：神圣罗马帝国康拉德二世在罗马加冕为皇帝。

推磨彩绘砖雕
此砖雕为宋墓出土，砖为灰青色，砖雕一个磨房，内有两个妇人正用手推石磨，墙上挂有箩筐、簸箕等物。画面生动真实，是研究宋代民俗的重要资料。

罕见珍品"宋三彩"（左页图）
1966年在河南省密县挖掘出土，为999年（北宋咸平二年）制。高98厘米，河北及河南各地出土的舍利容器，大都被称为"宋三彩"，是罕见的珍品。

原地做通判了，朝廷对你另有重用。"邓绾听了心里美滋滋的。

过了几天，有两个朝官上奏，说是邓绾熟知边事，应当仍让他回宁州做事。邓绾知道后气得要命，愤愤不平地对人说："朝廷急召我来，难道是为了让我再回宁州吗？我已经与王安石打过招呼了。"人们问他："你想做多大的官呢？"邓绾说："做个朝廷的谏官总是够格的吧。"别人以为邓绾只是自吹，没料到第二天邓绾果然被任命为谏官。邓绾好不得意，但他在东京的同乡知道他是靠拍王安石的马屁才得此殊遇的，很看不起他，冷嘲热讽的话语不时传入邓绾的耳朵。邓绾不敢和同乡相见，还厚着脸皮自我安慰："笑骂由你笑骂，好官我自为之。"

因马屁而失官

王安石一度辞去相位，邓绾便改换门庭，投靠与王安石不和的吕惠卿。后来王安石官复原职，邓绾为了掩饰自己的丑行，又对吕惠卿翻脸不认，揭发吕惠卿在华亭抢夺民田的事，致使吕被贬官。

邓绾看到王安石政敌不少，担心王安石一旦失势，自己没了靠山，便向皇帝建议重用王安石的儿子和女婿。没想到这回弄巧成拙，王安石不但不领情，反而对皇帝说："邓绾是个反复无常的小人，他的言行有伤国体，应当受到惩罚。"结果邓绾被降职，逐出京城，在人们的笑骂声中郁郁而终。

因马屁而得官，因马屁而失官，邓绾可谓是机关算尽太聪明，反算了自己性命。

法事僧乐彩绘砖雕
宋代的丧葬习俗上，佛道二教的渗透，形成僧人做法事的习俗。图为出土于宋墓彩绘砖雕，画面从左到右，有两位俗家弟子与一位僧人各持乐器正在奏乐。此砖雕对研究宗教音乐和宋代丧俗有重要意义，是不可多得的实物。

151

公元1127年

中国大事记：靖康二年，金军俘徽宗、钦宗二帝北归，北宋灭亡。同年五月，钦宗弟赵构（高宗）于应天府称帝，改元建炎，南宋建立。

〇五二

脚踏实地司马光

> 司马光说："我没有什么超过他人的地方，但平生所作所为，没有什么不可对人明说的。"

在反对王安石变法一派中，最有威望的是司马光。有趣的是，尽管两派水火不容，作为两派旗帜的王安石与司马光，却没有多少个人成见，为国家大事吵得面红耳赤，但绝不涉及人身攻击，谈到对方的学问人品，都十分尊敬。

以诚待人

司马光曾问别人对自己的看法，那人说："您是一个脚踏实地的人。"司马光深以为然。确实，司马光并没有从事过什么轰轰烈烈的政治变革，也没有多少足以炫耀的政迹，却以他平实的作风赢得世人的赞誉。

司马光一生以"诚"待人，这和他所受的家庭教育不无关系。司马光五岁时，一次他要给胡桃剥皮，胡桃太生，皮剥不下来，他姐姐来帮忙，也不行。姐姐走后，来了个婢女，用开水烫了烫，就把胡桃的外皮剥了。他姐姐回来，问是谁剥的，司马光撒谎说，是他剥的。父亲司马池正巧看到真实情形，就训斥道："小小年纪竟敢说谎。"这件事给年幼的司马光留下很深的印象，从此他再也不敢说谎了。年长以后，司马光还把这件事记在纸上自励。

司马光小时与一群儿童在庭园里玩，一个孩子失足掉进一个装满水的大缸。孩子们吓得惊慌失措，纷纷逃离现场。司马光异常冷静，从地上搬起一块大石头，朝水缸砸去。水缸被砸破了，水全流了出来，里面的孩子得救了。此事在当地传开了，有人据此绘成"小儿击缸图"加以宣传，这个故事一直流传至今。

著名史学家司马光
司马光（1019—1086），北宋大臣、史学家。他的史学著作有《资治通鉴》二百九十四卷、《考异》三十卷、《目录》三十卷、《通鉴举要历》八十卷、《历年图》七卷、《稽古录》二十卷、《本朝百官公卿表》六卷。其中《资治通鉴》是我国古代最著名的编年体史书。

和王安石一样，司马光生活也十分俭朴，后来虽然当了朝廷大官，仍保持朴素的生活作风。自称"食不敢常有肉，衣不敢常有帛"。他不喜奢华，甚至让人感到简直有点迂腐。有一次过元宵节，他夫人想出去看灯。司马光说："家里不是点着灯吗？何必到外面去凑热闹。"夫人道："不光看灯，还想看看外面的人呢。"老先生怒气冲冲地说："难道我不是人吗？"

司马光的夫人不育，朋友劝他再娶个小妾，司马光不愿意。朋友硬是给他配了个妾。可司马光对小妾视而不见。有一次小妾打扮得花枝招展，走进他的书房，想引起他的注意。司马光头也不抬，只管自己

公元1028年

> 世界大事记：拜占庭帝国君士坦丁卒，其女索伊及索伊之夫罗马勒斯共主国政。

人物：司马光、王安石、赵顼
关键词：正直
故事来源：《宋史·司马光传》

读书。小妾走近书桌，拿起一本书问道："这是什么书？"司马光起身拱手答道："此是《尚书》。"搞得小妾十分没趣。

"不诚之事，不可为之。"司马光常这样说。一天，司马光叫手下的老兵去卖马。他特意关照老兵："这匹马每到夏季就会发肺病，你必须对买者交代清楚。"

谦谦君子

司马光二十岁中进士甲科，但他并不因此炫耀自己，总是到处说自己并不擅长作文。神宗皇帝打算选他为翰林学士，也就是当皇帝的秘书，这是文人学士最羡慕的文职。而司马光连上辞呈，声称自己"拙于文辞"。但神宗执意要他，把他请入宫中，耐心地说："古代的君子，有的人学问好，但不善于作文。有的人文章好，但学问不行。只有董仲舒和扬雄文章学问两者兼长。你司马光也是两者兼长的人，为什么要推辞呢？"司马光坦诚地说："翰林学士要给皇帝起草文件，这种文件一定要用骈四俪六的文体，我写不好华丽的骈体文。"神宗说："就写汉朝那种文体也行啊。"司马光说："大宋可没这样先例。"神宗说："你能考中进士，还说不会写骈体文，这讲得通吗？"司马光低头不语，可还是不肯就职。司马光走出宫殿，神宗命内侍带着任命书追出去，硬逼司马光就任。司马光还是不同意。内侍说有皇帝圣旨，你必须回宫谢恩。司马光只得回宫，神宗示意内侍将委任书塞到司马光的怀里。司马光这才当了翰林学士。

司马光起初也主张改革，但看不惯王安石轰轰烈烈的执政作风，认为新法太欠考虑，容易害民，主张实实在在地办事，与王安石意见不合，便退居洛阳，闭门著书，写成《资治通鉴》一部大书。后来王安石罢相，神宗逝世，司马光东山再起，回开封时，欢迎的人把道路都堵住了。他当上丞相以后，把王安石的新法全部废除，过了一年，他也死去了。而在他们身后，关于新法的是是非非仍争论不休，几度反复，直到北宋灭亡，仍无定论。

司马光曾言："我没有什么超过他人的地方，但平生所作所为，没有什么不可对人明说的。"脚踏实地，一生光明磊落，一个政治家能做到这点也确实不是件容易的事。

《资治通鉴》草稿
《资治通鉴》是司马光在官场上失意而退居洛阳的十几年里，发愤著成的著名历史巨著。在掌握大量原始素材的基础上，司马光亲自删繁取精，对素材加以剪裁和润色，所以《通鉴》虽是集体编写，但行文、体例一贯，如出自一人之手。

历史文化百科

〔坐轿的习俗〕

轿子又名肩舆、檐子、兜子等，北宋时，百官多骑马，那些体弱多病的元老大臣得到特许才得以坐轿，如司马光拜相后，特许乘轿。王安石罢相后，居钟山，乘毛驴代步，有人劝他乘轿，他说："自古王公虽不道，未尝敢以人代畜也。"但富商大贾颇有乘轿招摇过市者，宋太宗时就下令禁庶人乘四人或八人抬的大轿，但仍屡禁不止。宋高宗将朝廷搬到扬州，因南方多雨路滑，下令允许百官乘轿，故此后不问大官小官都可乘轿出入了。而民间迎娶新娘，在北宋时已用花轿，世俗认为乘轿子比乘花车风光，到南宋时，已普遍用花轿迎娶新娘。

153

公元1128年

中国大事记：建炎二年，金军大举南攻，宗泽在开封一带组织义军抗金，不久病逝。

○五三

一程成三苏

眉山一门出三位大师，苏洵、苏轼、苏辙之大名无人不晓，殊不知三苏之成名，皆与一个女人有关。

文学史上著名的唐宋八大家，苏氏父子就占了三家。殊不知三苏的成名，皆与其家程夫人有关。

家有贤妻

程氏出身官宦人家，十八岁嫁入苏家，当时程家富有，苏家极贫，夫君苏洵既无功名，又不善经营家产。苏家婆婆极为严厉，家人走过，发出脚步声，都会被她臭骂，大家都很怕她。程氏过门之后，并不摆大家闺秀的架子，勤俭持家，对上恭敬有礼，对下和蔼可亲，因此苏家人都很喜欢她，甚至那位严厉的婆婆正在发火，一看到新媳妇也会眉开眼笑。有人曾劝程氏："你娘家这么有钱，父母又把你视为掌上明珠，你只要说一声，必然有求必应，又何必忍受这种苦日子呢？"程氏微微一笑，说："我有求于父母，当然无所不可，可万一传了出去，别人说起闲话，说我丈夫养不起妻子，还要靠老丈人，那让他还有什么脸面呢？"于是，程夫人回娘家始终不提夫家的困境。

婚后，苏洵仍不将功名放在心上，程夫人也不多言，就这么平平淡淡地过了几年。一天早晨，他突然对夫人感慨说："我今年已达二十七岁，但觉得自己还可求学向上。只是这个家全靠你维持生活，我若专心求学，家怎么办呢？"夫人眉毛一挑，赶紧抢过话头："我早就想对你说了，可不知怎样说才能使你愿意为我去读书。只要你有志读书，把家业交给我好了。"苏洵只当闺房玩笑，漫应道："好呀！"可傍晚回家，方知夫人已将陪嫁带来的首饰及服装等值钱物品全卖了。苏洵这下急了，追问夫人要干什么，夫人只是笑吟吟地伸出了手："君子一言！"无奈之下，苏洵只得与夫人击掌，但内心颇不以为然：一个女人又怎能谋生？

程夫人将变卖所得的钱做本，开始经商，不几年，苏家竟成当地富室。

苏东坡：中国历史上最具感召力的文人才华横溢而且其经历起伏跌宕、颇具传奇色彩的苏轼，是宋代乃至中国历史上最具感召力的文人。他的形象和事迹，被许多艺术家不约而同地看中，以各种不同的艺术形式表现出来。这是明崔子忠《苏轼留带图》中的苏轼形象。

公元1030年

世界大事记：阿拉伯人进攻叙利亚，大败罗马勒斯。

苏洵程夫人欧阳修 苏轼苏辙 博学 司马光程夫人墓志铭《宋史·苏洵传》《宋史·苏轼传》

人物　关键词　故事来源

苏轼像

苏轼(1037—1101)，自号东坡居士，四川省眉山县人。北宋文学家、书法家、画家。他的一首《江城子·记梦》，千百年来使多少人潸然泪下。

相夫教子

苏洵本是好读书的人，又给夫人逼上梁山，只好一心治学。一年后，他参加了进士科考，然而名落孙山；不久又应考茂才异等科，仍铩羽而归。他回到家中，一言不发，将以往所作文章付之一炬，以后足不出户，闭门读书。程夫人仍对丈夫不闻不问，治家之余，也读书自娱。这时苏家两个儿子也日益成长起来。夫人不仅教他们读书，更重教其做人，常以历史上的志士贤人激励儿子，说："读书不能只为自己求名，即使你们为正义而死，我也决不哭泣。"

苏家富裕之后，程夫人倒不安起来，常叹息说："这岂是我家之福，再这么发下去，会使我子孙变愚蠢的。"于是，

与苏轼齐名的黄庭坚

黄庭坚(1045—1106)，北宋诗人、书法家。治平进士。以校书郎为《神宗实录》检讨官，迁著作佐郎。后遭贬谪。他出于苏轼门下，而与苏轼齐名，世称"苏黄"。

苏辙像

她常常散财救济，无论亲戚乡邻，往往有求必应。

又过了十余年，苏洵已成为精通六经、熟读诸子百家的大儒，顷刻之间，下笔千言。苏轼、苏辙两名佳儿亦已学问精深。嘉祐元年(1056)，苏洵携二子赴京，遍访著名学者，其文章才学，震惊学界，更使一帮来京赴考的学子自惭而归。当时士人间传诵着一首歌谣："眉山生三苏，草木尽皆枯。"

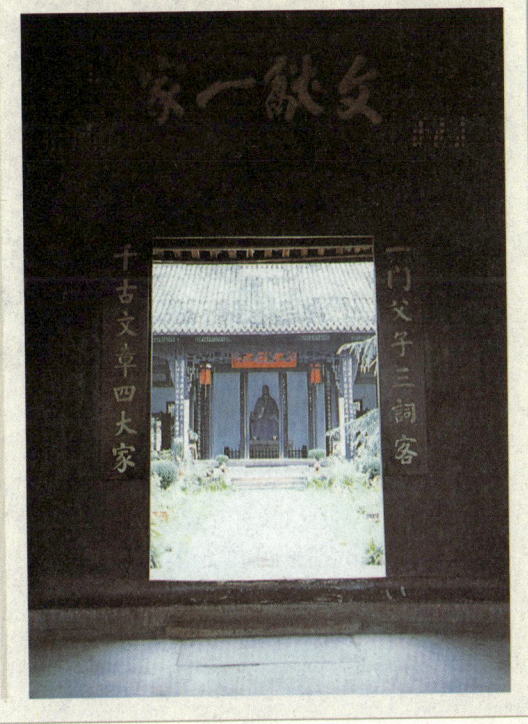

三苏祠正门（四川眉山）

155

公元1129年

> **中国大事记**
> 建炎三年，金军奔袭扬州，宋高宗渡江逃至杭州。宋将苗傅、刘正彦发动兵变，迫高宗退位，不久失败。宋高宗为金军追至海上。

秋声赋意图（清·华嵒）
青瓦白屋，瘦木飘摇，霜天渐晚，远峰朦胧，一派秋意萧瑟的景象。图中所表现的正是宋代大文豪欧阳修的名篇《秋声赋》的意境。

第二年，苏轼就以第二名的优异成绩考上进士，年仅二十二岁。弟弟苏辙也同年高中。苏轼本来可以中第一名，主考官欧阳修读到他的文章《刑赏忠厚之至论》，大为欣赏。但这次考生中有欧阳修的门生曾巩，而这份考卷与曾巩的文风颇为接近，欧阳修唯恐将自己的弟子录为第一会招来非议，于是将这份卷子定为第二。后来揭晓，

"唐宋八大家"之一的曾巩
曾巩（1019—1083），字子固，南丰（今属江西）人。北宋文学家。世称南丰先生，为"唐宋八大家"之一。

公元1031年

世界大事记：丹麦王卡纽特夺取波美拉尼亚。

完好无损的宋代褐色夹衣
此为福州南宋黄昇墓出土的对襟女上衣。衣料为宋代常见的罗织物，衣襟饰边花纹有牡丹、茶花、芙蓉、月季，采用提花、贴金、印金工艺制作，纹样栩栩如生，金碧辉煌，有宋代花卉写生特点。衣完好无损，在出土纺织品中实在难得。

白沙宋墓墓室壁画
这幅壁画表现的是墓主人的妾与她的女仆们在一起。

才知作者是苏轼。欧阳修称赞道："此人善读书，善用书，才学比我高出一头，他日文章必独步天下。"苏洵回想起年轻时屡战屡败的痛苦经历，不由感叹道："莫道科场易，老夫如登天；莫道科场难，小儿如拾芥。"

欧阳修把苏洵所著的二十多篇文章献给朝廷，士大夫争相传诵，苏洵被朝廷委以修书重任。于是苏氏父子名声鹊起，形成"三苏文章动天下"的盛况。苏轼在十几年后回忆这段经历，还不无自负地写道："当时共客长安，似二陆初来俱少年，有手头千字，胸中万卷；致君尧舜，此事何难？"

同年四月，程夫人在老家悄悄病逝，竟未及亲见夫君与爱子的成名盛况，死时家产已散去大半。

历史文化百科

〔宋代妇女有财产继承权〕

过去一般认为中国古代女性毫无经济权利，而日本的柳田节子首先提出宋代女性享有一定的财产继承权，引起学界争议。肯定论者举史料证明：妇女财产继承权分女儿、妻子两大类。女儿又分在室女、归宗女与出嫁女三类。①未婚的女儿称在室女，父母双亡，又无兄弟称为户绝，这时在室女可继承全部财产；父母双亡，有亲生儿子时，数子均分财产，而在室女也有财产继承权，但只能得到男子的一半；南宋时更为明确规定在室女参与全部财产分配，但实际执行时，也有只给嫁资者。②已出嫁因离婚或丧夫而归娘家的女儿，称为归宗女，也有财产继承权，北宋时同于在室女；到南宋时，归宗女所应继承的分数被削减。③父母亡后，身后无儿子及在室女时，出嫁女也有三分之一的财产继承权；以后法律对出嫁女的继承权有所修改，在有在室女及归宗女的条件下，出嫁女也得以分配遗产，但主要是对其继承的财产作了最高限额。总的来说，女儿的财产继承权低于儿子，但不能说完全没有，且当诸女与过继儿子共同继承时，女儿的权利强于继子。身为妻妾的妇女，也有一定的财产支配权及继承权。首先，《宋刑统》规定：妻子得自娘家的财产不属夫家。这类财产包括妻子从娘家带来的陪嫁财产，及婚后得自娘家及自己陪嫁财产的增值部分，当改嫁时，她可带走。但丈夫在世时，妻子带来的财产是与丈夫共有的。其次，丈夫死后，若有儿子，寡妇不能继承丈夫的财产，只能为幼子代管财产；无子的寡妇，也可继承部分财产作为赡养费。

157

公元1130年

○五四

中国大事记：建炎四年，宋军民英勇抵抗，迫使金军退回江北。金扶持宋降臣刘豫为大齐皇帝，以控制新占领地区。洞庭湖畔爆发钟相起义，不久失败，余部由杨么领导。

乌台诗案

文人好作诗讽刺朝政，何况才高八斗的苏东坡，于是就免不了身陷"文字狱"。

"乌台诗案"是宋代一起有名的文字狱，主犯则是大名鼎鼎的文学家苏轼。

王安石变法，苏轼站在对立面，几次向神宗皇帝上言，极论新法的弊端。苏轼的议论自然引起王安石的不满，王安石通过亲信网罗罪状，上书弹劾苏轼。苏轼感到在都城的日子不好过，就上书请求到外地做官。

作为隐士的苏东坡

才华横溢的苏轼虽然在他二十岁时便高中进士的第二名，但他的仕途之路却充满艰险和苦涩，几起几落，最后不得不离开京城，隐居在南方的几个小地方。这里的苏轼身着布衣，头戴斗笠，脚踏木屐，手持竹节，显然是一个隐居的东坡居士了。这幅《东坡小像》是明画家孙克宏所绘。

且莫猖狂爱咏诗

元丰二年（1079）四月，苏轼到达湖州，到任不久，一场灾祸便从天而降。朝廷御史台（旧称乌台）在七月派人将苏轼逮捕，押送汴京，罪名是作诗讽刺朝廷。当时苏轼正在办公，两个悍卒冲进大厅，扯住苏轼的衣袖说："御史中丞召见。"苏轼大惊失色，说："我得罪朝廷之处不少，今日必是赐死。死就死吧，请让我先与家属告别。"苏轼妻子

题竹图（明·杜堇）

大文豪苏轼性爱竹子，不但喜欢赏竹，还爱画竹、咏竹，并常常将咏竹之诗题于竹上。图中的苏大学士头戴高冠，美髯飘飘，手执毛笔，题诗于竹。画面简洁，线条劲流畅，人物神态潇洒，透出一股放逸、秀雅的风致。

公元1032年

世界大事记：威尼斯始设议会与元老院。

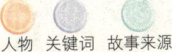

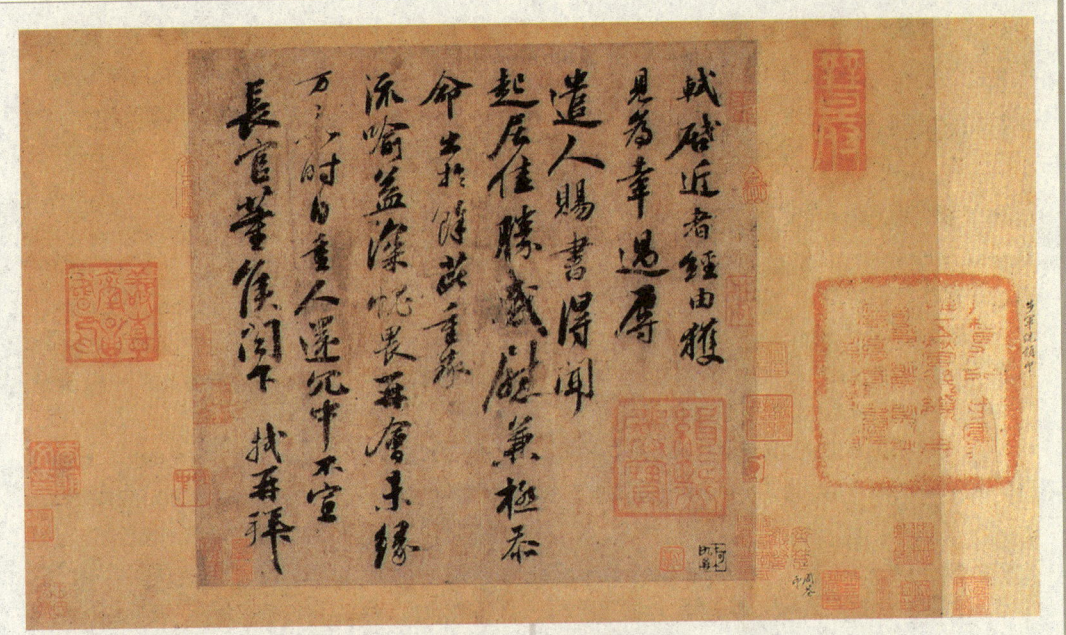

人物：赵祯 苏轼 赵顼 赵恒 王安石 曹皇后
关键词：乌狱
故事来源：《宋史·苏轼传》

送夫至门，泣不成声，扯着他不肯放手。苏轼嬉皮笑脸地回头说："你就不能学学人家杨朴的妻子，作首诗送我么？"妻子不由"噗嗤"笑出声来，苏轼这才得以脱身。原来这是苏轼常在家与妻子讲的趣事。杨朴是真宗时的隐士，被迫入京见驾，真宗问他："卿临行时可有人赠诗么？"杨朴说："只有臣妻作一首：'更休落拓耽杯酒，且莫猖狂爱咏诗，如今捉将官里去，这回断送老头皮。'"好一个东坡，这时还开玩笑。

苏东坡题扇图

苏轼的书法艺术

苏轼是宋代书法的四个大家之一，他的书法取法颜真卿等诸家，而自成一体，具有丰满厚重的特点。这封信札则很好地体现了苏轼书法的这一个性。

苏轼被押到汴京，关进大狱，审讯随即进行。罪证是别人为苏轼刻的一部诗集，而最先把这部诗集作为罪证的正是《梦溪笔谈》的作者沈括。文人相轻，进而相轧相害，从来都是毫不手软的。当然，苏轼也不是没有把柄可抓。他仗着自己文才过人，经常在诗文中讥讽朝政，贬斥新法，这些诗传诵一时，影响不小。

主审官或与苏轼有私仇，或因政见不同要杀一儆百，他们把苏诗中某些讽刺新法的地方，捕风捉影上纲上线，夸大为对神宗的不满，逼苏轼招认叛逆罪。苏轼《咏桧》诗中有"根到九泉无曲处，世间唯有蛰龙知。"有人在神宗面前挑拨道："陛下飞龙在天，苏轼以为不知己，反欲求地下蛰龙，不是想造反吗？"好在神宗还算明白，回答说："诗人之词怎么

公元1131年

中国大事记：绍兴元年，宋将吴玠于和尚原大败金军。

可以这样理解，他咏桧树，和我有什么关系？"

却对酒杯浑似梦

前途险恶，生死未卜，苏轼一度相当悲观。在押往汴京的途中，他曾想跃入江中自尽。入狱后，他将许多青金丹埋在土内，准备一旦得知自己将被处死，就先行自杀。苏轼与儿子约好，每天往狱中送饭，都要有菜和肉，如果听到自己将被判死刑，就撤掉菜和肉，改送鱼。他儿子每日给他送去肉菜。

东坡博古图（清·萧晨）（上图）
此图画的是大学士苏轼和两位文士一起欣赏古玩的情景。图上有作者的题词："东坡博古图，前人有其本，考之书史未见其说，岂好事者为之耶？"云云。

历史文化百科

〔防作弊高招〕

科举考试到宋代已相当成熟，两宋登科者共十一万多，平均每次录取的人数为唐代的十倍。当时实行解试、省试和殿试三级考试制度。解试又称乡贡，三年举行一次，合格者称举人；省试由尚书省礼部主持，于解试次年春季举行，各地举人汇集京师，省试合格者参加殿试，殿试合格才算"登科"。为防止考官和考生作弊，宋人发明了许多高招。如"锁院"：开考前数日，考官就得进入贡院，直到发榜，考官都不得外出或会见亲友。"别头试"：主考官的子弟、亲戚、门客等到别的场屋应试，另派考官主持。举人事先向贡院交纳试纸和家状，加盖官印，考试时对号入座。封弥院将卷头的举人姓名、乡贯糊住，编成字号；誊录院将答卷抄写一遍；对读所校勘正副本；然后才把副本交给考官审定，这样考官不仅不知考生姓名，连笔迹也无法看出。现代高考的许多做法，或可溯源至宋代。

有一天家里粮食不多了，他儿子去郊外买粮，托亲戚代为送饭菜，但忘了关照不要送鱼。亲戚正巧送了鱼。苏轼看到鱼，以为这回完了。就写了两首绝命诗，嘱咐狱吏转送其弟苏辙。他知道狱吏不敢擅自为犯人送信，必然会将此事上报。果然，神宗皇帝读到此诗，心中不免有所感动。

苏轼名满天下，连宫中的皇室成员也喜欢读他的诗文。仁宗皇后病重时，神宗为了祖母病势的好转，打算进行一次赦免。仁宗皇后说："不须赦天下凶恶，只要放了苏轼一个人就行了。"她还对神宗说："过去仁宗举贤良，回宫时非常高兴地说，我今天又为子孙得到太平宰相两人，他说的就是苏氏兄弟，现在难道你要把苏轼杀掉吗？"仁宗皇后边说边掉泪，神宗也在一旁陪着落泪。

沈括与太行山

太行山在山西、河南和河北三省交界，海拔一千到一千五百米。它由多种岩石组成，而形成不同的地貌，同时也是我国煤炭资源最丰富的地区之一。北宋时，沈括在太行山麓找到了蚌壳化石，确认了太行山是由大海演变成高山的。

公元1033年

> 世界大事记
> 年仅十岁的本内地克九世为罗马教皇。

一些同情苏轼的人也站出来为他说话。丞相吴充有一次问神宗："皇上感到曹操这个人怎么样？"神宗说："曹操算什么东西。"吴充说："陛下以尧舜为榜样，当然看不起曹操。曹操猜忌心极重，但还能容忍祢衡这样的狂人。陛下难道还不能容忍苏轼吗？"神宗有所触动，说："我正打算放了他。"

经过五个多月的审讯，终于给苏轼定了个"讥讽政事"的罪名。苏轼虽然心中不服，但能幸免一死，他已是额手称庆了，只得写检讨认错，后被贬官至黄州了事。出狱时，狱吏把藏着的绝命诗还给他，苏轼感慨万分，伏在案上，读不下去。可时日一长，又为狱中好诗而得意了，忍不住作诗道："却对酒杯浑似梦，试拈诗笔已如神。"可转念一想，不由心有余悸，骂自己道："真是文人劣根性难改。"

神宗不到四十岁便死了，执政的太皇太后废止了新法。八年间，反变法派一度得势。变法的主将蔡确被贬至安州（今湖北安陆），郁闷中他也写了一些发牢骚的诗，不久为人告发。反变法派群起而攻之，要借此好好整整对立派，苏轼是过来人，密请停止追究蔡确，但反变法派报复心切，听不进他的话，终于使蔡确得到了类似苏轼的经历，苏轼也被排挤。党争愈演愈烈，直吵到北宋灭亡。

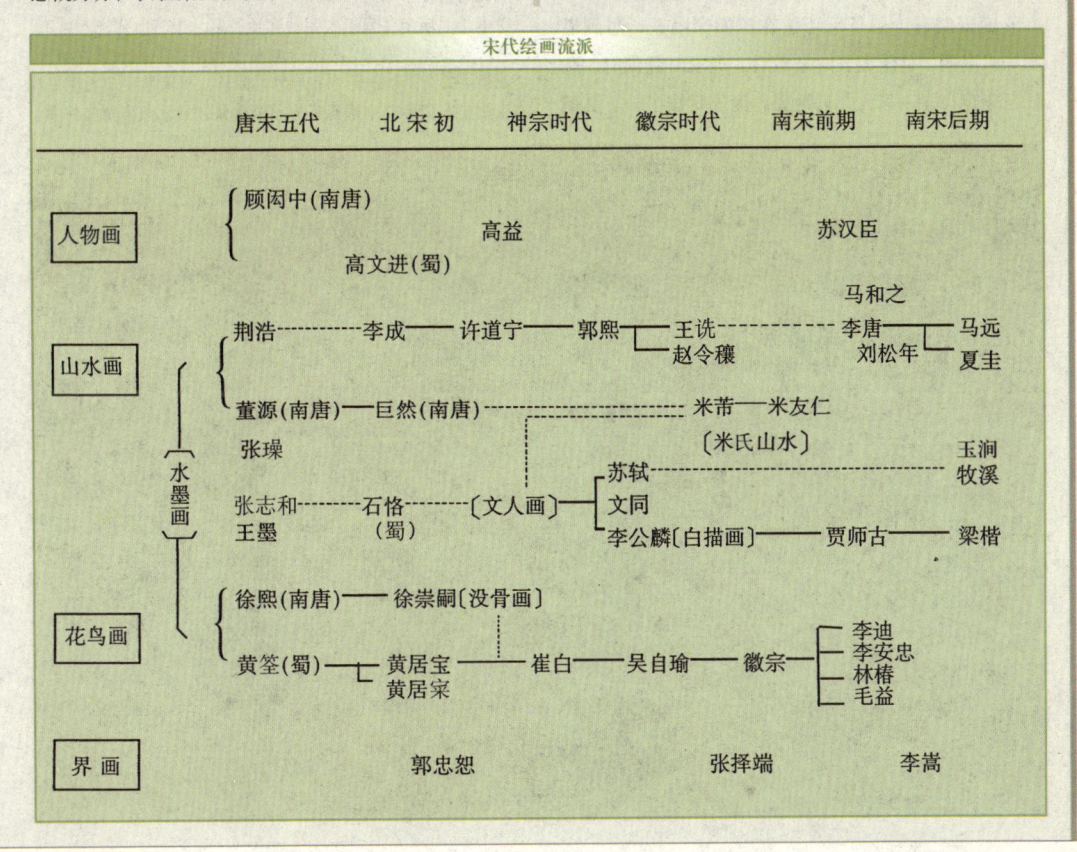

宋代绘画流派

	唐末五代	北宋初	神宗时代	徽宗时代	南宋前期	南宋后期
人物画	顾闳中(南唐) 高文进(蜀)		高益		苏汉臣	
山水画	荆浩 董源(南唐)	李成 巨然(南唐)	许道宁	郭熙	王诜 赵令穰 米芾—米友仁 〔米氏山水〕	马和之 李唐 刘松年	马远 夏圭
水墨画	张璪 张志和 王墨	石恪(蜀)		〔文人画〕	苏轼 文同 李公麟〔白描画〕	贾师古	玉涧 牧溪 梁楷
花鸟画	徐熙(南唐) 黄筌(蜀)	徐崇嗣〔没骨画〕 黄居宝 黄居寀	崔白	吴自瑜	徽宗	李迪 李安忠 林椿 毛益
界画			郭忠恕		张择端	李嵩

公元1133年

中国大事记：绍兴三年，大理请入贡且卖马。

○五五

神医庞安时

庞安时因病致聋，却凭一双慧眼练成神医。

北宋名医庞安时出身医生世家，从小随父学医，读书过目不忘。父亲曾向他传授按脉的秘诀，庞安时不以为然，而十分重视《黄帝内经》等古典医书。后来他生病导致耳聋，就更为刻苦地钻研医学经典，达到融会贯通的地步，并能时出新意。年纪还不到二十岁，谈起医学理论，连他父亲也自叹不如。

有一年，庞安时在安徽桐城行医。有个孕妇到了产期，肚子痛得要命，就是不见婴儿出生，折磨了七天七夜，家属求神拜佛，请医服药，还是毫无办法。

庞安时有个弟子正巧住在产妇家隔壁，想到老师医术高明，就请庞安时来看看。庞安时赶到时，孕妇已奄奄一息，家人几近绝望。庞安时按了一下脉就说："不要紧，不要紧。"他吩咐家属用热水来敷孕妇的腰腹部，自己用双手上下按摩，然后用金针在腹部扎了一针，孕妇感到腹部有点疼痛，呻吟了几声，便生出了一个男婴。

家属大喜过望，但仍不明白庞安时用了什么妙法。庞安时说："婴儿当时已出了胎胞，但一只手仍抓住母亲的肠子不放，这靠吃药是绝对解决不了问题的。我在产妇的腹部摸到婴儿的小手，用金针扎他的虎口，他一痛便松手了，所以马上生了出来。"

宋代的医疗术
李唐是北宋末年南宋初年的宫廷画家，徽宗时代进入画院。擅长画山水、人物、牛等，被称为南宋画院山水画的始祖。此幅《炙艾图》系极为有趣的风俗画，淋漓尽致地表现日常生活中人们治疗小病小灾的一个情景。台北故宫博物院藏。

公元1034年

世界大事记：越南李氏改元通端。遣使献一角兽和驯象于宋，宋赐以大藏经。

《宋史·庞安时传》

人物：庞安时　关键词：方技　故事来源

众人抱起婴儿一看，果然右手虎口上有针扎的痕迹，无不折服，连呼神医高明。

庞安时为人治病，大多手到病除，治愈率相当高，对于远道而来的求医者，就安排他们住在自己租来的房子里，亲自加以护理，直到病愈。他收费相当公道，对于无法治好的病，也实话告知，医德为世人所景仰。他著有《杂经辨》、《主对集》、《本草补遗》等医学著作。

陈希夷"二十四气坐功导治病"功法

陈希夷，名抟（？－989），字图南，自号扶摇子，安徽亳州人，宋初著名道家隐士。他根据一年二十四节气的气运及其与人体经脉的对应关系，自创了一套"二十四气坐功导治病"功法，以此可以养生治病。图为功法中的"立春正月节坐功"，主治风气积滞及手太阳三焦经循环部位的各种病症。

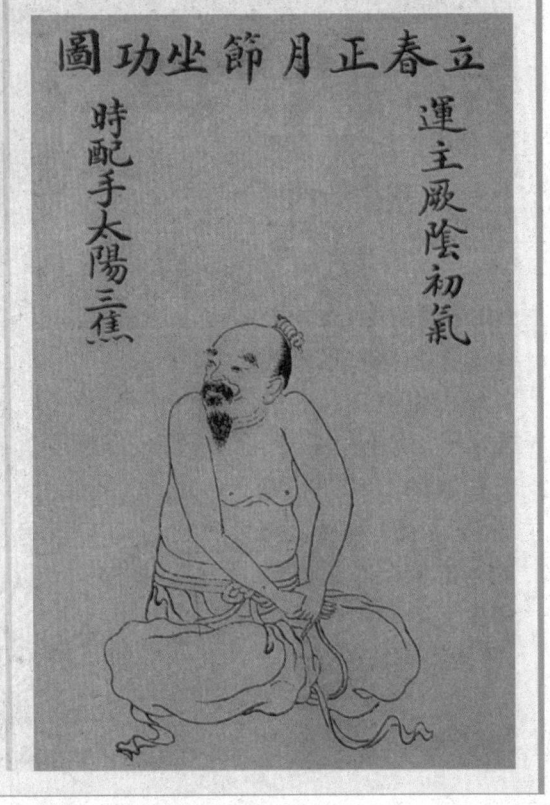

以创造水运仪而闻名的苏颂

苏颂（1020－1101），字子容，福建泉州南安人。北宋时代的天文学家和药物学家。他的《新仪象法要》，为后人复制水运仪象提供了重要依据。苏颂以创造水运仪象闻名于世。

▶历史文化百科◀

〔世界最早的法医著作〕

断狱判案是古代地方官的重要职责，其中刑事案件更是令读书人出身的官员头痛。宋慈是宋理宗时的官员，长年在地方任职，历任广东、江西、湖南等路提刑，审理过大量棘手的案子，当时以干练著称。为提高办案水平，宋慈作书总结其经验，名为《洗冤集录》。书分五十三项，谈及尸检、验伤、急救法、各种毒药等，他博览前代治狱之书，搜集官府历年公布的条目案例，并参以医药学知识，证以平生办案经验。因为具有很高的实用价值，当时便由政府印行颁布全国，作为地方官的参考。

立春正月节坐功圖
運主厥陰初氣
時配手太陽三焦

163

公元1134年

> **中国大事记**
> 绍兴四年,吴玠于仙人关大败金军。岳飞率部收复襄汉六郡,"岳家军"威名初显。

○五六

陈襄辨盗

陈襄以诈术审案,工于心计,也不过耍小聪明罢了。

神宗时名臣陈襄,小时父母双亡,他发愤自强,苦读不懈,终于中了进士,被派往建州浦城县当县令。县中一些世族大户经常勾结贪官仗势欺人。陈襄到任后决心纠正时弊,每次升堂判案,先派几个小吏环立于前,有人若想私下请托,必乱棒打出。一些惯于贿赂枉法的奸人也感到束手无策。

一次,有家富户被盗,告到衙门。官府捉住了几个嫌疑犯,但吃不准谁是真正的盗贼。陈襄就对众人说:"某寺庙内的大钟能辨别盗贼,相当灵验。清白的人用手摸钟,钟不出声。贼手一摸,就会发出声响。"于是派小吏先行,自己带着同僚和疑犯来到寺庙,陈襄亲自向大钟三跪九叩虔诚祷告,祭祀完毕,用帷

公元1036年

世界大事记：日本后一条天皇死，后朱雀天皇即位。

人物：陈襄、赵琪
关键词：智谋
故事来源：《宋史·陈襄传》

帐把钟围起来。暗中派人在钟表面涂上墨汁。过了一会，叫所有的嫌疑犯一个挨一个进入帷帐去摸钟。嫌疑犯从帐中出来后伸手接受检查，凡是摸过钟的手上都沾有墨迹，只有一个人双手干干净净，对他加以审讯，果然正是盗贼。原来他做贼心虚，不敢摸钟。

中国最早的城市平面图（下图及左页图）

在12世纪的中国，苏州已经和都城杭州一样以繁华而著名。商铺、酒楼、戏园随处可见，河流、街道纵横交错，娱乐业和旅游业都很发达。此为南宋平江（今江苏苏州）图碑拓片。

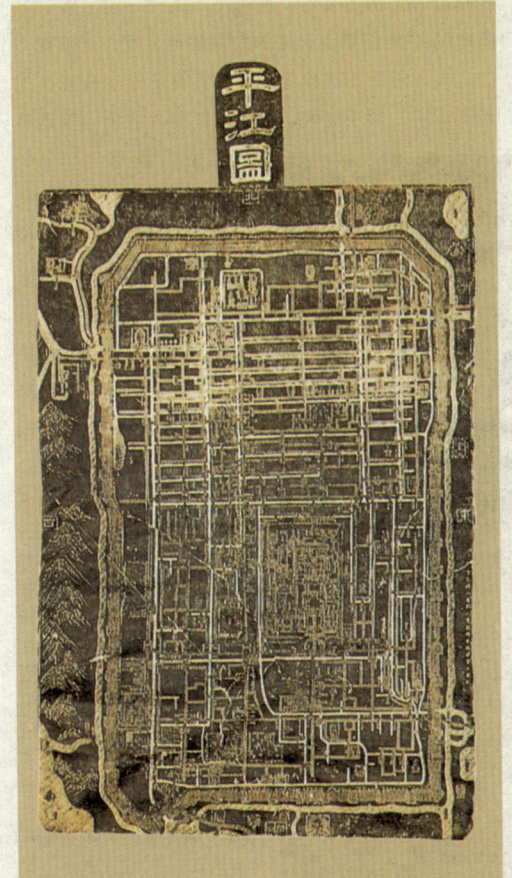

镇邪的道教人物纹镜

镜子是道教中的重要法器。唐初王度的《古镜记》中描写古镜法力无边，能镇百邪。这面宋代的纹镜为菱花形，饰有飞翔的仙鹤和灵龟，右上方为头带光环的着袍道士讲道，左下方为一托盘侍童。整个构图质朴大方，充满道家思想和气息。陕西省博物馆藏。

历史文化百科

[城市的发展]

与前代相比，宋代的城市有了很大的变化。唐以前城市分为坊和市，市是商业区，朝开晚闭，坊是居民住宅区，各坊都被坊墙封闭，黄昏时锁闭坊门，大街两旁不能开店，城中禁止夜行。随着北宋政治的安定，商品经济日益繁荣，城市迅速膨胀，出现了大批十万人以上的大都市，尤其是都城开封更达百万之众，很快突破城墙向城外发展。城市内部的封闭状态逐渐被打破，坊墙消失，工商与居民杂处，面街开店，甚至御街也成为热闹的商业区，同类行业的店铺多集中在一个街区。晚上，商业街区灯火通明，游客商人川流不息，交易活动持续至三更时分，而到五更时，次日的早市又开始了，因这时灯火点点，行人稀少，故称为"鬼市"。在闹市区，酒楼等娱乐场所更彻夜不眠。在街头巷尾，卖小吃的商贩边走边吆喝。整个城市充满了生机。

165

公元1135年

中国大事记：绍兴五年，宋徽宗死于金。

○五七

文雅君臣败家国

蔡京善书，徽宗能画，然而一个败家，一个失国。

宋哲宗也很短命，年仅二十五岁就死了，因为没有儿子，其弟端王赵佶继位，后史称徽宗。论起聪明才智，徽宗在赵宋诸帝中的确首屈一指。徽宗工诗，常与文人骚客唱和；绘画造诣很深，尤工花鸟画，形神俱妙；写一手好字，正楷自成一家，号"瘦金体"，亦善狂草；至于戏剧音乐，围棋蹴鞠（古代足球），凡贵族文士所好雅事，无一不精。若为一般文人，有这些本事，足可士林称雄，青史留名，或做个风流才子，为佳人倾慕。而作为皇帝，拥有这些才能，往往成为百姓的灾难，如隋炀帝、李后主一样，自己也不免成为亡国之君。

蔡京善书

因为《水浒传》，蔡京臭名远扬，其实这个大奸臣文章书法也十分了得。早在徽宗即位之前，蔡京便以文名，神宗时与其弟蔡卞同为皇帝执笔作文，使天下儒生羡慕不已。所书大字，举世无双，墨迹为人珍藏。哲宗时，某日蔡京乘舟到真州，当地两位名士慕名来访。这时，闯入一不速之客，蛮横地说："人们都说先生的大字举世无双，可唯我不信。人怎能用如椽巨笔写字呢？肯定是您故意在烛光下写字，影子放大，再加上好事者渲染，神话其事罢了。"蔡京冷冷一笑说："现在正是白昼，我可为你当面书写。"两位名士喜出望外地说："太好了，我们正想观赏。"蔡京大喝一声："拿笔来！"两名壮汉从舱中吃力地抬出一个巨大的箱

宋徽宗和他的艺术上的知音蔡京在一起

树高林茂，清风吹拂，弹琴者神情陶醉，听琴者凝神谛听。对艺术极有天赋和造诣的宋徽宗（弹琴者）经常以这种方式和他的近臣、同时也是艺术上的知音蔡京（右侧坐者）切磋和交流艺术心得。也许只有此时此刻，他们才能忘却在内政外交上的一些不如意事，忘却君臣的尊卑关系，彼此真正无拘无束地"为艺术而艺术"。此传为宋徽宗赵佶所绘《听琴图》。

公元1037年

世界大事记：波兰农民起义。塞尔柱突厥攻占花剌子模。

人物：赵煦 赵佶 蔡京
关键词：荒淫
故事来源：《宋史纪事本末》卷四九、《宋史·蔡京传》卷五〇

子，打开一看，只见内置六七枝丈把长如橡粗的巨笔，三客人面面相觑，咋舌不已。蔡京操笔调墨，问那不速之客要什么字，客拱手答云"龟山"，蔡京在船上所挂两幅白绸上抬手就写，一挥而就，旁观者无不叹服。过一会，墨迹方干，座上一名士忽然站起作了个长揖，把两幅大字卷起就逃，蔡京大怒，但也无可奈何。原来这场戏都是那名士安排的，只为骗蔡京墨迹。

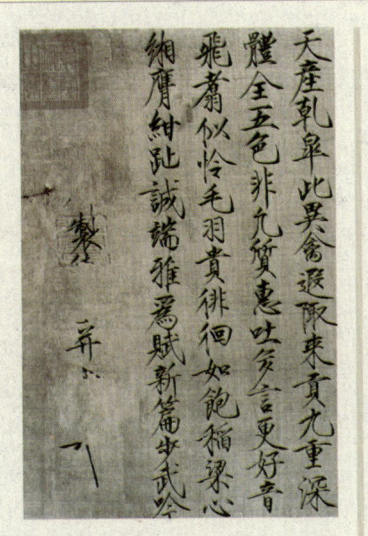

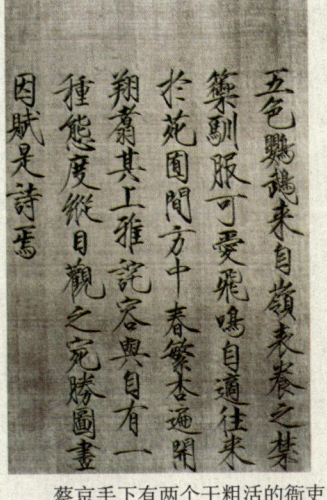

蔡京手下有两个干粗活的衙吏，蔡老爷一到，总是各手执一把白绫团扇，恭恭敬敬地为他打扇。某日，蔡老爷一高兴，在两把团扇上各写了一首杜甫的诗。过了两天，那两人忽然衣着光鲜，喜气洋洋，原来两把扇子为某亲王买去，卖出了两万钱的天价。这亲王雅好书画，久慕蔡京书法，不久亲王当上皇帝，便是徽宗。

北宋赵佶自题五色鹦鹉图卷

北宋书法四大家（下图）

北宋后期苏轼、米芾、蔡襄、黄庭坚四人被后世尊称为"四大家"，又简称"苏、黄、米、蔡"。四人的书法打破了以往一味讲求法度的格局，具有鲜明的文人个性。此后，具有个性特征的书风竞相出现，王直《抑庵文后集》评价道："至坡、谷遂风靡，魏晋之法殆尽。"四大家的出现，标志着宋代书法的高潮，实为中国书史的一大巨变。一说，四大家中的"蔡"本指权臣蔡京，因其人品太劣，后人以蔡襄代之。图为蔡襄的《致彦猷尺牍》、苏轼的《新岁展庆帖》、黄庭坚的《诸上座》、米芾手札。（从左至右）

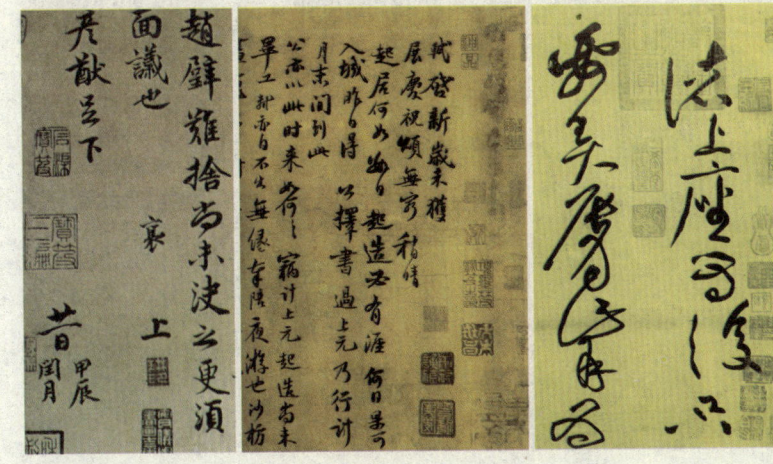

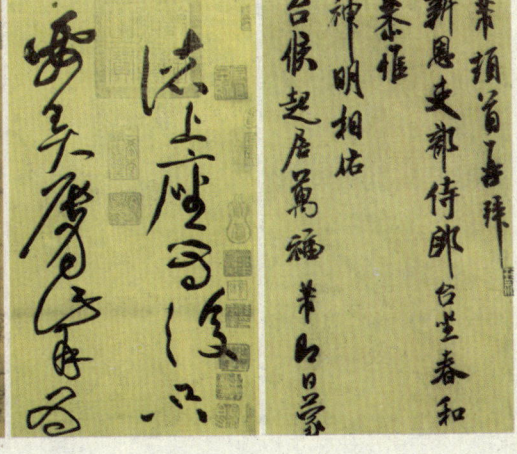

公元1136年

中国大事记：绍兴六年，伪齐军攻淮南，大败。岳飞军击退齐、金军，兵临蔡州。

东园如云，西园如雨

徽宗初即位，蔡京任闲官居杭州。徽宗手下得宠的宦官童贯来江南搜访书画奇巧，蔡京日夜陪他游玩，帮他采办珍奇，并不时将自己所写的扇面屏障送入宫中。徽宗品位不低，自然称心满意。不久，蔡京便坐上了相位，从此执政二十余年，六个儿子四个孙子相继为朝中执政亲信官，一子成为皇帝乘龙快婿。

清末年画洛阳桥

洛阳桥是我国现存最早的跨海梁式大石桥，位于泉州东郊的洛阳江上，于北宋皇祐四年（1053）由泉州太守蔡襄主持修建。关于蔡襄建洛阳桥还有一段传说：一日，正怀着身孕的蔡母乘船渡洛阳江，忽然江妖兴风作浪，眼看小船要翻，这时，天上传来了喊声："蔡学士在船上，不得无礼！"顿时江面风平浪静，小船安然渡江。蔡母于是许下心愿：此胎若能生下男孩子，长大后一定要叫他在洛阳江上修造一座大桥，便利过往客人。后来蔡母果然产下一子，即蔡襄。蔡襄长大为母还愿，在海神的帮助，终于造成洛阳桥。

徽宗不时轻车微服光临蔡宅，与蔡京谈诗论书，女眷也上来敬酒，小儿牵衣挽留，君臣亲如家人。

蔡京的儿子蔡攸，亦文思敏捷。初任节度使时，皇帝赐宴，徽宗即席出上联："相公公相子"，蔡攸应声对出下联曰："人主主人翁"。徽宗不禁叹道："蔡氏真乃读书世家。"后为了与老子争宠，蔡攸连文雅的外衣也不要了，专迎合皇帝的低级趣味。他身居三公高位，而不惜混迹小丑俳儒之中，身着短衫窄裤，涂脂抹粉，参与深宫游戏，讲些市井黄色笑话以博皇帝一笑。果然，不久蔡攸排挤了老子，为此父子闹得不交一语。

为满足皇帝的雅趣，朝廷到处采集名花异石，专在苏杭设应奉局，贪官污吏趁机勒索，某家木石为其看中，军士径入挂上黄帕，令主人供养，百般敲诈，运走时又毁房坏地，直弄到一门倾家荡产为止。运花木上京的车船队号"花石纲"，运一竿竹就花费中等农户全部家产，运一珍树，耗资百万。为运一块高达数丈的太湖

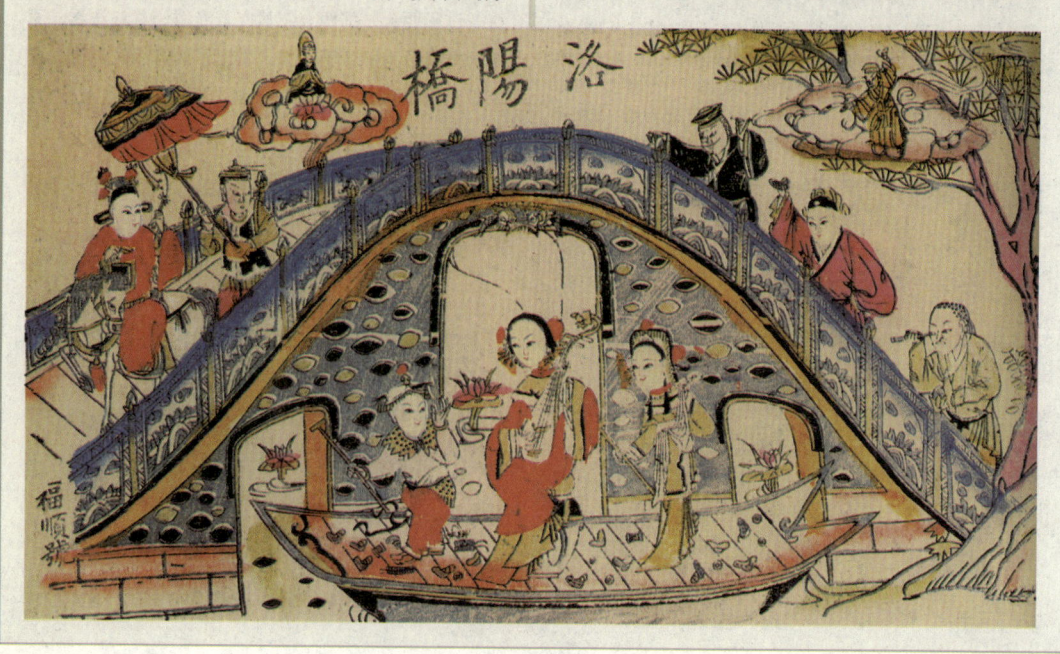

公元1038年

世界大事记　阿拉伯人占领伊德萨。

石，动用役夫数千人，沿途不惜拆桥毁城。花石纲成为地方大害，许多破产的商人自杀，农民累死道旁。

"花石纲"运来的大量花木，大部分进了蔡京等人的私宅。蔡京的府第原位于城东，周围数十里，外人误入其内，往往迷失方向，不知归路。蔡攸争宠得胜，蔡京退休，皇帝为安慰他，又赐地造西园，为此毁民房数百间，其间胜景仙境，自不必说。一日，蔡京在西园开宴，席中，他得意问："西园比东园如何？"一正直的大臣跳起来说："太师公相东园嘉木繁茂，望之如云；西园人民流离失所，泪下如雨。可谓东园如云，西园如雨也。"这人当然遭到狠狠报复。而大部分官僚拍马不暇，每年蔡京生日，各地送来大批珍奇礼物，号称"生辰纲"。奸臣们公然卖官鬻爵，朝政十分黑暗。蔡府每日盛宴不休，一次请客，仅蟹黄馒头一种即费钱一千三百多贯。府中有专门的包子厨，其中专管切葱的婢女，竟不会其他技艺，可见排场之大。

商品贸易中的称量工具
这种流行于11世纪中国贸易市场中的称量工具叫做"铜则"，它的重量单位是当时的标准重量"担"（百斤），折合为现在的重量是64公斤。抬起它可不是件容易的事，两个壮劳力得借助从器具上端的圆孔中穿过的粗木棒才能上提。这种量器通常用于粮食业或盐业的贸易中。

宋代的摇滚舞蹈：踏歌
每年的春秋两个时候，衣着光鲜的年轻女子携手来到长堤之上，用脚踏地踩着节拍，口中唱着有名的词人谱写的流行歌曲，配上节奏感强烈的舞蹈，成为一种时尚。你看，连小孩子都忍不住要作一番"秀"，可见时风熏染之深。这是宋著名画家马远所绘的《踏歌图》中的一部分。

历史文化百科

〔队舞与舞队〕

集体舞蹈的表演在宋代十分兴盛。宫廷的大型舞蹈称"队舞"，如小儿队由72名少男组成，女弟子队多达153名，演出时有伴奏、歌唱、致词等，队舞按角色分类，按一定的情节编排，有向舞剧发展的趋势。民间也有业余舞队在街头演出，每至节日，街市锣鼓喧天，笙歌不绝，引来成千上万的市民围观。正月间，南宋临安就有几十种舞队表演，如"旱龙船"、"田家乐"表现劳动生活，"十斋郎"、"舞鲍老"为讽刺滑稽表演，民间艺人化妆伴乐起舞，边舞边行，游行街市，各队互相竞争，一比高低。

公元1137年

中国大事记：绍兴七年，郦琼率部叛宋降齐。金废刘豫帝号，于开封设行台尚书省。

〇五八

亡国之音

徽宗时，皇家园林变成野生动物园，每当深秋夜静，禽兽之声四彻，人皆谓此为亡国之音。

徽宗所重用的大臣都是奸佞之辈，极力投合皇帝的嗜好，不顾人民死活，不管国家安危，上下奢侈无度，贪鄙成风。

小人得志

有名的奸臣高俅，本是苏东坡的书吏，书法颇工。苏东坡被贬于外地后，高俅又先后从属于曾布等名士门下。一日，高俅奉命到端王府送礼，正逢端王在园里踢球，高俅上前略施腿脚，即深得端王欢心，当下叫人传话原主人："礼物和人我都留下了。"过了一个多月，端王坐上了龙椅，即是徽宗，高俅便鸡犬升天，几年间位至节度使。

宦官童贯、梁师成更以善于迎合得宠，童贯口含天宪，梁师成执掌御书，其门下走卒仆役都升为高官，无耻的士人官僚争着巴结。都城市民背地里称蔡京为"公相"，童贯为"媪相"（母相），梁师成为"隐相"。皇帝好游玩，佞臣便为他在宫中开市，令宫女扮作茶坊商女，皇帝装成乞丐贫儿，逗乐取乐。佞臣王黼为讨好皇帝，更引诱皇帝微服出游，夜宿娼门。这天深夜，王黼又陪徽宗外出"采野花"，为不引人注意，君臣翻墙出宫，王黼俯身充当垫脚石，宫墙高峻，皇帝的脚趾一时够不着，笑道："司马光，背耸上来！"王黼接口："神宗皇帝，脚伸下来！"事后，王黼常对人谈起这番打趣之事，以夸耀自己所受的恩宠。神宗在位时勤于国事，司马光以正直闻名，深夜在自己家中办公，也身着朝服，正襟危坐，岂知为后人谑笑如此，地下有知，当气得吐血了。

宋徽宗赵佶
赵佶（1082－1135）是宋神宗赵顼之子。哲宗赵煦在位时，封其弟赵佶为端王。哲宗死，徽宗即位。他任用蔡京、童贯等人主持朝政，贪污横暴，百姓不宁。靖康二年（1127）金兵攻破东京（今河南开封），徽宗成为俘虏，金主封他为昏德公。赵佶在位二十六年，治国无方，崇道爱艺，却在书画上有一番成就，真不知道这是一种平衡，还是一种讽刺？此传为宋徽宗赵佶所绘《听琴图》的局部。

宋徽宗所作的《桃鸠图》
徽宗的书、画出名，山水、花鸟，无不精通，对于画家人才的培植，更是不遗余力，宋代的书画艺术亦因此格外发达。

公元1039年

世界大事记：神圣罗马帝国康拉德二世卒，子亨利三世嗣位。

人物：赵顼 赵佶 蔡京
关键词：荒淫
故事来源：《宋史纪事本末》卷四九、卷五〇 《宋史·蔡京传》

皇帝好音乐，蔡京便为他建起一个庞大的乐队，广招音乐家，改造乐律、乐器，翻造新谱。这日，一切准备就绪，在崇政殿公演。狡猾的蔡京先令乐队奏旧乐，三章未终，皇帝便挥手令停，说旧乐如泣如诉，令人不快。蔡京一个眼色，乐队即奏新曲，皇帝果然天颜大悦，如痴如醉。曲终，蔡京等得到重赏，并宣布从此朝廷大礼皆用新乐，禁用旧乐。

广受市民欢迎的杂剧演出

商业繁华的大都市中心通常也是杂剧表演云集的地方。杂剧一般在叫做"勾栏"的地方表演，每一勾栏上演一出剧目，勾栏与勾栏之间相连，有时聚集竟达五十余座之多。杂剧以两人表演居多，内容多为说唱和杂耍，情节和道具也较后世的曲剧为简单。观众随来随看，看完即散，显得比较自由随意。此为宋人所绘《杂剧图》。

而一些心怀不满的士人，私下议论说新乐声略高，颇似亡国之音。

公元1138年

中国大事记：绍兴八年，正式以临安府（杭州）为都城。秦桧代表高宗跪受金诏书，向金求和。

高俅踢球发达

高俅原本是苏轼的书吏，又先后从属于曾布等名士门下。一天，高俅奉命到端王府送礼，正逢端王踢球，高俅上前略施小技，便使端王刮目相看，当下叫人传话原主人，礼物和人全留下。过了一个多月，端王登基当了皇帝，即是宋徽宗，高俅便发达起来，几年间位至节度使。此图出于明刊本《水浒传》插图。

穷奢极欲

皇帝好园林，蔡京便说官仓中有的是钱，现有宫室太小，太平天子就该讲讲排场。童贯等五个宦官各管一项工程，争奇斗丽，互不沿袭，一个比一个奢侈，短时间内造了几十座亭台楼阁。天子好野趣，众臣又为他在苑囿中仿造田园风光，村舍野店不施五彩，植稻养鸡。没过多久，就将神宗以来的积蓄用个精光。徽宗即位之初，子嗣不多，一个道士说是风水不好，若将京城东北角稍微垫高一点就好了。臣下不敢怠慢，赶紧在东北角筑一土山。此后恰巧连生贵子，皇帝便深信道教，在全国大造道宫。城北的小土山更成为绵延十余里的山峦，从全国运来数不清的奇花异石，山下大造七彩楼阁，山上放入珍禽异兽，招能人驯养，皇帝大驾光临，成千上万的珍禽便飞集左右，造成一种奇异的仙境。这座前所未有的皇家动植物园被命名为万岁山，后更名为艮岳，工程极为浩大，直至北宋灭亡仍未完工。每当深秋夜静，禽兽之声四彻，繁华都城宛如深山野林，皇帝陶醉于野趣之时，忧国之士听出不祥之音而夜不能寐。

奸臣们也穷奢极欲，王黼的寝室富丽堂皇，中置一床，以金玉为屏，翠绮为帐，四周放了数十张小榻，令美姬睡满身旁，号曰"拥帐"。王宅与一寺庙为邻，每日从王宅的下水沟中流出许多雪白的米饭，一个僧人捞出洗净晒干，不久便积满一大囤。

官逼民反，宋江等三十六人在北方造反，两浙激起更大规模的方腊起义。童贯领军镇压了起义，君臣又沉溺于声色之中。

昏君奸臣纵情享受，以为好日子可以绵绵无期，岂知远方已传来声声丧钟。

历史文化百科

〔宋代的娱乐中心〕

宋代的文娱活动具有走向通俗化的趋向，于是大众化的娱乐场所应运而生，娱乐中心叫瓦舍，又称瓦子、瓦肆、瓦市。瓦舍是城镇中固定的商业与娱乐中心，其间有酒楼饭店，有卖药、卖旧衣、卖小吃的小商小贩，有剃头、剪纸等手艺人，也有算卦、赌博等三教九流之类，还有几座或十几座充作表演场所的勾栏。所谓勾栏，内设舞台、后台、腰棚（观众席），四周以低矮的栏杆圈围，门口贴招子，为艺人大作广告，有的勾栏在门口收入场费，有的勾栏则在演出当中向观众收钱。勾栏规模有大有小，大者可容纳数千人，演出的内容有戏剧、说书、相扑、武术、杂耍等。瓦舍遍布全国大小城镇，如北宋都城汴京至少有9所，南宋都城临安有17所以上，一些小镇也有南北两所，每日看客游人川流不息，商业买卖兴隆。由于流动性大，治安颇成问题，加上三教九流充斥其间，不免有低级下流的活动，子弟或流连忘返，故士大夫深恶痛绝，或称其为"士庶放荡不羁之所"。

公元1040年

世界大事记：保加利亚人进行独立战争，进兵马其顿和色雷斯。

○五九

赵佶 人物 | 方技 关键词 | 《夷坚志》故事来源

玻璃瓶衬金

宋徽宗贪图享受，要在薄薄的玻璃瓶内衬上黄金里子，而居然有巧匠敢揽这种活。

宋徽宗时，有人送给皇室十个精致的玻璃瓶。这些瓶子口小腹大，玲珑晶莹，深为皇帝喜爱。宋徽宗吩咐内侍让宫中的匠人给玻璃瓶胆衬上一层黄金里子。工匠们看着薄薄的玻璃瓶都摇头表示无法胜任。他们说："要给瓶子衬金，须用烙铁熨烫，才能做得服帖。这几个玻璃瓶口子太小，放不进烙铁，而且玻璃又薄又碎，经不起触磨，硬做的话，肯定要弄碎瓶子。我们宁可受处罚，也不敢斗胆揽下这活。"内侍看他们一口回绝，也就不再勉强他们。只得把瓶子先藏在箱子里。

一天，内侍在大街上行走，看见一个锡匠正在给陶器的瓶口装饰金银，手艺十分精湛。

宋代市井生活的生动写照
担子里的盘盏壶罐放置得井井有条，小炉子里的汤水热气腾腾，小商贩子笑吟吟地面对他的每一位顾客，这正应了那句商业谚语："和气生财。"在轻松惬意的氛围里，我们可以看到宋代社会祥和升平的影子。这幅《卖浆图》是清代画家姚文瀚仿宋画风所绘。

公元1139年

> **中国大事记**
>
> 绍兴九年，宋以屈辱条件换回河南、陕西之地。

顿时想到给皇帝的瓶子涂金。便回宫拿了一个瓶子，来到锡匠铺问道："能不能给这个瓶胆衬一层金？"工匠接过瓶子，看了看，二话没说，答应明日完工。

第二天，内侍来到锡铺，拿过瓶子一看，瓶内果然已衬好了一层金子，而且做工精致，便对锡匠说："我看你的手艺绝对超过皇宫中的工匠，怎么屈居在这种小地方，默默无闻地过着穷日子？"然后，内侍把皇帝要给瓶胆衬金，宫匠无人敢接手的事说了。锡匠说："这有什么难的？"

宋代白釉剔花梅瓶

宋徽宗迷恋道教

宋徽宗信奉道教，曾替道士林灵素盖了一座宫观，叫上清宝箓。徽宗每次临幸上清宝箓宫，都要在那里设置千道会，命士人百姓都要来听林灵素宣讲道经，宋徽宗还特意在讲坛一侧搭起帷帐，坐在帐中听道士讲经，还令官吏百姓请林灵素亲授神霄秘录。林灵素居然上奏章，请求册立徽宗为道教教主、道君皇帝。此图出于《帝鉴图说》。

内侍进宫对皇帝谈了这件事，宋徽宗也很感兴趣，想亲眼瞧瞧锡匠的手艺，便来到后花园，召来全体工匠，一一询问，有无能耐给瓶子衬金，众工匠还是像以前一样表示无能为力。

这时，锡匠走到众人面前，取出金子加以锻冶。他把金子捶打得薄如纸张，拿起来裹在玻璃瓶外。众宫匠看了忍不住发出一阵嗤笑。"这样把金子包在外面谁不会？如此平庸的技能竟敢来宫中献丑，真是可笑！"

锡匠也不搭话，只管自己埋头干活。他把金衣从瓶子上剥下来，用银筷子夹住，插入瓶胆，轻轻地把

公元1042年

世界大事记：英国国王爱德华（忏悔者）即位。

水银倒入瓶口。封住瓶口后，左右摇晃，然后再将水银倒出，金子已十分妥帖地衬在瓶胆上，一点皱纹也没有。最后他用指甲慢慢将瓶口的金纸摩匀压平。

宫匠都看得目瞪口呆，面面相觑，不敢再吭一声。

锡匠对皇帝解释道："玻璃器皿禁不起硬物磕碰。唯有水银性柔如水，但质地凝重，轻轻灌入瓶中，不会弄破瓶子。水银对金属略有腐蚀作用，但在瓶胆内，外面看不出，无伤大雅。"

宋徽宗十分满意，赏了锡匠好多银两。

宋代市井生活的生动写照（清·姚文瀚《卖浆图》局部）

宋代女子内衣：罗地绣花抹胸

抹胸是宋代女子贴身穿的内衣。此罗织物抹胸工整细腻，绣线间浑然一体。绣纹为一垂柳下，一妇人坐于莲花瓣上，安详地在水中荡漾，周围有山石、灵芝、牡丹、萱草、莲花等，天上有祥云、仙鹤和彩蝶，一对鹅相顾而游。由景可知，此妇人是手执柳枝、普降甘露、送贵子、救苦救难的观音娘娘。

〉历史文化百科〈

〔看女人相扑〕

相扑即摔跤，又称角抵或争交。宋代相扑分两类，一为军士相扑力士，朝廷重大节日时方才表演，称为"内等子"；二为市井相扑手，靠表演谋生。瓦舍勾栏中常有此类表演，先由女相扑手数对出来开场，以吸引观众，然后力士相继出场，有时摆出擂台，台角堆有奖品，引人前来挑战争锋。农村秋后也时开相扑大会，民间选手结对角力，引来众人围观，称为"野场"。每逢重大节日，贵族平民，男女老少，往往聚于露台以观相扑为乐。古板的司马光对此大为不满，说"上有天子之尊，下有万民之众，后妃旁侍，命妇纵观，而使妇人裸戏于前"，以为太不成体统，请求仁宗禁止女子相扑。可见当时的女子相扑也如男子一样，是相当裸露的。但直到南宋末，女子相扑仍不绝于市。

公元1140年

中国大事记： 绍兴十年，兀术撕毁和约，率金军南下，为宋刘锜军大败于顺昌。岳飞率部北上，于郾城、颍昌大败金军，却被迫令班师。

○六○

棋盘上的争斗

宋人对外用兵不行，却喜欢在棋盘上厮杀。

宋人对外打仗不行，却喜欢在棋盘上厮杀，文人学士都爱玩两下，连皇帝也很喜欢下围棋，皇帝常将一些围棋高手罗致在身边，给予高官厚禄。棋手自然也以能当上国手为荣。刘仲甫是北宋末有名的围棋国手，他的出山颇有戏剧性。

小试牛刀

刘仲甫小时候就喜欢下围棋，后来名声鹊起，同乡就劝他到京都去一显身手，仲甫自然也想靠棋艺来赢得荣华富贵，但心想山外有山，天外有天，要称雄天下，毕竟还不是十拿九稳的。于是，他在赴京途中先来到杭州，住进一家小旅馆。他每天一早便外出，直至半夜才

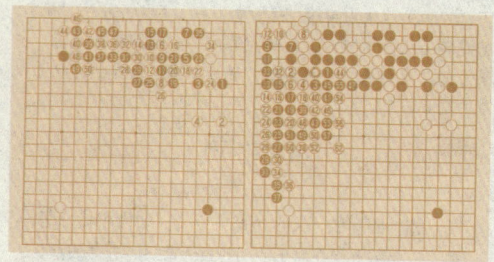

刘仲甫《呕血图》

刘仲甫，字甫之，翰林棋待诏，《铁围山丛谈》说他"擅名二十余年"，是北宋著名棋手。《遇仙图》，又名《呕血图》，传为刘仲甫遇骊山老妪的弈棋局面图，它是中国现存最早的男女国手对局谱，是局刘仲甫攻杀凌厉，对方虽托名女仙，但还是全局崩溃而告终。

回旅舍，旅馆老板看他行迹诡秘，心中很纳闷。一天早上，旅馆门前突然挂出一块横幅，上面写道："谁敢和江南棋客刘仲甫对局，我让他执黑先行，赌资为白银三百两。"一会儿门口便挤满了看热闹的人，消息不胫而走。第二天，当地的豪绅便招集了一批围棋高手，推举其中下得最好的一个棋手在城北紫霄宫与刘仲甫一决雌雄。刘仲甫让先执白后行，走至五十多步时，旁观者看白棋好像要

输了，下到一百多手，对手面露喜色，对刘仲甫说："现在局势已经很明朗，黑棋肯定要赢了，你小子口出狂言，未免太不自量力了吧！"刘仲甫慢吞吞地答道："谁输谁赢还说不准呢。"

技压群雄

又下了二十多手，刘仲甫突然把棋盘上的棋子用手全部抹去。众人哄叫起来，纷纷指责刘仲甫想赖皮。刘仲甫不慌不忙地站起来对四座拱了拱手，不紧不慢地说："诸位，鄙人家居江南，从小酷爱下棋，悟性也不错，人们称我的棋艺已可敌国手，推荐我到京都去当国手。我想杭州是个大都会，围棋高手不少，下棋的必须先过这一关。以我的棋艺，如果有幸小胜，才可以前往京城一试。我已在此地呆了十多天，每天到棋社观看当地高手对弈，对他们的棋艺高低已心中有数，所以才敢斗胆亮出挑战书，并不是我狂妄自大。"然后他举例说，某日某人白棋本应取胜，但某步棋应对有误，结果输了。某日某局黑棋本来占优，但误于应劫，结果导致败北。就这样他一口气讲了十几盘棋，四周的人都十分惊讶，内心对他非常佩服。刘仲甫又将刚才那盘棋一子不差地恢复原状。然后对众人说："这局棋在大家看来，黑棋是必胜无疑了。不过在我看来，白棋只要在某一关键点下子，则可反败为胜，而且至少可赢十几个子。不过我先不下，在座的各位高手请好好想想，如有人能走出这步棋，我刘仲甫马上卷起行李打道回府，这辈子再也不敢谈棋了。"在场的高手挖空心思，想了半天也想不出该走哪步棋，于是只好请刘仲甫说出来。刘仲甫在远离战场的地方点了一子，大家都看不懂。刘仲甫说，这着棋要到二十多步后才显示出它的作用。于是接着下，下至二十多步，正好碰到这颗子，局势顿时大变，终盘数子，白棋果然赢了十多子。众人大为钦佩，奉上赌资三百两。又留刘仲甫在杭州

公元1044年

世界大事记：缅甸蒲甘国王阿奴律陀在位。此后，其史实乃略可稽。

《春渚纪闻》卷二

刘仲甫　闲适

人物　关键词　故事来源

住了十几天，盛情款待，临行又送给他丰厚的路费。刘仲甫到京都后被尊为国手，名声大噪，在棋坛称霸二十余年。

艺高品不高

刘仲甫棋艺虽高，人品却不怎么的。有一个名叫祝不疑的高手曾与他对局，下到三十多步，刘仲甫看出对方出手不凡，便借口说家里有客人，改日再登门请教。后来去拜访了祝不疑几次，却矢口不谈下棋的事，他是怕输了棋，太丢国手的面子。还有一个叫王憨子的民间高手，曾打败过刘仲甫，结果却死得不明不白，时人传说憨子是被仲甫暗中下毒手害死的。不过恶有恶报，后来又出来一个青年棋手晋士明，他棋风潇洒多变，投子神出鬼没，连续四次大败仲甫。刘仲甫想拉拢他，劝士明休了结发妻子，做自己的女婿。晋士明不亢不卑地答道："贫贱之交不可忘，糟糠之妻不下堂。棋品怎么可以与人品背道而驰呢。"刘仲甫输了棋，又碰了一鼻子灰，闷闷不乐，气得生了一场大病死了。

刘仲甫棋艺高超，著有《棋诀四篇》，后来有人冒名仲甫，对围棋的演变讲出一番令人瞠目的话来，他说：后人事事不如古人，但棋艺却是一代胜过一代，这是因为社会风气一代不如一代，淳厚忍让的古风已荡然无存，人们的心计越来越险恶，倾轧攻取，尔虞我诈，勾心斗角，无所不用其极。古人不肯做的事情，今人肯做。古人不敢冒的风险，今人敢冒。古人不忍心用的计谋，今人却毫无顾忌，敢下毒手。所以一切世事心计，今人都超过古人。下棋也全凭心计，所以论棋艺是两汉不如隋唐，隋唐不如皇宋。

蹴鞠：宋代第一体育运动

看过《水浒传》的读者都记得有一个因踢一脚好球而得到皇帝重用的高俅。宋代人十分热衷这种被称作"蹴鞠"的竞技体育活动，堪称当时的国球。据说，这种用动物胞衣和牛皮制成的蹴球是现代足球的雏形。这是清代画家黄慎的《蹴鞠图》。

> **历史文化百科**
>
> [宋代的足球]
>
> 在宋代，球类运动普及到民间。当时的足球按有无球门分为两类。有球门者称"筑球"，在球场中央有一个高三丈余的球门，用杂彩结网，网中留一洞，俗称"风流眼"，直径约一尺；球用皮革缝制，或实以毛，或充以气，有一定弹性；参赛者平分为两队，人数无严格规定，两队隔场比赛，球员各有分工，球头负责进攻，抬脚高射，力图使球穿过"风流眼"。无球门者称"蹴鞠"，实际是一种颠球表演比赛，必须双手下垂，只能用足、腿、膝、肩接触球体，胜负则依所踢花样多少及动作难度决定。《水浒传》中描写宋徽宗酷好蹴鞠，市井无赖高俅因善蹴鞠而得攀龙附凤，却是历史真实。

177

公元1141年

中国大事记：绍兴十一年，宋金于淮西接战，互有胜败。岳飞、韩世忠等大将被解除兵权。"绍兴和约"议定，宋接受屈辱的和约条款。岳飞被害。

〇六一 欲雪耻反招辱

宋辽交争，每战必败，世代积怨，徽宗为雪耻而讨辽，却不耻向金下跪。

岳飞在其著名的《满江红》一词中悲吟："靖康耻，犹未雪，臣子恨，何时灭！"所谓靖康是北宋末最后一个年号，靖康二年（1127），北宋都城东京为胡骑踏平，徽宗、钦宗成为阶下囚，北方大片土地陷于敌手，包括赵氏祖坟都沦于胡蹄之下，对于宋皇室来说，的确是奇耻大辱。可叹的是，靖康之耻却由北宋君臣急于雪耻引发。

自从五代的石敬瑭以燕云十六州投靠辽朝自称儿皇帝之后，中原继起的汉人君主无不以此为耻，而急于收复旧地。宋太祖、太宗伐辽失利，真宗更被辽压迫，几乎要弃东京南逃，只好贡币求和，历代的积怨、现实的屈辱，使北宋对辽切齿仇恨，如何对付辽，成为北宋君主的一大心事。

联金攻辽

北宋末，新兴的女真族金国在北方兴起，屡败辽军，夺取辽五十余城。宦官童贯出使辽国，听说这一消息，自以为建立不世之功的机会到了，归来便向徽宗建议联金攻辽，夺回燕云十六州。徽宗做腻了安乐天子，也想建立武功，为祖宗雪耻报仇。于是命马政从海上通使金国，以求缔结盟约。可悲的是，宋为雪耻而讨辽，却不耻向金下跪，显出一副奴才相，首先许诺将原来给辽的岁币全数贡于金，使金一下看透了

宋的软骨头。一些熟知边疆情况有政治远见的大臣纷纷上书劝谏此举，认为辽的存在，可为宋朝屏障，金凶如虎狼，不可轻信。可徽宗一概听不进。

童贯曾在西北任监军，靠所部将领的指挥打败了羌人，后来又镇压了方腊起义，便自以为是常胜将军，抢着领军攻辽，企图一战而胜。这时金军攻破辽中京大定府，辽天祚帝逃往西京大同府，留守燕京的辽宗室自立为帝。徽宗认为辽亡指日可待，便匆匆出兵，以童贯、蔡攸为正副宣抚使，率十五万大军北伐。辞行时，蔡攸仍一副纨绔派头，指着徽宗身后的两个宠妃说："凯旋时，只求以她们赏我。"不拘小节的徽宗笑而不答，后对蔡攸的老子蔡京谈起此事："令公子真是英武豪迈。"昏君庸臣皆以为燕云唾手可得，马到成功了。

童贯以为大军压境，辽必然发生内乱，可不战而胜，甚至下军令：敢杀一人一骑者，军法从事。谁知遭辽军顽强抵抗，便乱了阵脚，全军溃退。不久，辽西京失守，自立于燕京的辽主也死了，宋军十万再次北伐。一开始进展顺利，收降了辽劲旅郭药师部。而宋将怯懦，军纪涣散，战斗力极低，遇到万余辽军便战败不前，看到河对岸的火起，主将便以为敌军来袭，慌忙自行烧营逃跑，人马自行践踏，狂奔百余里，将神宗以来积蓄的军需物资丢失殆尽。宋军屡战屡败，童贯恐怕皇帝怪罪，忙遣使请金出兵攻燕。金军三路进兵，一举攻克燕京。事毕，宋使只好厚着脸皮再去求金军交还燕京，金人早已看透了宋的虚弱本质，金主狮子大开口："燕京是我们打下的，此地

军官佩牌

军官佩牌为古代军官用于表明自己身份的一种佩件。图为宋代鄜延路第四将下属军官佩带的铜牌。

178

公元1046年

世界大事记：拜占庭帝国兼并亚美尼亚。

《宋史纪事本末》卷五三

赵佶 蔡京
赵桓 李纲
屈辱

人物　关键词　故事来源

军官铜印
宋代时，朝廷为了加强对外驻军队的控制，颁给军官铜印作为信符。图为宋太宗时的军官铜印，印文为"神卫左第四军第二指挥第五都记"。

任用六贼
宋徽宗任用奸臣蔡京为宰相，蔡京劝徽宗及时行乐，安享太平。徽宗便大兴土木，恣意行乐，正直臣子他不喜欢，偏宠信那些善于迎合他心意的小人，当时，除蔡京外，梁师成、李彦因善于聚敛钱财供他挥霍而得宠，朱勔以搜罗花石得宠，王黼、童贯冒夺军功而得宠，这六人被天下称为"六贼"。正是宠信了"六贼"，导致国破被掳的悲剧发生。此图出于《帝鉴图说》。

一年租税六百万，我就取一百万，如果不给，就把你们已占的涿、易两州也让出来，这是我的疆土，为何赖着不走？"宋使还要低声下气地哀求，金主倨傲地说："不必废话！我只等半月，若无回音，就率师南下了。"宋君臣只好打落牙齿肚里吞，答应在原许诺的四十万之上再加一百万，不顾一切地满足金人要求。金军早已将燕京劫掠一空，宋人所得不过是一座空城。金并不遵守协议，大片土地也没有交还。而宋已忙于庆功祝捷，徽宗宣布大赦天下，将童贯作为复燕第一功臣，以神宗遗嘱为依据，封童贯为郡王。

宋徽宗的《芙蓉锦鸡图》
画中所题的五言绝句和徽宗押字，都是所谓的"瘦金体"，为徽宗之一绝。

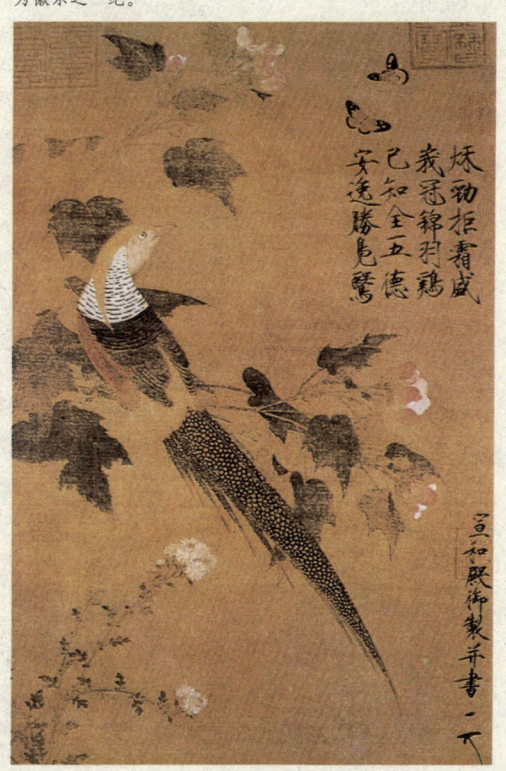

179

公元1142年

中国大事记：绍兴十二年，宋金划分地界，宋高宗以臣子身份接受金的册封。

自取其辱

祝捷方毕，烽烟再起。宣和七年（1125），金兵大举南下。童贯正在太原，初听此事，倨傲地说："金初立国，有多少兵马，还敢做这种事！"待得知金军虚实，立即泄了气，傻乎乎地对金使说："如此大事，为何早不告诉我？"金使傲慢地说："兵兴不可回，还有什么可告的？快将河东、河北奉来，以大河为界，或许还可保你宋家宗社！"童贯吓得半死，找个借口赶紧逃回京师。

原辽降将郭药师投降了金军，东路金军不战而得燕京。消息传到开封，宋君臣乱作一团，不

士大夫的生活
宋朝士大夫的修养，是由琴棋书画来代表，因此绘画多以此为主题。由图中墙上挂的自画像等，可看出当时士大夫的生活。

组织力量抵抗，先忙于派使前去求和。在朝野的压力下，徽宗只得下罪己诏，下令罢花石纲等害民之政。金军逼近京城，徽宗一面诏天下勤王，一面设法脱身，他命皇太子赵桓监国，留守京城，自己准备南逃。大臣李纲写下血书死谏："今大敌入攻，安危存亡在呼吸之间，皇太子名分不正则当大权，何以号召天下？"议论间金军离开封只有十天路程了，其他大臣逼徽宗在三日内决断。十二月二十三日，徽宗在上朝时假装昏倒，然后借势传位太子，自称太上皇。新皇帝后史称钦宗，即位后宣布明年改年号为靖康。

金军来到黄河边，守河口宋军无一人抵御，烧桥而逃。金人只找到十几条小船，渡了五天，才运完骑兵，而步兵还没渡过，军旅且渡且行，行伍大乱。金将仰天大笑道："南朝实在无人，若以一二千人守此，我岂能渡河？"

正月初三，金军渡河消息传来，宋徽宗当晚仓皇南逃，蔡京、童贯等百官也大多潜逃。徽宗又乘骡车，又乘小船，日夜兼程，沿途甩下皇子皇女和太上皇后，只带几名亲兵，天子威仪早已抛在九霄云外。黎明之前才到一滨河小镇歇脚，百姓尚酣睡未醒，只有一老婆婆家点着灯，徽宗推门进去，老婆问客官从何而来，徽宗幽默地说："姓赵，住在东京，已退休，举长子顶替职位。"到这时，徽宗才笑得出来。直到淮水边，童贯等才领亲军追上徽宗，过浮桥时，禁军拉住御车痛哭，试图阻止继续南逃，童贯令亲军射杀百余人，方才脱身。

公元1048年

世界大事记：教皇李奥九世企图执行教士独身制，但在米兰遭到激烈反对。

《宋史纪事本末卷五七》

人物：赵构 赵佶 李纲 蔡京 赵桓 张邦昌 种师道 郭药师

关键词：屈辱

○六二

国破家亡

金军攻宋，东京被围，徽宗传位于钦宗，而政治黑暗如旧，二帝被俘之日，钦宗只会哭叫："宰相误我父子！"

李纲受命

眼见徽宗等逃走，被迫留守京师的钦宗如热锅上的蚂蚁，宰相李邦彦等劝他也弃京出逃。李纲站出来说："太上皇将天下传给陛下，弃京而走，可以吗？宗庙社稷都在京师，舍此到哪儿去？"钦宗无言以对。李纲主张学习真宗，御驾亲征，坚守京城，以待天下勤王之师。钦宗问："那么谁可领军呢？"李纲说："这是宰相的职责。"怕死的宰相跳了起来："李纲能领兵出战吗？"李纲斩钉截铁地回答："陛下若不认为我无能，让我领兵，我一定以死报国！"这时内侍宦官来报皇后已走了，钦宗脸色也变了，跳下宝座，心慌意乱地说："朕不能留了。你们别争了，我到陕西召集兵力，再来恢复京城。"李纲跪下哭求，以死谏止，正好两位亲王赶到，也主张固守，钦宗才同意留下，回头对李纲说："朕为你留下，治军御敌就全靠你了。"于是李纲受命于危难之中。当夜，宰相再请南逃，钦宗又留不住了。天未亮，李纲赶到朝廷，看到禁卫已作好了出发准备。李纲登高一呼："诸位是愿意守京城呢，还是愿意跟从出逃呢？"众士兵齐声说："愿死守！"李纲急忙入宫求见皇帝，急切地说："陛下昨天已答应留守，怎么又下令出京呢？今禁军父母妻子都在城中，都愿死守，万一中途散归京城，陛下靠谁护卫？何况胡骑逼近，若得知御驾刚走，一定以快马追赶，陛下又能走多远呢？"钦宗这才拿定主意不走了，并派人追回皇后。圣旨传出，禁卫六军山呼万岁。李纲又对群臣说："上意已定，敢有异议者斩！"这才初步稳定了内部。

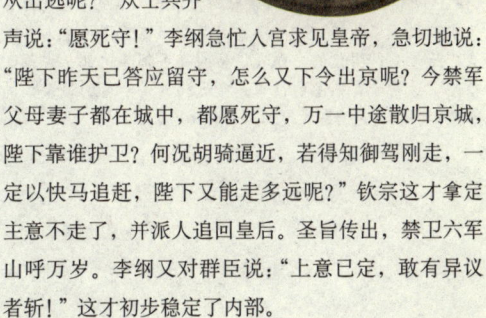

李纲布防未毕，金军已至城下。金军架云梯攻城，遭到宋军顽强抵抗，李纲募集敢死队员，缒城而

抗金名臣李纲
李纲（1083—1140），南宋初抗金名臣。京师危急时，先后任亲征行营副使、正使，组织军民保卫东京，抗击金兵，迫使金军撤兵。有《梁溪集》传世。

宋徽宗手书的大观通宝钱（上图）
宋朝铸币种类繁多，币中钱文书体多样，篆、真、行、草兼备，流利多姿，"对钱"盛行一时，钱币艺术达到了新的水平。图为铸于1107年的"大观通宝"。其铸文为宋徽宗手书。

181

公元1145年

中国大事记：绍兴十五年，宋遣官措置两浙经界，查田均税。

下，烧敌云梯，在城上用劲弩击退敌兵。金军因死伤惨重，难以强攻，便挥军退后，转而派使讹诈。

输银偷安

李纲主张抗击金军，而李邦彦等宰臣多主张割地求和，怯懦的钦宗倾向于后者。金要亲王、宰相到金营和谈，李纲挺身而出，钦宗说："你性格刚强，不能去。"另派了李棁。李纲说："李棁太怯懦，恐怕误大事。"钦宗不听。果然，李棁一见金军威仪就吓瘫了，膝行而前，只顾磕头，一句话也说不出。金将蛮横地说："你们城破就在眼前，我军是看在少帝（指新即位的钦宗）面子上才不攻城的，我方的恩惠够大了。若要议和，先交金子五百万两、银子五千万两，牛马一万头，绸缎一百万匹，还要尊金帝为伯父，割让中山、太原、河间三镇，最后还要以宰相、亲王为人质，送我军过河，这才能谈到退兵。"李棁回报，

名著《水浒传》及其插图

尽管在《水浒传》问世后不算短的一个时期里，因为其宣传"强盗"和"暴力"，被当时政府列为禁书，不过，它仍然作为中国最著名的四大古典小说名著之一流传了下来，并具有广泛影响。明代的一些人物画的高手都为这部小说画了插图。这种带有插图的读本，在近代曾是学生们最爱读的启蒙读物。这是明陈洪绶的《水浒叶子》。

深入人心的梁山好汉

北宋后期，社会矛盾不断加剧，贫富差距愈加显著，在当时京东等路，农民起来反抗，推翻压在他们身上的官僚统治。由于小说家的精心演绎，发生在宋徽宗时期的梁山好汉事迹，始终代代相传，是那么地深入人心。这是明杜堇木刻《水浒人物》系列。

宰相力劝钦宗顺从金军条件，愚蠢的钦宗竟然下令搜刮官私金银，百姓被搜刮一空，好不容易才集得金二十万两，银四百万两。李纲愤愤地说："金人所求金银，竭尽天下尚且不足，何况都城呢？三镇是京师屏障，让给金人还怎么立国？再过几天，援兵四集，敌孤军深入，必不敢久留，那时再和谈，较为有利。"钦宗说："你先去治军布防，此事慢慢再说吧。"可李纲一退，钦宗便与李邦彦等商定了和议盟书，一切听从金人的条件，派张邦昌和康王赵构为人质，日输金银贿敌，而金人仍欲壑难填。

公元1053年

> 世界大事记：日本改元天喜。

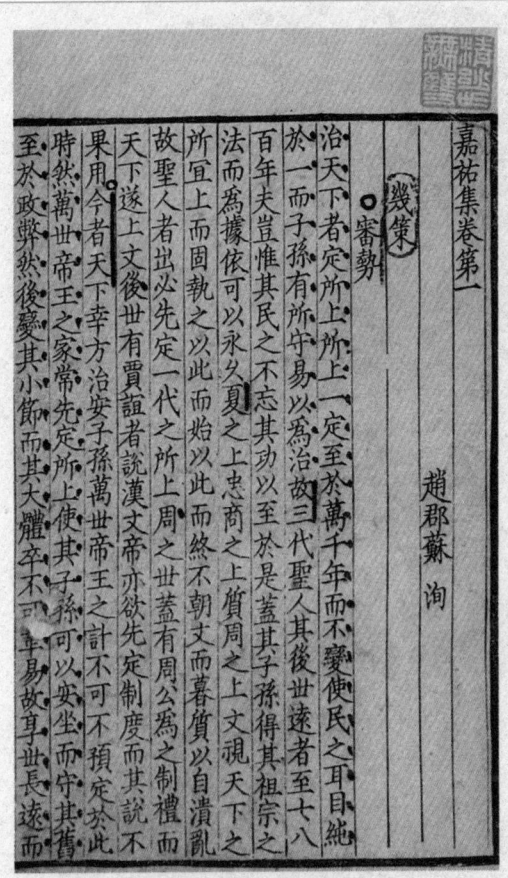

具有很高文献价值的宋蜀刻小字本《嘉祐集》
《嘉祐集》是唐宋八大家之一的苏洵的代表作。此蜀刻小字本《嘉祐集》，书体挺秀，棱骨坚劲，字口锋芒，毫发未损，墨香暗袭，动人心魄，写、刻、印足称三绝。《嘉祐集》在明清两代屡经翻刻，但与此宋本相较，不难发现明清诸刻本存在不少讹误，则此宋本具有很高的文献价值。

皇帝又吓破了胆

这时，四方勤王之师集至二十万，老将种师道从陕西东下，沿途张榜宣称："种少保领西兵百万来！"钦宗这才胆气稍壮。李纲请求长期围困，钦宗始而赞同；不久又改了主意，转而采纳武将劫营的建议，可一旦劫营稍有失利，皇帝又吓破了胆，竟罢李纲以讨好金人。消息传出，京城军心浮动，百姓流泪说：不久大家都会被胡人俘虏了。太学生在陈东的率领下集于宫门上书抗议，说："宗社存亡，在此一举，不可不谨！"军民闻讯汇集了万余人，李邦彦上朝路过，为众人痛骂，急忙跃马逃走，才未被打死。万众激愤，把登闻鼓院的鼓都敲破了，打死了几十名作恶多端的宦官，直到皇帝宣布恢复李纲职位，群众这才散去。

金军见形势不妙，正好宋朝廷派使来为劫营事谢罪，便以此为台阶，不等所求金银凑足，赶紧退兵北还，康王等得以还朝。种师道请求趁金军渡河时击之，钦宗坚决不许，宰相李邦彦派人立大旗于河东、河北上书："有擅出兵者，军法从事。"种师道叹息说："放虎归山，以后必成国家大患。"

> **历史文化百科**
>
> **〔宋代的太学生〕**
>
> 唐代的太学只招收五品以上官员子弟，而宋代太学下移至招收八品以下官员及平民的优秀子弟，规模日益扩大，至北宋末达三千多人。太学不仅是学术中心，而且成为政治舆论中心，北宋末太学生陈东领士人及市民伏阙上书，伸张正义，迫使皇帝收回成命，成为著名的政治事件。南宋晚期，太学生甚至直接攻击宰相等高官，一时权相史嵩之、丁大全也畏惧几分，诸生协力攻丁大全，终于使他伏罪罢相。但骄横的太学生也有恶的一面，有的接受小人贿赂，摇笔作文，上书投卷，任意诽谤官员，人畏之如狼虎；有的横行市井，或压价贱买，或强赊欠账，商贾受害不浅，却无处投诉，除非太学生犯下大罪，京城长官才会亲自过问，而别的小官根本不敢管这些能说会道的文痞流氓。

宋代的民间艺术

公元1054年

世界大事记：基督教会大分裂。

靖康耻

金军退兵后，钦宗下令贬杀蔡京、童贯等六贼，以平民愤；同时，钦宗将李纲支出外地领兵，不久又借故贬官。庸君懦相以为和议可靠，不肯加强战备，不肯改良政治，真所谓"城门闭，言路开，城门开，言路闭"。徽宗等也回到京城，还幻想继续享用荣华富贵。

几个月后，金军再次南下。宋朝廷还在为是否割让三镇争论不休时，金军已攻克太原。惊慌失措的钦宗派康王为割地求和使，康王只走到磁州便被军民劝

宋代的民间艺术（左页图）
民间艺人手执简板，同时敲打着渔鼓，口中也哼唱着歌谣。他的表演艺术将两个儿童深深地吸引住了。据考证，简板和渔鼓等民间乐器流行于湖南、湖北、广西和山东等地区，最早出现于宋代。宋画家苏汉臣的这幅《杂技戏孩图》为中国音乐史留下了宝贵的资料。

商品贸易中的称量工具铜则（局部）

宋代敦煌壁画顶竿图

阻。西路金军很快攻到黄河边，十多万宋军夹河而守，金军敲了一夜鼓，便吓得宋军四处溃逃。金军再次兵临城下，这回不再提三镇事，只要求以黄河为界，钦宗马上接受，而金军并不延缓进攻。这一回，外无援军，内无良臣，而宰相竟相信市井骗子郭京，以其所谓"六甲神兵"御敌，城门一开，郭京等四散逃走，金人乘机攻进开封。钦宗还幻想纳币求和，亲自入金营乞求，当然一无所得，第二天归来，太学生及百姓都来迎接，钦宗掩面大哭道："宰相误我父子！"靖康二年（1127）四月，徽宗、钦宗等被押往北方，东京被洗劫一空。

徽宗、钦宗至金都，身穿白衣，被献俘于金太庙，受尽了侮辱，领了十五顷薄地，躬耕自给。宋人讳言这一奇耻大辱，称此为"二帝北狩"。徽宗在"北狩"途中题诗于壁："彻夜西风撼破扉，萧条孤馆一灯微。家山回首三千里，目断山南无雁飞。"后在漠北还作诗百余首，可惜被金人化为灰烬，否则，流传至今，或许可与李后主争辉。

聚焦：960年至1279年的中国

唐代人不大分辨史实和传说，仍承汉魏六朝以至西域的传统，眼中显现的是一个人神不分的世界。宋代人只承认活人的世界。唐人的笔记是传奇而宋代人的笔记是掌故。唐代人处于一个"虚"的世界而宋代人处于一个"实"的世界。唐代科举重诗赋而宋代科举重策论。唐文人喜谈政治而少做高官，宋文人很多是政治家，做大官。唐代人在"安史之乱"以前不大认识各民族间矛盾冲突，宋代人因为几个不同民族的政权并立就把"人"和"非人"严格分别了。到了南宋又进一步提出"正统"。这不是强了而是弱了。

金克木

宋以后的中国文化也发生了新的变化。宋代思想标志着中国古代哲学思想的成熟阶段。宋代朱熹建成了完整的儒教体系，形成新儒学。新儒学形成以后，统一了中国的思想意识，宋以后，中国有权臣而无篡臣，中国历史上再也没有出现过用宫廷政变的方式夺取政权的事件，人人都不敢当曹操、司马懿。

任继愈

宋代其实有它相当了不起的地方，宋代最了不起的就是，它的中层扩大到几乎把下层全包进去了。而宋代中层，不一定是政治的中层，而是社会的、经济的中层。

许倬云

这种进展（门第迅速地垮了台，社会的等级不像先前那样固定了——引者）经过唐末跟五代的长期的变乱加了速度，到宋朝又加上印刷术的发达，学校多起来了，士人也多起来了，士人的地位加强，责任也加重了。这些士人多数是来自民间的新的分子，他们多少保留着民间的生活方式和生活态度。他们一面学习和享受那些雅的，一面却还不能摆脱或蜕变那些俗的。

朱自清

北宋时期，中国仿佛进入现代，物质文化蓬勃发展。开国君主赵匡胤打破中国传统作风，以务实的态度从事各项政经改革；神宗时王安石提倡新法，企图以现代金融管制方式管理国事，其目的无非都是想借由经济力量支援国防军备，以应付来自辽和西夏的威胁。但当

文苑泰斗，学术名家，聚焦于960年至1279年的中国。他们以宏观或者微观的独到眼光，对宋代的政治经济和社会文化的各个层面作了深入浅出、鞭辟入里的解析。这些凝聚了高度智慧的学术精华，历经岁月洗礼，常读常新，是我们走进中国历史文化殿堂的引路人。

时社会发展尚未达到足以支持这项改革实验成功的程度，新法未能成功施行，宋朝成为中国历史上最软弱的一个朝代。

黄仁宇

自来的论史者大都认为，北宋文化之兴盛，主要应归功于宋王朝的重文轻武政策，还有人具体落实到宋初几个皇帝的"右文"政策上。我则以为，"重文轻武"只不过是一种表面现象。实际上，北宋建都于四战之区的开封，建国之初则为了削平十国割据的残局，其后则北方的劲敌契丹和继起于西北地区的西夏，无一不需要武力去对付。所以，北宋一开始就注定了"国倚兵而立"的局势，如何能够制定轻武的政策呢？

邓广铭

唐人重感，宋人重观，一属于情，一属于理。宋人重观察，观察是理智的。

顾随

宋代政治思想之重心，不在理学，而在与理学相反抗之功利思想。此派之特点在斥心性之空谈，究富强之事务，其代表多出江西、浙江。经世致用，本为儒学之传统目的。然先秦汉唐之儒多注重仁民爱物，休养生息之治术。一遇富强之言，即斥为申商之霸术，不以圣人之徒相许。后汉王符、荀悦诸人虽针砭衰政，指切时要，然其所论亦不过整饬纲纪，补救废弛诸事。积极有为之治术，固未尝为其想象之所及。至两宋诸子乃公然大阐功利之说，以与仁义相抗衡，相表里，一反孟子、董生之教。

萧公权

宋代的政制，既已尽取之于民，不使社会有富藏，又监输之与中央，不使地方有留财；而中央尚以厚积闹穷。宜乎靖康蒙难，心脏受病，而四肢便如瘫痪不可复起。

钱穆

在中国古代数学史的研究中，宋元数学的成就被誉为中国古代数学的顶峰。

王宪昌

图书在版编目（CIP）数据

文采与悲怆的交响（上）/程郁，张和声著.—上海：上海锦绣文章出版社，2014.2(2019.3重印)
（话说中国：普及版）
ISBN 978-7-5452-1270-9

Ⅰ.①文… Ⅱ.①程… ②张… Ⅲ.①中国历史—北宋—通俗读物
Ⅳ.①K244.09

中国版本图书馆CIP数据核字（2013）第062549号

责任编辑	李　欣　顾承甫
特邀审读	王瑞祥
特邀编辑	王建玲　侯　磊　刘言秋　李曦曦
整体设计	袁银昌　李　静
摄　　影	徐乐民　麦荣邦
电脑绘画	严克勤　王　伟
图片整理	居致琪
印务监制	张　凯

书名
文采与悲怆的交响（上）
——960年至1279年的中国故事

著者
程　郁　张和声

出版
上海锦绣文章出版社·上海故事会文化传媒有限公司

发行
上海文艺出版社发行中心
（上海市绍兴路50号　　邮编：200020）

印刷
北京一鑫印务有限责任公司

版次
2014年2月第1版　2019年3月第3次印刷

规格
787×1092　1/16　印张12

书号
ISBN 978-7-5452-1270-9/K·445

定价
35.00元

告读者　如发现本书有质量问题请与印刷厂质量科联系 T:010—61424266